向毛主席学习

——中国企业从此站立起来了

徐明天\著

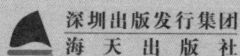
深圳出版发行集团
海天出版社

图书在版编目（CIP）数据

向毛主席学习：中国企业从此站立起来了 / 徐明天著.—深圳：海天出版社，2013.6

ISBN 978-7-5507-0690-3

Ⅰ．①从… Ⅱ．①徐… Ⅲ．①企业管理-研究-中国

Ⅳ．①F279.23

中国版本图书馆CIP数据核字（2013）第051223号

向毛主席学习——中国企业从此站立起来了
XIANG MAOZHUXI XUEXI　ZHONGGUO QIYE CONGCI ZHANLI QILAILE

出 品 人　尹昌龙
责任编辑　杨月进
　　　　　廖　译
责任技编　梁立新
装帧设计　深圳斯迈德设计
　　　　　Smart 0755-83144228

出版发行　海天出版社
地　　址　深圳市彩田南路海天大厦（518033）
网　　址　www.htph.com.cn
印　　刷　深圳市永尚印刷有限公司
开　　本　787mm×1092mm　1/16
印　　张　19
字　　数　270千
版　　次　2013年6月第1版
印　　次　2013年6月第1次
定　　价　39.00元

目 录 CONTENTS

遵义篇

如何成为企业领袖？

自 序

像毛主席缔造伟大军队一样创建企业

　　任正非、王石、马云，很多中国成功的企业家，都声称他们读"毛选"，向毛主席学习企业战略和管理。因为企业和军队、政党一样，都是一个组织。同是组织，就有相同的规律。而毛主席就缔造了一支伟大的军队，领导了一个伟大的党，创建了一个伟大的国家。

　　当今，有不少人对毛主席有不少非议，但无论如何你无法否认毛主席对创建中国人民解放军、领导中国共产党，从小到大，从弱到强，在艰难困苦的条件下，夺取全国胜利的丰功伟绩。毛主席的雄才大略、战略思想、坚强意志、领导能力、组织艺术，等等，不只是在中国历史，就是在人类历史上，也没有几个人可与之争锋。

　　如果你立志要创建一个伟大的公司，那么就一定要读读"毛选"，学习毛主席缔造军队和领导党走向全国胜利的伟大实践。

　　本书选取井冈山、遵义、延安、西柏坡四个节点，可与企业从创业到做大做强的各个阶段相对应，从毛主席的革命实践道路中，学习企业战略、策略和方法，指导企业不同阶段的工作实践。

　　毛主席革命实践前无古人，毛泽东思想博大精深。作者的能力、水平有限，写作此书，只是与有志做伟大公司的企业家们做一个学习和交流的探讨。

　　2013年12月26日，是毛主席诞辰120周年，2014年10月10日，是中国工农红军长征80周年纪念日。这本书就是献给毛主席诞辰120周年和红军长征80周年的。

　　谢谢各位！

徐明天

创业和队伍创立

1927年蒋介石发动"四·一二"政变，屠杀共产党人，血流成河。在"八七"会议上，毛泽东提出"枪杆子里面出政权"，随后领导发动了秋收起义，创建了工农红军，开创井冈山革命根据地，实施农村包围城市，最后武装夺取全国政权的革命道路。

最初的红军是由农民、工人、土匪和旧军队的士兵等组成的，并且力量弱小。而毛泽东在战斗实践中，用革命理论来武装和改造这些人员，使其成为合格的革命战士，建立起一支革命性强、战斗力强的红军队伍，为共产党武装夺取全国政权奠定了基础。这些农民、旧军人等经革命改造，涌现出一大批能征善战功勋卓越的将军。

毛泽东在井冈山时期的农村包围城市、支部建在连上、星星之火可以燎原等一系列建立新型革命军队和开创革命根据地的理论和实践，对于企业的创业和基本的员工队伍建设具有重要的借鉴价值。

1. 枪杆子里面出政权

"枪杆子"理论，不只是指出了政权的要害，也是共产党第一次提出政权要求。革命的理想和目标就不一样了。企业家创业，理想境界不同，事业前途就大不一样。

1927年8月7日，中共临时中央在汉口举行紧急会议，中央核心20余人举行了一天的座谈会，史称"八七会议"。会议结束时，共产国际代表罗明纳兹询问毛泽东："你在会上说枪杆子里面出什么？"

毛泽东说："枪杆子里面出政权。"

1927年在国共合作北伐大革命取得节节胜利的高潮时期，蒋介石在上海发动"四·一二"政变，大革命失败。蒋介石训示"宁可错杀一千，绝不放过一个"。从1927年3月到1928年上半年，被杀害的共产党员和革命群众超过30万人，有2.6万名共产党人被杀，不少不坚定的人也脱党而去，全国党员数量只剩下1万多人，革命陷入低潮。

1927年4月27日至5月9日，中国共产党在汉口举行第五次全国代表大会，陈独秀并没有意识到大革命失败的危险，仍然采取向国民党妥协的右倾机会主义路线，毛泽东开展土地革命、发展农民武装、建立农村民主自治政权的提案并没有引起重视。会后，"心情苍凉，一时不知如何是好"的毛泽东站在长江边上徘徊，写下《菩萨蛮·黄鹤楼》："茫茫九派流中国，沉沉一线穿南北。烟雨莽苍苍，龟蛇锁大江。黄鹤知何去？剩有游人处。把酒酹滔滔，心潮逐浪高！"

5月21日，许克祥在长沙发动"马日事变"，湖南省委陷于瘫痪，6月24日，中央决定由毛泽东担任湖南省委书记。毛泽东离开武汉赴长沙上任，到湖南只有10天，又被陈独秀召回武汉，在7月4日的中央政治局扩大会议上，毛泽东说："不保存武力，则将来一到事变，我们即无办法"，他还提出了保存农民武装力量的两条路线：上山和投入军队中去。

7月15日，汪精卫在武汉宣布"分共"，国共完全分裂，共产党转入地下。7月中旬，中共中央改组，武装斗争提到议事日程。8月1日，周恩来、朱德、贺龙、叶挺发动南昌起义，打响武装反抗国民党反动派的第一枪。这时，中央决定委派毛泽东到四川去，而他却提出回到自己熟悉的湖南，组织和发动农民暴动。这样暂住武汉秘密制订湖南秋收起义计划的毛泽东，也被安排参加了中央紧急会议"八七"会议。8月5日，毛泽东扮成商人被交通员带到汉口三教街41号"怡和新房"，一楼是一个印度人开的绸布店，会议在二楼召开，参会代表进入以后，不准随便外出，开会、吃饭、睡觉都在会场内。

"八七"会议上，毛泽东发言总结了大革命失败的经验教训，他以亲身经历，从国共合作不坚持政治上的独立性、党中央不倾听下级和群众的意见、抑制农民革命、放弃军事领导权四个方面，切中要害地批判了陈独秀的右倾错误，并对会议确定的总方针提出了独到见解。

关于军事工作，毛泽东尖锐地指出："从前我们骂中山专做军事运动，我们则恰恰相反，不做军事运动专做民众运动"，却导致大革命的失败。真可谓"殊途同归"。他从国民党反动派掌握大量军事武装和屠杀共产党、工农领袖的事实出发，对中共中央在这个问题上"现在虽已注意，但仍无坚决概念"提出批评意见。毛泽东强调指出"比如秋收暴动非军事不可，此次会议应重视此问题，新政治局常委要更加坚强起来注意此问题"。毛泽东还从三个方面论述了军事武装的极端重要性。其一，以陈独秀为总书记的党中央不抓军事，放弃对军事武装的领导权，当蒋介石、汪精卫集团相继叛变国民革命时无力反击，导致大革命的失败。其二，湖南几万农民围困长沙的失败，完全是陈独秀等"书生主观的错误"造成的。其三，蒋介石、唐生智是靠枪杆子起家的，并且紧紧抓住武装不放，时机一旦成熟，立即转向反动，把刺刀搁在共产党和工农的脖子上，实行法西斯镇压，从以上三个方面，毛泽东提出了"政权是由枪杆子中取得的"结论。

"八七"会议开完后，主持中央工作的瞿秋白提出让毛泽东到上海中央机关工作。毛泽东说，他不愿意去上海住高楼大厦，要上山结交绿林朋友。8月9日，毛泽东出席中央临时政治局第一次会议，会议决定毛泽东以中央特派员的身份回湖南传达"八七"会议精神，改组省委、领导秋收起义。

心有多大，舞台就有多大

自古以来，拿枪杆子的人很多，但思想境界高下不同。有的人当兵是为拿饷吃饭，有的是为混个一官半职，有的是受了坏人的气，当兵握枪要出气报仇，有的建一支武装是做绿林好汉，有的要依靠军事割据一方。

共产党最初并没有认识到掌握枪杆子建立军事武装的重要性，在国共合作中放弃了军事领导权，是不是应该建立自己的武装，党内还有激烈的斗争。

毛泽东枪杆子里面出政权的理论可谓石破天惊之论。

学习毛主席枪杆子里面出政权的理论，当然不是要企业家也拿枪杆子。但是我们要学习毛泽东革命的理想和境界。毛泽东不只是提出了夺取和建立政权的要害所在，也是共产党第一次公开提出政权要求。

创办企业也有一个境界问题。是为了赚钱，为了发财致富，为了改善生活获得尊重，为了发展经济，等等，而为国家富强，为人民幸福，为社会发展，境界高下自然不同。

创维集团董事长黄宏生原来是做外贸的，他出国时看到中国的产品在地摊上卖，心里不是个滋味，因此就下海创办创维，要创办一家像索尼那样的公司，成为世界名牌，赢回中国企业和产品的尊严。

康佳集团总裁陈伟荣曾到日本学习。他看到中国产业的差距是在原材料和关键元器件，特别是精密元器件更是缺乏。他离开康佳后就创办了一家制造精密贴片电容的公司，填补国内空白，要一点点一件件地赶超日本制造业。

华为总裁任正非更是说，中国没有程控交换机，就像一个国家没有军队。他创办华为制造程控交换机，就是要提高国家的竞争力。

富士康总裁郭台铭曾经多次讲过他的人生三阶段：

"为钱而活"：开始创业的第一阶段是"为钱而活"的阶段。在他看来，虽然金钱并不代表一切，但是有时候金钱却可以代表成功，而成功就代表了自我肯定。"没有钱就代表没有权，很多想做的事情都没法去做。所以我年轻的时候就想着怎么努力赚钱。""人为钱工作容易疲劳。"当年处于第一阶段的郭台铭自然也会遭遇到倦怠的打击，不过他坚信在第一阶段必须全力以赴，否则不会得到能力的认同，也就不能拥有可支配的资源，所有的理想都成为空谈。

"为理想而活"："当你有了支配金钱和支配很多资源的能力时，你的理想就能付诸实施。所以我现在有很多理想都可以实现。"显然，"为钱而活"的第一个20年，郭台铭的目标实现了。如今，他可以自豪地说，自己与企业一同进入了人生第二阶段：为理想而活。"我目前在集团每年的年薪只有一元新台币，而每年会拿很多股票给员工分红，还在社会上捐款，就是因为我今天已经离开了为钱而活的阶段，现在是为理想而活。"他称在过去的多年里，集团经历了各种困难，经济不景气、物价高升、沙土风暴、美国"9·11"，等等，但都未受到影响，主要是因为有理想。现在富士康集团已经成为世界上最大的电子产品生产商，不过郭台铭仍有更大的目标。据他透露，自己的理想是希望企业可以横跨世界几大洲、涉及不同领域，而且在这些领域都能做到前三名。

"为兴趣而活"：已在商界驰骋了30多年的郭台铭，现在正期待着人生第三阶段的到来。他说，到时候就会宣布退休，到那时会有一些理想的色彩，为兴趣而活，"把理想和兴趣结合起来工作，我相信那时的我会永不倦怠，死而无憾"。

郭台铭是一个从一开始就立下雄心大志的企业家，他说："心有多大，舞台就有多大"，又说："阿里山上的神木之所以大，四千年前种子掉到土里时就决定了，绝不是四千年后才知道的。"

郭台铭给自己的公司起名"鸿海"，也是中国"天高任鸟飞，海阔凭鱼跃"的寓意。他自己解释说："'鸿'在天，'海'在地，'鸿海'就是一家要做天地间生意的公司！"

创业的理想境界不同，企业的天地也就不同。

2. 农民运动王

毛泽东要回湖南发动秋收暴动，是因为他对湖南熟悉，对农村和农民更熟悉。

毛泽东曾被称为中国农民运动的领袖，中共领导人瞿秋白曾赞誉毛泽东是"农民运动的王"。

在延安的时候，毛泽东在窑洞门口捉棉裤腰上的虱子，被到延安采访的美国女记者史特莱沫看到，毛泽东解嘲打趣地说："不了解农民，就不了解中国，你身上不滚上几个虱子，就不了解中国的农民。"

毛泽东起初也是做工人运动的。1921年7月中共一大闭会后，党在上海成立中国劳动组合书记部，湖南成立分部，毛泽东任主任。毛泽东先后组织领导了劳动立法运动、安源路矿工人大罢工、长沙泥木工人罢工、粤汉铁路工人和长沙铅印工人罢工等湖南工人运动。1923年6月，在中共第三次党的代表大会上，毛泽东第一次在党内提出党的工作重点应放在城市工人运动上，同时也应该特别注意农民问题，他说中国历史上的农民斗争力量是很大的。由于他对农民问题的重视，他被委托为大会《农民问题决议案》的起草人。

1924年底，毛泽东从上海回到湖南，开始在韶山周围组织农民协会，发展党的组织。1926年2月5日，国民党中央农民部设立农民运动委员会，毛泽东被任命为农民运动委员会委员和广州农民运动讲习所所长。此时，国民党也在广州开办了黄埔军校。毛泽东主讲自编教材《中国农民农业问题》，透彻地论述了"农民问题在中国革命中的位置"。中国人口四万万，农民占百分之八十，当有三万万两千万之上。从生产力上论，中国现在的经济还是农业经济，而大部分之生产还是农业生产，"故经济中心还在农业"。从革命力量上说，没有农民，就没有革命。从陈胜、吴广到洪秀全领导的农民革命，从义和团到白朗的反袁斗争，都证明了农民的力量。从革命胜败关系上看，五卅运动失败，最大的原因是农民未起来，使得工人孤军作战。从革命的目的说，国民革命的目标不仅是打倒帝国主义及军阀，而且是使中国一般人民，在政治上、经济上得到自由平等。要达到这个目的，首先要解决农民问题。因此，"中国国民革命是农民革命"、"中国革命的中心问题是农民问题"。"农民要解放，必须来革命，再没有别的法了。要革命，必须团结起来。"

农讲所用理论武装了大批农民运动的领导者，照亮了农民运动的前程。农讲所的学员走到哪里，哪里就掀起农民运动的风暴。湖南在广州第五、六届农讲所学习的学员最多，湖南的农民运动也就成了全国发展最快的省份。

1926年10月底，毛泽东离开广州去上海，出任中共中央农民运动委员会书记。12月初，毛泽东到达汉口，参加中央特别会议。会议根据陈独秀的政治报告做出决议，错误地认为当时最主要的危险是民众运动勃起并日益"左倾"，蒋介石因恐惧民众运动而日益向右，左右倾距离日远，会破裂联合战线而危及整个国民革命运动。根据这一错误形势分析，会议规定当时党的主要策略是：限制工农运动发展，反对"耕地农有"，以换取蒋介石由右向左，同时扶持汪精卫取得国民党中央、国民政府和民众运动的领导地位，用以制约蒋介石的军事势力。实际上是不惜牺牲工农群众的根本利益去迁就蒋介石的反动要求。陈独秀还批评湖南农民运动"过火"、"幼稚"、"动摇北伐军心"、"妨碍统一战线"等。

这时，湖南召开全省第一次工农代表大会，邀请毛泽东回湖南指导工作。借这一机会，1927年1月，毛泽东身着蓝布长衫，脚穿布鞋，手拿雨伞，考察了湘潭、湘乡、醴陵、衡山、长沙五县的农民运动，写出2万字的《湖南农民运动考察报告》。在这个报告中，毛泽东主要讲了五个观点：（一）鼓励农民解放思想，自己解放自己；（二）赞扬农民运动"好得很"，支持农民的革命行动；（三）农民必须推翻地主武装，建立农民武装，建立乡村联合战线的自治机关，即委员制的农民、小资产阶级联合战线的乡村民主政权；（四）农民问题实质是土地问题，减租、减息、阻禁、平粜，都是农民要求土地的表现；（五）大力发展中国共产党的组织，扩大国共合作的统一战线。

毛泽东以"好得很"的事实，驳斥农运"糟得很"的议论，以"贫农乃革命先锋"的事实，批判"痞子运动"、"惰农运动"的谰言。以从来没有联合战线的事实，驳斥农协破坏了联合战线的责难。

在全国农协临时执委会指导下，全国农民运动又有深入的发展。据1927年6月武汉政府农民部调查，湖南有农协会员600余万人，河南24万，湖北250万，陕西70万，广东70万，江西38万，四川、福建、山西、广西、安徽、热河等省农协会员也日益增多。

大产品、大产业、大市场

企业家创业，要选择一个自己熟悉的产品和产业。企业有前途，还要选择大产品、大产业、大市场。

什么是大产品、大产业、大市场？这需要解放思想，需要独特的眼光。

毛泽东把工作的重点放在农村和农民身上，就抓住了中国革命的主要矛盾和主要力量。

其实，即使是到了今天，即使是共产党依靠广大的农民群众打下江山，我们对农村、农业、农民的重视还很不够，农村、农业、农民问题还解决得不好，还是制约中国经济社会发展的重要问题。

学习毛泽东农村、农民革命问题的理论与实践，是要借鉴学习毛泽东的思想方法，这一思想方法不只是革命的方法，也是发展中国经济，指导企业家创业发展的方法。

中国当今的改革开放，就是从农村生产责任制开始的，是从解放农民和解放农村生产力开始的。

中国号称13亿人口，8亿农民，农民还是大多数。人口就是市场，满足农民的生产、生活需要的产品、产业才是大产品、大产业。将广大农民组织进生产和经济系统，引导农民发展农业，发展经济，提高农民收入，提高农村的消费，我们现在做得还很不够，还有很大的差距，差距就是潜力，企业家应该从中找到产业和市场的广阔天地。

中国不只要解决农村、农业的现代化问题，还要解决农村城市化、工业化问题，这同样是农村、农业和农民问题，中国的企业家也应该从中找到发展的机会。

中国的农村和农业自古就与西方不同，革命的道路也不同，西方革命是从城市突破并成功的，巴黎公社、十月革命，都是从城市成功的。而毛泽东领导的中国革命是农村包围城市的道路。即使是在经济发展和经济学理论上，对中国农村农业也有不同的争论。

马克思曾经称赞19世纪英国经济学家琼斯说："同李嘉图相比，琼斯不论在历史的解释现象方面，还是在经济学的细节问题上，都向前迈出了重要的一步。"琼斯在其《论财富的分配和赋税的来源》一书中，从原始的徭役劳动形式到现代的租地农场主地租，分门别类研究了地租的一切变化。他考察了劳役地租向实物地租以及货币地租的转化，考察了不同国家、不同时代以土地所有权的各种不同形态为出发点的劳役地租或农奴地租、分成制地租和印度农民地租等各种形式的地租。此书也对亚洲历来的土地所有制，进行了当时最细致的考察。琼斯看到，中国的农业是一种特殊情况，不能简单地等同于他所描述的其他国家的情况。"它所具有的巨大生产力使之鹤立鸡群"，"帝国的物产同其亚洲邻邦的物产形成一个惊人的反差。……印度只有不到一半的土地被开发，波斯被开发的土地更少，而中国的土地则完全被开发，人烟稠密的程度超过大多数欧洲君主国。"

至今，中国的农业仍然是西方经济学家难以求解和迷惑重重的一个世界性课题。在他们的眼里以中国的庞大人口和贫乏的土地资源，中国人早就无法生存下去了，他们一直担心中国人养不活自己，并把这个问题列为对世界的重大威胁。可事实证明，西方经济学家的担忧都是多余的，中国人不但养活了自己，还向全球贡献了丰富的廉价产品。

这些都说明，中国的农村、农业、农民问题，还需要中国的企业家们探索、研究和解答，这里有巨大的市场和巨大的产业，有巨大的机会，能诞生巨大的企业。

学习毛泽东农村、农民革命问题的理论与实践，并不是要企业家只把眼光看到农村、农业和农民，而是要学习思维的方法。人不只是革命的力量，也是市场消费的力量，人口就是消费，就是市场，就是产业。国外企业看中中国市场，到中国投资发展，就是看到了中国世界第一的人口消费市场和劳动力资源，而8亿农民就是中国最大消费市场和劳动力资源。

外国企业看到了中国市场和资源，中国企业家们当然就不能忽视中国的市场和资源。中国企业要做出口，更应该启动和开发国内市场，提高农民收入，就是启动国内市场的钥匙，而中国企业家们还没有摸到这把钥匙。

现在盛行富人经济学，大家都把眼光盯在大城市和富人身上，认为他们的钱好赚。确实中国贫富悬殊、城乡差距越来越大。但是加大这种悬殊、扩大这种差别，只会恶化中国经济，损害中国企业。有人把希望寄托在中产阶级身上，认为培育中产阶级才能稳定中国社会、发展中国经济。其实，这些都不正确，中国还是要缩小三大差距，让工人农民都成为中产阶级，让全国人民都富裕起来，中国的消费才能全面提高旺盛。中国13亿人口，如果消费起来，就是全世界最大的市场，中国企业在每一个产业、产品，每一个环节，若都能培育出世界冠军，中国企业和产业将无敌于天下。

只是富人的消费，就是国外奢侈品的畸形消费，中国已经是全球奢侈品消费的第二大市场，这种经济和消费对中国企业只有伤害。只有全国的平民消费，才是吃穿用的基本消费，才能推动中国制造业和中国企业的发展。

3. 谁是敌人？谁是朋友？

> 国外总统竞选都要研究选民，争取更多的选民支持。我们为什么就不争取和发动更大更多的消费者呢？富人经济学不可能做出大企业，平民消费的沃尔玛是世界企业之首。

毛泽东曾说："中国农民问题，在以前是没有人研究过，远自文武周公，近至现在各学校都没有人研究它。"

当还是湖南韶山冲的一个少年的时候，毛泽东就向他的老师李漱清提出了一个问题："李先生，我看了这些小说和故事书，所有的人物为什么都是文官、武将、书生，从来没有一个农民做主人公呢？"毛泽东又说："对这个问题我以往搞不清楚，现在开始明白了。我发现，书中颂扬的这些文官、武将和书生们，他们是百姓的统治者，而这些人是不必种田的，因为土地归他们所有，自然有佃户交租子养活他们。而那些写书的人，也多半是出身富贵人家，他们没有种过田，没有受过人生艰苦，他们怎么会去写种田人的书呢？"毛泽东又说："我希望，在将来的有一天，能够出现专门写农夫和工匠的书。我甚至想，假如我长大以后能够写书的话，我一定要写农民的书，写受苦人的书，一定要把种田的、打铁的、挖煤的，都写成英雄豪杰。"

1927年初，毛泽东写了《湖南农民运动考察报告》，就是写了一本农民的书。

毛泽东为什么重视农民？

　　1925年12月1日，毛泽东在国民革命军第二军司令部编印出版的《革命》半月刊第四期，发表了著名的《中国社会各阶级的分析》一文。这篇重要论著，集中当时党内的正确主张，回答了中国革命提出的许多重大问题，辨明了中国革命的敌人和朋友。毛泽东在文章中开宗明义地指出："谁是我们的敌人？谁是我们的朋友？这个问题是革命的首要问题。"

　　这时候，毛泽东是国民党中央宣传部长。

　　毛泽东在这篇文章中，运用马克思主义的阶级分析方法，将中国社会各阶级分为五大部分：地主阶级和买办阶级、民族资产阶级、小资产阶级、半无产阶级、无产阶级。毛泽东在文章中分析了中国社会各阶级的经济地位和政治态度，他指出："一切勾结帝国主义的军阀、官僚、买办阶级、大地主阶级以及附属于他们的一部分反动知识界，是我们的敌人。工业无产阶级是我们革命的领导力量。一切半无产阶级、小资产阶级，是我们最接近的朋友。那动摇不定的中产阶级，其右翼可能是我们的敌人，其左翼可能是我们的朋友——但我们要时常提防他们，不要让他们扰乱了我们的阵线。"

　　通过这样的阶级分析，毛泽东初步阐明了中国新民主主义革命的基本思想：无产阶级团结占全国人口绝大多数的一切半无产阶级（主要是贫苦农民）、小资产阶级（主要是中农），争取中产阶级（主要是民族资产阶级）的左翼，以打倒帝国主义、军阀、官僚、地主、买办阶级，建立各革命阶级的联合统治，反对在中国建立民族资产阶级的一切阶级统治的国家，争取非资本主义的前途。

　　这就初步阐明了中国新民主主义革命的对象、动力、领导权和性质、前途等一系列重大理论问题，正确解决了革命中最主要的同盟军问题，是在当时中国社会历史环境下阶级分析论的典范，奠定了毛泽东阶级分析的理论基础，是中国新民主主义革命思想发端的重要标志。

　　在《中国农民问题》的讲义中，毛泽东也说："现在中国能代表一般民众利益的党，一是共产党，一是国民党。共产党对于农民问题，比较注意些。而国民党对于此问题，两年前才开始注意。在国民革命时应该注意农运了。辛亥革命的失败，政权落于军阀之手，完全是未得三万万二千万农民的帮助与拥护。国民革命，就是工农商学兵联合起来的革命。唯有把农民动员起来，参加革命，国民革命才能成功。现在有两种错误观念，一种是只讲'商学联合'，另一种是只谈'农工兵联合'。这两种观念，都使自己变成孤军了。且农民一支军，占全国人口80%以上，尤不可抛弃。"

毛泽东的阶级分析阶级斗争理论来自马克思，但毛泽东没有照搬马克思，而是结合中国的实际，指导中国革命的实践。马克思多讲工人阶级，而毛泽东则多讲农民阶级。须知中国是以农民为主体的国家，中国的社会主要由农民组成。在这样的国家里，进行无产阶级领导的资产阶级民主革命，具有首要意义的是解决农民问题。诚如他后来指出的：所谓人民大众，最主要的部分是农民。所谓人民战争就是农民战争，忘记了农民就没有中国民主革命，也就没有一切革命。"马克思主义的书读得很多，但是要注意不要把'农民'这两个字忘记了，这两个字忘记了，就是读一百万册马克思主义的书，也是没有用处的。"中国革命说到底是解放农民。毛泽东的理论说到底也基本上是组织农民、武装农民、宣传农民、解放农民的理论。

重归劳动价值论

阶级斗争已经熄灭，阶级斗争已经没有了，但是阶级还是存在的，阶级分析的方法还是有作用的。

2012年11月，罗姆尼在美国大选中失败，奥巴马赢得大选，原因就是阶级的区分。罗姆尼说："47%美国人不缴个税我不会关注这批人"，就是这句话得罪了美国的穷人，罗姆尼就被看做是富人的代表，穷人就不投他的票。而奥巴马则相反，穷人认为他当总统有好处，特别是黑人、南美和亚裔，多处在美国中下层，多投奥巴马的票。和前几届美国大选相比，这一届白人选民比例减少，南美、亚裔选民比例增加，奥巴马就赢得了大选。

所有的外国大选，参选者都要弄清"首要问题"：谁是敌人，谁是朋友，哪些人可能投自己的赞同票,哪些人可能投自己的反对票?这里面的算计多是阶级性的,就要提出对哪一个阶级阶层有利的政策,拉拢人心。

大选重要的选票算计就是多数原则,千方百计地拉人数多的阶级和阶层的选票。

毛泽东有一句话:"人多力量大"。中国历来轻视农民和工人,而毛泽东则说:"卑贱者最聪明,高贵者最愚蠢",后来还让"工人阶级领导一切"。富人再有钱,还是工人农民最多。富人钱越多,工人农民就越多。

阶级分析的方法可用于企业的市场研究和分析,谁能消费你的产品,能消费得起你的产品,消费能力有多大,你的产品如何定位,消费能力、消费人群对象的分析,实际上就是阶级的分析。

消费市场的分析,当然也是人最多市场最大。深圳有支足球队,但深圳的企业不愿意冠名。有一个企业家讲了一个道理:冠名足球,是一种宣传品牌的形式,但也有其负面的作用。因为你冠名的足球队到外地踢球,就是与当地的球队竞争,而当地的消费者大多是当地球队的拥护者,就把冠名企业推到了消费者的对立面,足球迷又多热情极端,不论输赢,都得罪消费者。一个城市的足球队在本地城市受拥护,在全国各地就受排斥,得不偿失。这就是一种市场多数的分析和算计。

多数人的算计是一种哲学。帝王将相是少数,但历来被看做是历史的主人,正如毛泽东看到的那样,以往的书里只有帝王将相,工人农民都没有。那是英雄创造历史,是君权神授,世界是帝王的,是绝对精神、上帝、神创造的。他们都不承认人民的力量。

毛泽东是从革命的角度来看待中国农民的,而一个当代企业家应如何看待农民和工人?如何从经济学的角度去看待工人农民?

毛泽东的理论来自马克思主义,而马克思是在剖析了资本主义经济之后建立起了无产阶级革命的理论。马克思政治经济学的基本理论是劳动价值论。是劳动创造了财富,是普通工人农民的劳动创造了财富,是劳动的实践创造了世界,推动了社会的发展进步,劳动者是创造世界历史的动力。毛泽东说:"人民，只有人民，才是创造世界历史的动力。"马克思从劳动价值论进一步剖析了剩余价值论，劳动者创造的财富被资本和少数人剥夺，要夺回被剥夺的财富，人民就要革命。

政治经济学有多种概念界定。张维迎说："经济学是研究什么的？教科书里讲是研究资源配置的理论，也可以说研究理性人怎么做出选择的理论。还有一种更狭义的定义是，经济学研究的是价格机制。对此我有新的看法：经济学就是研究理性人之间如何合作。"比较周延的说法，经济学是研究财富的生产、分配、交换、消费和再生产学说。当然它也是一种哲学，是人与人、人与社会、人与物的关系。但就经济学本身，它研究的是财富问题，是财富的生产、分配、交换、消费和再生产。当然在财富的范畴里，我们可以强调分配、交换和消费的重要性，但这些再重要，也没法代表和抹杀财富生产的重要性。比如马克思之后，也有一些经济学家提出边际效应价值论，强调需求和消费创造财富，茅于轼说交换创造财富，就来源于此。但这些理论自己也承认无法代替马克思的劳动价值论，他们的理论再好，也是"边际"理论，劳动价值论才是经济学的主流理论。财富首先是劳动创造的，在交换、分配和消费的过程中，劳动的价值可能被资本、权力等贬低、边缘和边际化，但劳动是最基本的，没有劳动就没有财富，交换、分配、消费的财富，都来源于劳动。

尊重劳动、尊重劳动的价值，就要看到工人农民的价值和地位。

4. 打土豪分田地

今天，土地和房地产仍然是中国政治、经济社会的焦点问题，企业家能回避这个问题吗？当你想攫取基本民生奶酪时，一定要先想想风险。

发动农民革命战争，枪杆子里面出政权的暴力革命，毛泽东领导的中国革命有一句响亮的口号和坚决的行动："打土豪，分田地"。

蒋介石向部下提出一个疑问：国民党的部队待遇好，有军饷，装备好，但兵源还要靠抓壮丁，兵源不足，不愿打仗，枪一响就往回跑，战斗力很差。而共产党的红军，不只是装备差，连饭都吃不饱，冬天没有棉衣，睡在地上，生活极其艰苦，但仍然有那么多的人去当红军，打仗也非常勇敢，不怕死。原因到底是什么？

即使是革命队伍内部也有很多人不解，毛泽东为什么这么重视农民，农民革命的动力到底来自哪里？

一次红军在闽西作战，冲锋时前面遇到一条巨大壕沟，部队冲下去却无法攀上对面，部队冲锋不得不停止下来。这时就看到村里几百个农民跑来，抱来稻草填平壕沟，红军就踏着稻草冲过壕沟追击敌人。

关键时刻，为什么这么多老百姓来帮助红军？一位老爷爷说，如果不打跑白狗子，白狗子回来，家里分的土地就要被地主夺去，为了保卫自己分到的土地，就要帮助红军打败白狗子。

这就是农民革命和帮助支持共产党红军的原因。

1964年8月29日，毛泽东在会见尼泊尔教育代表团时，一位团员问："您所以这样伟大的秘密是什么？您力量的源泉是什么？请告诉我们，以便让我们多少学得一点。"毛泽东回答，我没有什么伟大，就是从老百姓那里学了一点知识而已。虽然我们学了一点马克思主义，但是单有马克思主义还不行。要从中国的特点和事实来研究中国问题。他又说，力量的源泉是人民群众，不反映人民群众的要求，哪一个也不行。要在人民群众那里学得知识，制定政策，然后再去教育人民群众。

需求，就是动力所在。革命的力量来自人民群众，满足人民群众的需求，人民群众就踊跃加入革命，革命就有了力量。

农民的需求是什么？是土地！

在1927年初的《湖南农民运动考察报告》中，毛泽东指出：农民问题首先是土地问题，减租、减息、阻禁、平粜，都是农民要求土地的表现。阻止谷米出境的，是占人口绝大多数的贫民。孙中山的"耕者有其田"，不是宣传的问题，而是要立即实行的问题了。当前要引导农民积极做好政治斗争，集中精力破坏地主阶级的政治权力，并随即开展减租、减息、减押，直到没收地主阶级的土地分配给贫困农民。毛泽东考察，推动湖南农民运动前进到了建立农民自卫军，夺取县区政权，农民自动分配土地的新阶段。

1927年初，毛泽东还在武昌主办中央农讲所，他写了《中国佃农生活举例》，供学员学习参考。文章以湖南湘潭西乡一位租田15亩，仅一妻一子的壮年佃农为"假定事实"，详细地计算了他的收入与支出。在绝无水旱风雹虫病各种灾害；身体熟练，绝无妨碍工作之疾病；精明会算计；所养猪牛不病不死；冬季整晴不雨；终年勤劳全无休息等6个条件下，收支相抵，尚欠19.17元。事实上这6个条件具备者很少。毛泽东通过这个典型分析，得出结论："中国佃农比世界上无论何国之佃农为苦，而许多佃农被挤离开土地变为兵匪游民之真正原因"。

1927年3月国民党二届三中全会，全会通过了以毛泽东为主起草的《对农民的宣言》和《关于农民问题决议案》，阐述了建立农民政权、农民武装、解决农民土地问题的极端重要性，提出："中国国民革命最大部分的目标在于使农民得到解放，农民如不得到解放，国民革命断不能抵于完成。"《宣言》强调中国的农民问题，其内容即是一个贫农问题。贫农问题不解决，一切纷扰变乱都不会平息，革命亦得终究没有完成之日。"贫农问题的中心问题，就是一个土地问题"。现在"广东湖南湖北农民运动发展的地方，贫农对于土地的要求已甚迫切"，"如果不使农民得到土地，农民将不能拥护革命于最后之成功"。在这次会议上，夏曦提出"乡村骚动不安是革命的现象，不应由党和政府去加以'改善'"的观点，得到了毛泽东的支持。毛泽东说，要杜绝农村骚动不安现象，唯有满足农民的土地要求，进行土地革命。这次会议决定成立中央土地委员会，毛泽东是5位委员之一，其任务是调查研究中国的土地分配状况，提出解决土地问题的方案，呈送中央执行委员会核准后，交农政部执行。

在国民党土地委员会第一次扩大会议上，毛泽东对解决土地问题讲了六点：（一）解放农民。"废除地主及一切压迫阶级的剥削和压迫"这"实为本题的主要意义"。（二）增强农业的生产力。土地问题不能解决则"不能解决农民的生活痛苦，不能改良土地"，也就不能增加生产力。（三）保护革命。"革命势力目前虽见发展，但亦到了一个危机，此后非有一支生力军必归失败"，要获得生力军，"非解决土地问题不可"。因为土地问题解决了，"农民要保护他们的土地，必勇敢作战"。后面三点是废除封建制度、发展中国工业和提高文化。

"八七"会议上，毛泽东就提出中国民主革命的主要问题是农民问题，农民问题的主要问题是土地问题，要发动农民参加革命，必须解决好农民的土地问题。在讨论《最近农民斗争决议案》时，毛泽东提出彻底进行土地革命，从根本上取消地主土地制，不仅要没收大、中地主的土地，而且同时解决小地主的土地，以满足广大贫苦农民对土地的要求。毛泽东建议，大中地主的土地以50亩为限，50亩以上通通没收。对小地主也应有办法，否则没有大地主的地方，农协则要停止工作。

毛泽东组织领导秋收暴动，主力之一就是在农民运动中分到土地的农民。秋收起义计划研究了四个问题，其中一个就是土地问题。毛泽东说："中国大地主少，小地主多，若只没收大地主的土地，则没有好多被没收者。被没收的土地既少，贫农要求土地的又多，单只没收大地主的土地，不能满足农民的要求和需要。要能全部抓着农民，必须没收地主的土地交给农民。"毛泽东还说："对被没收土地的地主，必须有一个妥善的方法安插。"

红军建立井冈山根据地，就在根据地实施土地改革。1929年毛泽东写诗《清平乐·蒋桂战争》："风云突变，军阀重开战。洒向人间都是怨，一枕黄粱再现。红旗越过汀江，直下龙岩上杭。收拾金瓯一片，分田分地真忙。"

第一次国内革命战争，也被称作"土地革命战争"。

读懂土地这本厚书

今天，土地和房地产仍然是中国政治、经济社会的焦点问题。

读懂土地问题非常深刻，绝不是支柱产业的简单定位和对"房奴"、"蜗居"的批判。

土地厚德载物，承载万物，滋长万物。人类思想也自土地生长。

第三次反围剿时，由于受李立三路线的干扰，反围剿如何打产生了争论。苏区中央局秘书欧阳钦在写给中央的报告中写道："关于先打弱敌还是先打强敌的问题，毛泽东同志在会后闲谈时曾说：他们不懂得在战备上先打弱敌的道理，是古已有之。《管子》中说'故凡用兵者，攻坚则韧，乘联则神。攻坚则假者坚，乘联则坚者假'（《管子·制分》）。不是古人早已讲过的吗？"

这一记载证明，博览群书的毛泽东曾经读过《管子》一书。春秋初期的管仲不只是中国先秦诸子百家的第一人，而且也是人类第一位思想家。《管子》一书是人类第一本哲学著作、第一本经济学著作、第一本军事著作,也是第一本政治学、管理学著作。

管子的思想和治国实践就是从土地开始的。

春秋初年,齐桓公即位,任命管子当宰相,他问管仲如何称霸,管子回答:"夫霸王之所始也,以人为本。本治则国固,本乱则国危。"又说:"夫争天下者,必先争人。明大数者得人,审小计者失人。得天下之众者主,得其半者霸。"(《管子·霸言》)这就是"以人为本"治国理念的出处。管子讲的"争人",一个是人的数量要多,二是还要争取人心。人是财富生产者,能种地,人是生产力;人是上战场打仗的战斗力,人多势众,就能打胜仗。人多心齐,国家就富强,就能称霸。

如何争取人?管子说,要满足人的欲望。《管子·牧民》说:"政之所兴,在顺民心;政之所废,在逆民心。民恶忧劳,我佚乐之;民恶贫贱,我富贵之;民恶危坠,我存安之,民恶灭绝,我生育之。能佚乐之,则民为之忧劳;能富贵之,则民为之贫贱;能存安之,则民为之危坠;能生育之,则民为之灭绝。""故从其四欲,则远者自亲;行其四恶,则近者叛之。"

满足人们的欲望,人们就会从很远的地方迁来。

以上这段话非常朴素,但却是人类历史上首次提出了三个最重要的哲学观念。一是道。霸道一体,霸就是循变化之道,打破周礼。道就是变化,是规律。二是人,管子之前,都讲君权神授,绝对精神,神、上帝主宰一切。管子第一次讲出人是世界的本原。三是欲。人的本质是什么?后来的哲学家多讲性本善性本恶,而管子讲欲,更准确。

世界是什么?人是什么?管子在这里首次回答了哲学的两个基本问题。

如何满足人的欲望?《管子》开篇"牧民"开宗明义:"凡有地牧民者,务在四时,守在仓廪。国多财则远者来,地辟举则民留处,仓廪实则知礼节,衣食足则知荣辱。"这段话就是唯物主义和唯心主义的对立统一。"欲"是唯心,"地"是唯物,"礼节"和"荣辱"是唯心,"仓廪实"和"衣食足"是唯物。"有地牧民"、"地辟举则民留处",则是社会关系,是哲学的第三个基本问题。哲学就是探讨世界、人、社会及其关系的根本性学问。

管子是思想家，也是政治家，是理论家也是革命家，他的思想没有停留在理论上。吸引人民，获取民心，管子实施了人类有史记载的第一次土地改革。《管子·乘马》载："均地分力，使民知时也。民乃知时日之蚤（早）晏，日月之不足，饥寒之至于身也。是故夜寝蚤（早）起，父子兄弟不忘其功，为而不倦，民不惮劳苦。故不均之为恶也，地力不可竭，民力不可殚。"管子的"均地分力"政策，可以说是我国古代第一部"土地改革法"，是中国经济上的一次深刻改革。

均分土地后，国家和官员如何养活，管子就推行"相地衰征"的农业税，按照土地质量好坏钊分等级纳税。满足人民的财富欲望，管子实施国家轻税，轻税，国家费用从何而来？管子实施"官山海"，盐业和制铁业国家专营。农业之外还发展工商业，设立市场，就有了交换，有了货币，有了价格，有了消费，有了国际贸易。"地者，政之本也。朝者，义之理也。市者，货之准也。黄金者，用之量也。"（《管子·乘马》）一步步推进，在富民强国的道路上，管子写出了"轻重"十九篇，另有权修、乘马、治国、禁藏、入国、问等篇目，都是论述经济的逻辑和实践，成就人类第一部经济学著作。

《管子》一书，已经就财富的生产、分配、交换、消费、再生产，建立起一个完整的经济体系。而2400年后，西方的亚当·斯密的《国富论》才建立起一个与《管子》基本相同的经济学体系。

19世纪末，西方诞生了马克思。马克思指出，人的本质不是单个人所固有的抽象物，在其现实性上，人是一切社会关系的总和。马克思写了《资本论》首次建立了剩余价值理论，揭示了商品的二重性，进而发现了生产商品的劳动本身的二重性。他认为这是理解政治经济学的"枢纽"。凡是古典经济家看到物与物之间关系的地方，他都揭示了物的关系所掩盖着的人与人之间的关系。在马克思赋予经济学以哲学的灵魂之后，也就打开我们理解管子经济学的一扇关闭已久的窗户。管子就是从土地出发进入经济学的世界的。

让人站在天地之间，成为世界之本，建立起人与人、人与世界、人与社会关系的根本基点，就是土地。

在闽西农民用稻草填壕沟帮助红军的首次战斗胜利之后，毛泽东就对红军的干部讲了土地、农民、红军和革命战争的关系，他说共产党要坐在稻草上想问题，读懂土地这本大书。

革命要读懂这本书，建设也要读懂这本书。读不懂这本书，官员们才会做出武装暴力拆迁这种与民对立的傻事，任志强这些开发商新贵们才会讲"为富人盖房子"、"穷人就应该买不起房"之类的傻话。

5. 井冈山和农村包围城市

> 毛泽东总打胜仗，但打仗时，他想的是失败了怎么办，向哪里撤退，保护有生力量。企业家创业，不能只想到成功，也要想到失败，把风险估计足，设立止损线和底线，保存实力，日后再起。胜败生存之道，是最根本的战略。

如果起义失败了，部队往哪里撤？

这是毛泽东从发动湖南秋收起义前就在想的问题。

1927年1月4日至2月5日，毛泽东考察了湖南湘潭、湘乡、衡山、醴陵、长沙等五个县的农民运动，写成了《湖南农民运动考察报告》，提出了解决中国民主革命的中心问题——农民问题的理论和政策。

1927年1月15日至24日上午，毛泽东在湖南衡山县考察。在此期间，他曾先后两次召开妇女座谈会，了解有关妇女方面的情况。第一次妇女座谈会是1月15日到衡山县白果镇后，在芳山公祠召开的。第二次座谈会是1月20日到衡山县城后，于23日在县妇训班召开的。在1月23日的座谈会上，当地的妇女会干部张琼说起她有个表兄，遭国民党追捕，无处可逃，逃进了井冈山。那儿山高皇帝远，国民党鞭长莫及。她的表兄在井冈山上躲了几个月，知道山上的详细情形，知道山上有"山大王"。

七个月后，1927年9月初，担任中共湖南省委前敌委员会书记的毛泽东，在安源张家湾召集湘赣边界各县党组织和军事负责人会议，部署秋收起义的行动计划。前委把参加秋收起义的革命武装五千余人编为工农革命军第一军第一师，原武汉中央警卫团团长卢德铭任总指挥，原警卫团副团长余洒度任师长。全师分三个团：第一团由警卫团大部、平江工农义勇队和崇阳、通城农民自卫军组成；第二团由安源工人纠察队、安源矿警队和安福、永新、莲花、萍乡、醴陵等县部分农民自卫军组成；第三团由警卫团一个营和浏阳工农义勇队组成。前委计划：在当地农民起义军的配合下，第一团夺取平江；第二团夺取萍乡、醴陵；第三团夺取浏阳。上述任务完成后，三路齐向长沙推进，夺取长沙。

在这次军事会议上，毛泽东要详细研究方案，但余洒度认为毛泽东是一个书生，不懂军事，不懂打仗，说没有必要研究这么具体，打就行了。但是毛泽东却提出了一个大家都意想不到的问题。他说："大家还要考虑一个问题，有道是有备而无患，倘若暴动失利，我们往哪里退却？"

兹事体大，众人都陷入了沉思。过了好一会儿，坐在毛泽东对面的二团团长王兴亚说："要是我们打输了的话，就退到我的两个老庚（即结拜兄弟）那儿去，那个地方到处高山大岭，林深草密，连绵几百里，安得下千军万马，还怕容不了我们几千人？"

有人迫不及待地问："那是什么地方？"

王兴亚回答："井冈山嘛，你们没听说过？"

毛泽东听到"井冈山"三字，想起了衡山县妇女会干部张琼此前曾和他提及的那座山，他兴致勃勃地说道："兴亚同志能不能把你两个老庚和井冈山的情形说清楚一些？"

王兴亚团长讲，他曾参加北伐战争，当过北伐军营长，负伤后回湖南家乡，到井冈山一带领导农民运动，对井冈山的情况比较熟。王兴亚曾任安福县农民自卫军的首领，1927年7月与袁文才、王佐一同率队打下过永新县城。于是他就扼要地把袁文才、王佐怎样与官府豪绅结下怨仇，逼迫投身绿林，又怎样参加了大革命等情形以及井冈山是如何有利于与官兵兜圈子、保存自己的情况讲了一遍。众人听后都甚感兴趣，都说那真是个保存我们革命实力的好地方。

毛泽东等王兴亚讲完以上的情形，觉得井冈山是个日后积蓄力量打击敌人的好地方，也就决定一旦情况有变就上井冈山。

果然，秋收起义受挫，攻打长沙不下，起义队伍撤退到浏阳的文家市。在文家市召开前敌会议，通过了毛泽东提出的放弃攻打长沙，向南转移到敌人统治力量薄弱的农村、山区去立脚的主张。会后毛泽东率领队伍转战湘赣边界，上了井冈山。

1928年2月上旬，毛泽东上了井冈山，袁文才和王佐两支队伍接受改编，成为"中国工农革命军第一军第一师第二团"，正团长为袁文才，副团长为王佐，何长工为团党代表。后来，王佐还主动申请，加入了中国共产党。

当年在秋收起义失败后无路可走的情况下，毛泽东选中了井冈山作为落脚地，不能不说是天才的选择。井冈山位于罗霄山脉的中段，山高林密，翠竹常青，山泉淙淙，地势险峻，易守难攻。它处于两省四县的交界处，两省即湖南、江西，四县即遂川、永新、宁冈、酃县，在那湘、赣军阀各自为政的年月，交界处最容易求得生存。

毛泽东带领起义军落脚井冈山后，立即取得了新城歼灭战的胜利，打败了赣军第27师对井冈山的第一次围剿。1928年4月，朱德率领南昌起义失败的部队上井冈山，实现朱毛会师，红军实力壮大。但是，随后就经历了惨痛的八月失败。

1928年10月，湘赣边界党的第二次代表大会召开，毛泽东为大会起草决议案，即《中国的红色政权为什么能够存在？》，第一次提出："一国之内，在四周白色政权中，有一小块或若干小块赤色政权的长期存在，这是世界各国从来没有的事。这种奇事之发生，有其独特的原因，而其存在和发展，亦必有相当的条件。""全国革命形势是向前发展的，则小块红色区域的长期存在，不但没有疑义，而且必然地作为取得全国政权的许多力量中间的一个力量。""这些红色区域将继续发展，日渐接近于全国政权的取得。"

这是毛泽东第一次提出农村武装割据，建立红色政权，农村包围城市，最后夺取全国政权和胜利的革命道路。11月25日，毛泽东代表前委给中央写了长篇报告《井冈山斗争》，1930年元旦前，又写了《星星之火，可以燎原》，这三篇文章中，毛泽东分析了第一次大革命失败后的国际国内形势和半殖民地半封建社会的政治经济特点，着重地阐明了中国的红军和红色政权能够存在和发展的原因和条件，阐明了武装斗争、土地革命和根据地建设三者相结合的基本原理，从理论引用和实践上回答了"红旗到底扛得多久"的问题，从而确立农村包围城市，最后夺取城市和全国政权的革命理论。

1928年底，彭德怀率平江起义部队上井冈山，红军队伍壮大，毛泽东决定开辟新的根据地。这时，进一步扩张发展，井冈山革命根据地的弱点也暴露出来。第一，井冈山虽然地势险要，易守难攻，但"人口不足两千，产谷不满万担"。红军人数激增后，国民党又反复进剿和经济封锁，军民生活极其困难，吃饭都是问题。第二，井冈山位于汀江和赣江之间的狭长地带，两条大江无法徒涉，南北又难以发展，军事上缺乏回旋的余地，没有军事腹地。这两个弱点初期并不明显，但随着红军力量的扩大，需要更大的根据地时便逐步暴露出来。当时，在红28团当连长的粟裕就评论："这个地区作为一个后方是可以的，从战略发展观点来看，作为大发展的基地不够理想。"

1929年1月14日，红四军主力部队3600余人，在毛泽东率领下分兵两路离开井冈山，开辟赣南和闽西革命根据地。1931年11月7日，中华苏维埃第一次全国代表大会在江西瑞金举行，苏维埃政府所在地就选在了瑞金，而没有选择井冈山。

1937年抗战爆发，毛泽东主张抗日军民建立后抗日根据地，也是井冈山农村包围城市理论的延续和发展。

战略就是目标、方向和道路

毛泽东在分析了近代中国的具体实际后，提出了农村包围城市，最后夺取城市的革命发展道路。从具体实际出发，在独辟蹊径的中国特色革命方针的指引下，取得了全国胜利，夺取了全国政权，成立了新中国。

中国革命的胜利，是毛泽东伟大战略的胜利。企业也不能没有战略，企业家也要考虑战略。

现在企业都在讲战略，但何谓战略，并不是太明确。有人说，战略就是生存之道，也有人说，商业竞争中如何摆脱价格战，实现真正的差异化经营，就是战略。战略就是创建一个价值独特的定位。战略是指企业如何在顾客心智中建立差异化定位，并由此来引领企业内部的运营。

百度百科介绍，战略一词最早是军事方面的概念。在西方，战略一词源于希腊语，意为军事将领、地方行政长官。后来演变成军事术语，指军事将领指挥军队作战的谋略。公元579年，罗马皇帝毛莱斯用拉丁文写了一本名为《战略》的书，被认为是西方第一本战略著作。在中国，战略一词历史久远，"战"指战争，略指"谋略"。春秋时期孙武的《孙子兵法》被认为是中国最早对战略进行全局筹划的著作。在现代战略一词被引申至政治和经济领域，其含义演变为泛指统领性的、全局性的、左右胜败的谋略、方案和对策。相对于战术，战略是指导战争全局的计划和策略。

战略具有重要的地位和作用。它是国家根本性的军事政策，是军事活动的主要依据，是运用军事力量支持和配合国家进行政治、经济、外交斗争的重要保障。它既指导战时，也指导平时；既指导军事力量的使用，也指导军事力量的建设；既指导准备与实行战争，赢得战争的胜利，也指导遏制战争，维护和平。战略正确与否，决定战争的胜负，事关国家和民族的荣辱兴衰。战略对战役法和战术具有指导作用，同时战役法和战术对战略也有着重要影响。

企业战略关系企业发展全局。企业如何制定战略，制定什么样的战略？毛泽东战略理论和实践值得学习。

第一，制定一个目标，夺取全国政权。企业的规模大小，是做一个世界性的企业，还是做中国范围内的企业，或者做一个区域品牌，这就是企业目标。

第二，确定实现目标的方法。枪杆子里面出政权。我们可以理解为企业的产品。你用什么去达到你的目标，用什么样的产品实现你的企业目标。

　　第三，敌我分析。谁是我们的敌人，谁是我们的朋友？这是市场竞争态势的分析，找到你的市场在哪里，消费群体是谁，有多大，竞争对手是谁，同盟者是谁？

　　第四，成长的力量。土地革命，发动农民。企业成长的力量在何处，应该怎么发掘这个力量？

　　第五，发展的道路。农村包围城市。企业要充分认识市场和经济的环境，认识企业的优势和劣势，找到扬长避短，持续发展的道路。产品如何布局，市场如何开拓，都是具体的道路问题。

　　战略不是从书本上找来的，是从实践中摸索出来的。毛泽东农村包围城市的战略是逐步建立完善的，在上井冈山之前，就是为起义找一条后路，到了井冈山，打了几仗，才看到建立根据地的可能和价值。如果单从军事说，农村包围城市只是空间上的战略，中国古代兵书中的避实击虚，著名的围魏救赵，都是这一战略原则。但毛泽东就远远超出了避实击虚的范畴。它还包含了保存有生力量、以点带面、以面制点、战略转移和地缘经济等战略意义。因为毛泽东的格局不同，战略价值也就不同。

　　对于企业竞争而论，很多企业已经将农村包围城市的战略活学活用。让处于劣势地位的队伍保持有生力量。处于弱势地位的竞争者如果只会跟强势企业进行不自量力的对抗，结果就是覆灭，毛泽东形象地称之为："叫花子与龙王爷比宝"。以点带面，逐步发展，改变敌我力量对比。市场竞争的实质是竞争企业之间的力量对比的改变，这是主导企业竞争的根本力量。战略性转移既可以转移到具有发展潜力的成长型市场，也可以转移到竞争相对不激烈的完全竞争市场，当然也可以开创尚未开发的具有消费潜力和购买力的新兴市场，这一切将取决于你所处的具体消费环境和实力。

6. 敌进我退

> 红军处于劣势，遭敌围困，如何退敌制胜？企业也会有冬天，陷入困难，如何经营突破困境？毛泽东谋略可慎用。

农村包围城市，是敌强我弱形势下的红军战略选择，而敌强我弱之下，毛泽东还创造了红军战术："敌进我退，敌驻我扰，敌疲我打，敌退我追"。16字战术与农村包围城市的战略一样浅显易懂，生动具体。

最早见诸文字记载的"16字诀"是1929年4月5日《红四军前委关于目前形势闽赣斗争情况和红军游击战术向中央之报告》。报告说："我们三年来从斗争中所得的战术，真是和古今中外的战术都不同。用我们的战术，群众斗争的发动是一天比一天扩大的，任何强大的敌人是奈何我们不得的。我们的战术就是游击的战术。大家说来是'分兵以发动群众，集中以应付敌人'。'敌进我退，敌驻我扰，敌疲我打，敌退我追'。'固定区域的割据，用波浪式的推进政策。强敌跟追，用盘旋式的打圈子政策'。'很短的时间，很好的方法，发动很大的群众'。"

从第一次反围剿开始，16字诀游击战术就被毛泽东出神入化地应用，取得丰硕战果。

1930年10月，国民党开始向南昌大规模集结兵力，准备对红军实施围剿，但红军内部还在为执行中央决定打南昌而激烈争论。10月25日，敌先头部队已到清江，与红军一江之隔，总前委和江西省委举行联席会议，毛泽东提出："在强大的敌人进攻面前，红军决不能去冒险打南昌，必须采取'诱敌深入'的作战方针，退却到根据地去。选择好战场，创造有利条件，把敌人放进来，才能集中力量消灭敌人。"但这次会议仍然没有统一意见。有人提出："不打南昌、会师武汉，就是违背中央精神，会断送中国革命"。30日，侦察得知敌10万大军已经出发向根据地推进，前委召开紧急会议，毛泽东"诱敌深入"的作战方针才得到统一。

这时，蒋介石刚刚取得了中原大战的胜利，不可一世，调集10万大军，采取"长驱直入，分进合击"的战术，向赣南根据地大举进攻，企图在这里与红军决战。"诱敌深入"的方针，就是当优势强敌扑来时，红军先向根据地内退却，避开决战，保存实力，在运动中发现和造成敌人的弱点，选择有利地形，集中兵力，待机破敌。当时红四军团政委刘亚楼回忆说：为了向红军指战员和地方干部、群众讲清这个道理，毛泽东作了深入艰苦的说服工作，大会讲，小会说，条分缕析，晓以利害，着重说明弱军要战胜强军，是不能不讲求阵地这个条件的。毛泽东用许多生动的比喻诠释了"将欲取之必先予之"的道理。他指出"只有丧失才能不丧失"；"不在一部分人民家中一时地打烂些坛坛缸缸，就要使全体人民长期地打烂坛坛缸缸"。最后，这个正确的作战方针终于被大家所接受了，这就保证了我们掌握了反围剿战争的胜算。

红军主力撤到东固、龙冈山区，国民党三路大军到达袁水流域后扑空，两个纵队调到赣江以东，仍不知红军主力动向，继续向根据地中部地区推进，极度疲困，后勤供应困难，而红军却以逸待劳，毛泽东分析了敌败我胜的六个条件：（一）苏区人民一致，积极援助红军；（二）红军可以主动选择有利地形作阵地，设下埋伏，把敌人关到里面打；（三）红军集中优势兵力，可以一部分一部分地歼灭敌人；（四）可以发现敌人的薄弱部分，拣弱的打；（五）可以把敌人拖到精疲力竭，然后再打；（六）可以造成敌人的过失，乘敌之隙，加以打击。毛泽东的分析，鼓舞了红军士气。

经过分析，红军决定打掉张辉瓒和谭道源两个师，敌每师各1.4万人，红军4万人，一次打一个师，占绝对优势。红军慎重初战，打击目标选定了离红军隐蔽处最近的谭道源师，为此红军两次设伏，但谭部十分小心，不敢孤军冒进，没有打成。毛泽东要大家忍耐："机会总是要来的。"

果然张辉瓒部向龙冈进发钻进了红军设下的埋伏圈。当时正是细雨浓雾，可谓天助红军，在一个狭长的盆地里，红军布下口袋阵，居高临下，四面包围，激战6小时，全歼敌两个旅，近1万人，活捉师长张辉瓒。然后红军抄近路向东，直取谭道源部，在东韶向敌发起进攻。歼敌3000余人。其他各路国民党军队仓皇退走。第一次围剿被打破。

龙冈战斗结束，毛泽东写诗《渔家傲》："万木霜天红烂漫，天兵怒气冲霄汉。雾满龙冈千嶂暗，齐声唤，前头捉住了张辉瓒。"

艰难冬天的生存之道

红军和革命根据地，一直处于强大敌人的包围和围剿之中，生存环境非常恶劣。16字游击字诀，就是红军的制胜之道。

企业创业，总要有一个从小到大的过程，最初会有一段艰难期。即使是企业做大了，外部环境也会有不好的时候。冬天，是企业对经济危机和环境恶化的比喻。华为总裁任正非写过一篇《华为的冬天》，在企业界广泛传播，写的就是企业在恶劣环境到来时的生存之道。2008年以来的全球经济危机，也被看做是企业的冬天。

经济危机，冬天来袭，企业也要掌握过冬的生存法则，而这种法则就是生存本能。深圳华孚公司就研究北极熊和麻雀的生存本能，度过经济危机。

最寒冷的北冰洋冰川上的北极熊是在冰雪中延续了数万年的动物，据说最初是棕色或灰色，在千百年的洗礼中与大自然浑然一体，可颜色并不是它的傲世之术，同样生活在这个区域的雪狼和狐狸亦有同样的制服。北极熊定然有更多独到的生存技巧，因为它硕大的身躯决定了要生存下去就需要更多的能量。每年短暂的夏季冰面融化时，北极熊就奋力游到有大陆的地方，有的甚至借助漂泊的冰块为船，划向食物丰饶的海岸。在大地冰封之时，北极熊会在冰面上来回尝试，找一些冰层较薄的地方，铆足了劲，用全身的力气，在冰面上重重击打，直到砸碎寒冰，露出海水，它就守在旁边，总会有它喜欢吃的海豹在冰窟窿中探出头来喘息，北极熊就会迅猛地扑上去。北极熊就在寒冷的冬季活了下来。

如果把订单和机会比作一头头海豹，企业就要学习北极熊的生存之道，在冰面上找到薄弱的地方，不停地击打，凿开冰面，并尽可能地节省自己的热量和体力，海豹总要探出头来。可我们总要凿出让海豹探头的冰窟窿，才会有捕食的机会。企业要降本减费，节省热量，要快速反应找到易于击破的冰面，等到大家合力砸开经济形势的坚冰，我们的眼前又呈现出一片富饶的大海。眼下最重要的是学会北极熊的破冰技术和智慧。如果只会在和风中钓鱼，就必死无疑。

麻雀虽小，它的过冬之道也值得学习。人类遭遇过多次自然灾害，但总有强壮的人得以生存；冬天积雪覆盖大地，不少麻雀饥寒交迫，僵死枝头，但总有些靠强壮和智慧迎来暖春，自然界优胜劣汰，市场经济的竞争何尝不是如此。世界食物少了，能否靠有限的谷粒活下来？这取决于一只麻雀能否自己节约热量，用有限的热量维持生命。对于一个企业来说，就是降本。不要抱怨哪个费用减了多少让你不方便，要知道活着最重要。世界食物差了，能否消化下去，这取决于一只麻雀的消化功能。没有那么多好食物供麻雀选择，差的食物能消化一样可以维持生命。对于企业来说，如果实在没有好的订单结构，交期特急的，订单量很小的，价格很低的，也应该积极生产。它考验的是一个企业的"消化"功能。世界没有食物了，能否看清什么是陷阱，饥不择食时，雪地上几粒秕谷是否让麻雀忘记头顶的箩筐。对于一个企业来说，不能饮鸩止渴，有些订单接过来，可能不给钱、占了产能、占了库存、占了成本，给你雪上加霜。食物突然多起来了，麻雀应该怎么样吃？按食量吃。吃过量，会得病，好事变成坏事。有食物时能比其他同伴多吃，吃了能消化；没食物时能飞得持久，找得到维持生命的粮食，不要因陷阱送了小命。这是麻雀得以生存的体质和智慧。不缺食物的时候也要经常飞一飞，不要到没食物了感觉力不从心。对于一个企业来说，不能因为好的业绩就忘记基础管理。必要充足的熟练工人，必要充足的打样调色团队，必要的设备技改，必要的原料储备，等等，这些都是日常需要加强的"内功"。生存从道理上讲并不复杂，但操作起来经常看不清，或不愿意看清，或看清了也没办法改进。企业应该做一只智慧的"麻雀"。

在艰难的恶劣环境下，首先要保护自己，尽量少付出代价，然后创造机会去获取胜利。红军的战术与北极熊和麻雀的生存之术是一个道理。

7. 三月和八月失败

> 毛泽东的道理很简单但却深奥，可人们总是忘记和违背这些简单的道理，而遭受损失。企业的发展也是这样，人们总是违背最基本、最简单的道理，让企业受挫。

三月和八月失败，是红军两个失败的案例，它从反面用血的代价证明毛泽东建立革命根据地和农村包围城市道路的正确性。

毛泽东率领秋收起义部队在井冈山落住脚之后，就派人去找南昌起义失败的部队，1927年12月，何长工和毛泽覃先后在广东韶关找到朱德和陈毅的部队，朱德表示上井冈山和毛泽东会师。但是第二年3月初湖南省委特派员、湘南特委军事部长周鲁来到井冈山传达中央精神和省委指示，他下车伊始，摆出一副"顶头上司"的姿态，先是批评毛泽东及前委行动太右，烧杀太少，没有执行"使小资产变成无产，然后强迫他们革命"的政策，指示要"烧、烧、烧，烧尽一切土豪劣绅的房屋；杀、杀、杀，杀尽一切土豪劣绅的头颅"！周鲁还传达了1927年11月临时政治局扩大会议精神，由于当时环境恶劣，文件不能随身携带，只能靠背诵记忆，结果他在传达中央给毛泽东纪律处分的时候，把"开除毛泽东临时政治局候补委员"的处分误传为"开除党籍"。最后，周鲁又传达了湘南特委的决定，取消前委，另组师委，毛泽东改任师长。

周鲁这次上山的任务是要求毛泽东带领部队回湖南，继续攻打长沙。这里有中央的决定，也有狭隘的地方主义。因为井冈山在江西，只有回到湖南才能属于湖南省委领导。另一个原因是朱德的部队在来井冈山的路上攻占了湖南宜章县城，举行了湘南暴动，不到两个月的时间里，暴动波及20余个县，中心区域宜章、郴县、耒阳、永兴、资兴、安仁等县相继恢复党组织，建立了苏维埃政权，部队也得到了壮大，形势看起来不错。如果毛泽东再回湖南，湖南革命形势就是另一片天地。但是，在周鲁上山之后，就传来消息，朱德的湘南暴动失败。3月底，在敌人的强攻之下，再加上烧烧杀杀的政策失去民心，暴动很快就被镇压下去，史称"三月失败"。经历了这次失败，朱德和陈毅才又决定上井冈山与毛泽东会师。

毛泽东亲自带领部队下山接应朱德、陈毅，在汝城阻击敌人，让朱德部摆脱敌人追截。在遇到朱德之后，周鲁还是以湖南省委的名义阻止朱德上井冈山，要求部队继续回湖南，打长沙。朱德不回，周鲁仍然坚持回湖南。湖南省委秘书曾志也认为回湖南不行，要与朱德一起上井冈山，朱德希望她去做周鲁的工作，不要回湖南。但周鲁坚持执行中央决定，回湖南打长沙，带领自己的人员悄悄离开大部队，朱德知道凶多吉少，派人去追。周鲁等人没有走出多远，就遭遇国民党地方武装，被打死了。

八月失败，是周鲁版的另一次失败。

1928年6月底，湖南省委特派员杜修经带着省委的决定又上了井冈山。省委决定："红四军攻永新敌军后，立即向湘南发展，留袁文才一营守山，毛泽东同志随军出发，省委派杨开明同志为特委书记，袁文才参加特委，出发湘南的四军军委应取消，另成立红四军前敌委员会，由毛泽东、朱德、陈毅、龚楚、宋乔生及一名士兵代表和一名农民代表组成，毛泽东为书记，派杜修经同志前来担任省委巡视员，帮助前委工作。"苏区会议通过了不执行省委意见的决定：红四军仍继续在湘赣边界各县，建设巩固根据地；在新军阀战争未爆发前，尚不能离开宁冈、永新等地，前往湘南。

7月中旬，湘赣两省国民党军队向井冈山发动第一次"会剿"，红四军分两路反击。毛泽东带一部分部队固守井冈山，朱德带领28、29团跳到外围作战，以解井冈山之围。外围红军占领湖南酃县后，杜修经再次做工作，策动部队继续南进回湘南，军委做工作也无法阻止，因为29团的士兵多为宜章人，回乡心切，不愿意在井冈山过艰苦的生活。有关会议还任命陈毅为军委书记，要彻底摆脱井冈山红军。毛泽东得到消息火速派人送信过去，要求断然停止去湘南的行动："敌人太强大，去了必然失败。"干部会议讨论毛泽东的信，第二天往井冈山返，但到了湘赣边界的沔渡，29团官兵硬是不过河，一定要回湖南，朱德等不能制止，28团也被迫南下。结果29团攻打郴州，被6个团的敌人包围，死伤1000多人，几乎全军覆灭。28团也随即撤入桂东。当时毛泽东率31团以游击战牵制11个团的敌人一个多月，得知朱德军败，立刻决定率主力三营去桂东接应28团回井冈山。

即使是29团兵败，28团回井冈山，也能解井冈山之围。但28团却去了桂东，不但不能回兵井冈山，毛泽东还要率主力下山去迎回。代价是敌人得知红军主力离开，对井冈山发动了猛烈进攻，除井冈山一个地区，根据地大部沦陷，敌人疯狂屠杀人民，进行报复，根据地受到严重摧残。当时正值收割季节，分田的农民辛苦耕作，地主回来把收获拿走了，分了田却收不到谷，有句话："农民分田，地主割谷"，失掉民心，这才是最大失败。

29团失掉，根据地被毁，损失惨重，史称"八月失败"。

"八月失败"，后来多把责任算到湖南省特派员杜修经身上，《毛泽东选集》中，毛泽东四次批评了杜修经。不过，经历此事件，并且坚定支持毛泽东的谭震林后来评判道："八月失败，不只是杜修经的责任，朱德、陈毅同志也有责任，朱德同志是军长、陈毅同志是军委书记，要是他们坚持不听湖南省委的决定，不去湘南，杜修经是无法把部队拉走的，'将在外，君令有所不受'嘛！"

谭震林的评判实际上代表了毛泽东的看法。

朴素道理最宝贵

现在很多企业家爱学习，喜欢去听一些经济学家之类的讲课，还学佛论道，有的还到深山里悟道，一定要听一句"一句顶一万句"的至理名言，用一句话解决企业的所有问题和麻烦。

近年来，各种企业经营管理的理论、体系越来越前沿，越来越时髦，越来越高深得搞不懂。西方的不说，中国的《三国演义》、《西游记》、《红楼梦》，还有孔孟国学，都被聪明的学者演绎成企业管理和经营之道，玄而又玄，所到之处趋之若鹜，到处开班授课，听一讲，上一个班，要交很多钱。

其实，别信那些闲扯。企业的经营管理就蕴藏在最普通的道理之中。富士康总裁郭台铭说："你成天接受少林派、武当派、昆仑派切磋剑法，如果能自成一格的话，就有自己的派，这些经验都不是书本上学得到的，这是30年来最宝贵的学习、最宝贵的成长过程。做生意，经营就是要掌握人理、物理、事理。我这么多年做生意，我学了很多的人理和事理，虽然我物理不一定很强。"

不过，越普通的道理，越是有人搞不明白。比如，毛泽东的伟大之处，就在于他超出常人地发现和提出一些最朴素的道理。毛泽东说："枪杆子里面出政权"，你跟蒋介石讲道理没用，他不会听，要想革命取得成功，和平道路走不通，只能武装夺取政权。"枪杆子里面出政权"这话特别形象。武装斗争，毛泽东提出"农村包围城市"，道理很简单，你在城市打不过人家，就只能到农村去发展。因此，毛泽东就率领秋收起义的部队上了四省交界易守难攻的井冈山。但是有些人就不明白这个道理，就一定要打大城市，劝都劝不住，结果两个团的红军还没有走到那个大城市，就被国民党的军队吃掉了一个团。打破国民党的围剿，毛泽东为红军编了一段落顺口溜："敌进我退，敌驻我扰，敌疲我打，敌退我追"。红军接连粉碎了敌人的四次围剿。但是在第五次反围剿时，共产国际的代表就一定坚持打阵地战，结果就失败了，被逼长征。解放战争时期，毛泽东首先提出在运动中集中优势兵力打歼灭战，说"伤其十指，不如断其一指"。因为你武器装备不如人家，固定在一个地方跟人家硬拼，肯定打不过人家，只能打不过就走，找一个机会，我们集中优势兵力的时候才打一仗，战则必胜。在解放军的高级将领里面，林彪是最会打仗的一个，出关时10万部队，两年后进关，浩浩荡荡百万大军。他也最懂毛泽东的战略战术，最受毛泽东赏识。据说林彪随身有一个小包，什么时候都不离身，里面就装着毛泽东的《实践论》、《矛盾论》以及毛泽东关于战略战术的著作，一有时间就读，读过很多遍，写了很多批注。林彪最擅长围城打援，部队围住一个城市，吸引敌人来援，在援敌的必经之路布下口袋阵，一般情况是五个人打一个，并且凭借有利地形，一下子就把敌人打掉。这种战法屡试不爽。

现在看来，毛泽东的这些战略战术是很好理解的，也是很普通的。但是只有毛泽东领悟到了，他就胜利了，成为领袖。经营管理企业也是如此，别信那些高深的理论，如果能悟出最朴素的道理，就能成功。

富士康是改革开放以来做得最成功的企业，可有人总说富士康是低端制造，是代工，没有前途。人家都做到上万亿的销售规模上百万员工了，你还说人家没有前途，你有前途的做到哪里去了？

富士康最让人瞧不起的是代工。可这偏偏是富士康最成功的地方。道理很简单，试想富士康做出一个富士康品牌的电脑和手机，苹果、惠普这些企业还把订单给他做吗？不会，因为富士康已经是竞争对手。可富士康坚持不做品牌，就做代工，大家都是朋友，是伙伴，不是竞争对手，大家就都把订单给他，都帮富士康做业务，富士康就做成了全球最大的代工企业。另外，中国最宝贵的是劳动力资源，富士康就通过代工，利用国际品牌的渠道，把中国资源和世界市场紧密地结合起来，成为一家国际化的企业。

这些道理，都非常简单，土得掉渣，被高谈阔论的国内企业丢弃了，富士康也就没了竞争对手。

毛泽东说："你要知道李子的滋味，你就得变革李子，亲口吃一吃。"如果你不做制造，就不会悟出这些道理。

2009年，郭台铭在"台湾"给大学生讲职场出牌学，手里一手烂牌，只要耐心打，也有可能会赢；如果老是摔牌，就已经输了一半。他说："回去告诉你们的老师，把桌子上的那些书都扔掉，那些知识、经验都没有用，只要记住'一加一等于二'就行啦。"

听起来有些狂妄。但是，在很多事情上我们不就是忘记了"一加一等于二"的基本知识吗？当然我们也不太愿意做"一加一等于二"的枯燥事情。编软件就是1和0的重复排列劳动，中国人几千年前就发明了二进制，但现在却没有印度人编程的天赋和耐心。

8. 化解城市中心盲动危机

> 近些年，政治上防左反右非常严密，但经济上的"左倾"盲动却非常严重。经济过热、经济泡沫，就是"左倾"盲动的重要表现。军事"左倾"盲动危害大，经济"左倾"盲动危害也不小。

对毛泽东的处分是1927年11月中央临时政治局扩大会议上作出的决定。会议认为，毛泽东率部不打中心城市长沙，转兵在山区农村打开革命新局面，与中央的城市中心论思想背道而驰。派驻中共的共产国际代表和中央多数委员们，把秋收起义严重受挫看成是完全失败。一位共产国际代表在办公室举起手枪讥讽毛泽东说：枪杆子里面出政权，是从枪口里出来的，还是从枪屁股里出来的？毛泽东被开除中央临时政治局候补委员。

毛泽东后来说："那个时候，给我安了一个名字叫'枪杆子主义'，因为我说了一句'枪杆子里面出政权'。他们说政权哪能是枪杆子里头出来的呢？马克思没有讲过，书上没有那么一句现成的话，因此就说我犯了错误，就封我一个'枪杆子主义'。的确，马克思没那么讲过，但是马克思讲过'武装夺取政权'，我那个意思也就是武装夺取政权，并不是讲步枪、机关枪那里头就跑出一个政权来。"

那些共产国际代表和从莫斯科回来的中央要员们自认为是马克思主义者，巴黎公社是在城市建立的第一个无产阶级政权，俄国十月革命是城市武装暴动夺取政权的胜利，城市中心的革命，是马克思主义颠扑不破的真理。

1927年4月，上海举行工人武装暴动，虽然攻占上海市政府，但很快就被反动派血腥镇压。上海武装暴动失败的原因有共产国际自动放弃武装的原因，敌强我弱是最大的原因。南昌起义也是城市暴动，起义成功，但也无法在城市立足，被迫边打边撤，损失惨重，险遭全军覆灭。秋收起义的目标是攻打长沙，毛泽东临时放弃打长沙，不是不愿意打，而是根本打不下长沙。打下长沙也保不住长沙。

"八月失败"后，革命经历了一段低潮，中央红军虽然已经建立起比较牢固的赣南闽西根据地，但中央还是陷入悲观右倾情绪。1929年2月，中央来信，史称"二月来信"，基本分析是："党的力量薄弱，工农群众的组织和斗争，都还未能有健全的较平衡的发展，故革命的主观力量还不能促进这一轮的革命高潮的到来。"来信要求红军分整为零，等待时机，毛泽东和朱德去莫斯科学习。来信还特别指出，这是共产国际书记布哈林的意见。

1930年初，中央的头脑又热起来。中央政治局于1930年3月10日开会，确定党的基本方针是夺取城市。李立三明确指出："朱毛应向江西发展，与江西的红军汇合，争取江西的政权，以便配合武汉的暴动。"会上有人把毛泽东、朱德领导的游击战争指责为"兜圈子主义"，提出要"批评他们的兜圈子主义"。4月3日，李立三主持的中央给中共红四军前委一封信，传达政治局的指示。信中说：全国革命形势走向高潮，党的总任务"是准备实现全国的总暴动"，指出红军当前最主要的任务是"猛烈地扩大"与"坚决地向中心城市发展"。信中肯定地认为"目前先胜利的前途，最显著的区域是湘、鄂、赣三省，而以武汉为中心"。

最形象地表述李立三的城市中心论的，是下面这样一段话："乡村是统治阶级的四肢，城市才是他们的头脑与心腹，单只斩断了他的四肢，而没有斩断他的头脑，炸裂他的心腹，还不能致他的最后的死命。这一斩断统治阶级的头脑，炸裂他的心腹的残酷的争斗，主要是靠工人阶级的最后的激烈争斗——武装暴动。"当时的口号是："饮马长江，会师武汉。"

李立三要红军进攻南昌和长沙。南昌和长沙是赣湘两省省会，是敌人重点设防的城市，以红军现有的装备和兵力攻击这两个城市，无异于使红军毁灭在坚城之下。但这是李立三的命令，不去，就是违抗上级命令，这是中国共产党铁的纪律绝对不容许的。特别使毛泽东感到为难的是，李立三还专门派了特使涂振农来江西兴国督战。

对于李立三，毛泽东并不陌生。"五四"前夕，在湖南一师读书的毛泽东受《新青年》杂志的影响，以"二十八画生"的名义起草了征友广告，张贴在长沙各大中学校的门口，准备组建新民学会。广告贴出后，第一个跑来响应的就是李立三。风云际会，没想到时代的浪潮把他推到了中央负责人的高位上。由于瞿秋白、周恩来这时均已奉令去了莫斯科，李立三实际上成了中央最高负责人。

毛泽东做出决策，部队向南昌"推进"，佯攻南昌，抵达南昌后，8月1日，一部分部队进占南昌对岸的牛行车站，隔江鸣枪，纪念南昌起义三周年，然后撤围南昌，奉新北上。毛泽东给中央写信："若直进南昌，则敌人主力没有消灭且在我军后，南昌又四面皆水，于势不利，故乘虚渡河向南昌对岸，前进攻击牛行车站为目标，举行八一示威。""敌人在南昌城不还一枪，不出一兵。我们此时找不到敌人打，既不能攻南昌，八一示威任务已经达到，遂向奉新、安义散开工作，发动群众，筹款，做宣传工作。"

这次进攻南昌，毛泽东没有攻打大城市，避免了可能的损失，红军还得到了较大发展，长汀出发时1万人，回来时发展成1.8万人。这时，彭德怀三军团打下了长沙，但11天后被迫撤出。毛泽东立即回军长沙，中央特派员不明白，毛泽东说，三军团必陷强敌，一军团要去解救。但是李立三批评彭德怀犯了"右倾错误"，要求再攻长沙。红一军团在向红三军团靠拢时，抓住敌人一部突进文家市，较为孤立，当即进军文家市，全歼湘军3个团1个营，解三军团之围。战斗结束与南下的红三军团在济阳水和市会合。彭德怀提议两个军团合编为中国工农红军第一方面军。

这时，李立三来电，再次要求打长沙。毛泽东认为，第一次打长沙成功，是因为敌人守备薄弱，但敌人一旦集中兵力反攻，就被包围在城内，突围时遭受重大损失。现在长沙之敌兵力充足，防护加强，长沙不易攻下。但上有中央命令，总前委有不少委员也主张打长沙，总前委会议只好决定再次进攻长沙。

兵临长沙城下，已是力量悬殊，直接攻城难取胜，决定采用"诱歼敌军于其工事之外，然后乘胜攻入长沙"的作战方针，但敌人坚守工事，不肯出击，最后不得不发动强攻，激战11天，不能攻下敌人阵地，红军伤亡巨大。这时得知敌人援兵已经临近，红军可能陷入重围，不得不撤围长沙。毛泽东总结长沙之战，认为在力量对比悬殊的条件下强行进攻中心城市是不可能取得成功的。

然而，红军抵达株洲后，缴获了国民党政府内部印发的中共中央和中央军委8月初的一封信，信中说："红一军团的任务是夺取南昌、九江，占领南浔铁路，建立江西政权及全国性政权，封锁长江，向右进攻南京，向左保障武汉胜利。"红三军的任务是去湖南或湖北。打南昌和长沙的呼声再起。这时中央特派员又回到红一方面军，带来中央再打长沙的指示信。有人甚至质问毛泽东："你不打长沙，又不打南昌，你执行不执行中央的路线？"毛泽东和中央特派员周以粟曾一起搞过农运，就和他谈了一个通宵，终于说服了他：暂不打长沙和南昌，而是先打吉安。

部队进发到吉安境内，遇到从中央开会回来的李文林，说中央还是要打南昌。毛泽东平静地说，我们要打吉安，你看队伍已经向吉安开去了。李文林说，那也只好这样了。

吉安周围都在红军控制下，是一座孤城，敌人力量较弱，红军一攻，敌人就溃逃了。红军占领吉安扩军8000人。

从1930年6月至9月，立三"左倾"路线致使中国革命力量全局性的重大损失，中心城市暴动相继失败，地下党组织受到严重破坏，伤亡巨大。9月24日，六届三中全会，结束立三路线在中央的统治。毛泽东策略地抵制立三路线，没有打南昌，及时撤围长沙，不但没有遭受重大损失，而且队伍扩张壮大，红军发展到4万多人。

　　"左倾"盲动不只是李立三的。1931年1月，临时中央又决定："过去正确的不占取大城市的策略现在不同了，要利用目前顺利的政治与军事的条件，占取一两个重点中心城市，以开始革命在一省数省的首先胜利。"苏区中央局又产生了打赣州的争论。毛泽东坚决反对，认为赣州易守难攻，素有铁赣州之称，即使要打，也要围城打援。但中央局多数成员要打赣州。后来的一次会议，毛泽东又被批右倾机会主义，处境困难。毛泽东就向苏区中央局请病假休养。彭德怀也认为能打下赣州，他任总指挥。有人还说，打下赣州与毛泽东算账。结果，3月上旬，主持中央局工作的项英在雨中骑马上东华山请毛泽东下山，说赣州前线腹背受敌。毛泽东立即致电前线指挥部，大胆起用刚起义两月的红五军团支援红三军团，红三军团才得以撤下。

　　刚撤围赣州，一些人还是不听毛泽东的劝告，仍然要打大城市，不打赣州要打南昌，毛泽东的意见又被否定了。走到半路，毛泽东则抓住福建敌人薄弱的机会，指挥红一军团迅速打下龙岩和漳州，取得巨大胜利，缴获颇丰。漳州也是福建第二大城市，中央也不好说什么。毛泽东的策略是柿子专挑软的捏。

别为经济过热"左倾"所盲动

　　2008年的4万亿投资，近些年的房地产泡沫，政府的巨额债务，购买美国国债，严重的通货膨胀，虽然推动了中国经济的高速增长，争议之声不断，严重危害已经再现。

　　有专家批评，中国经济前30多年的发展是败家子作风。中国的前30多年的确是发展了，取得了全球瞩目的巨大成就。但此期间的发展，主要是依靠廉价劳动力、廉价资源、大规模投资，且付出了极大的代价，比如环境污染、资源耗损。他再次以数据说明此问题：2009年中国GDP占世界GDP总量的5.5%，却消耗了全世界40%的煤和炭、54%的水泥、60%左右的钢和铁、70%左右的油和气，即中国单位GDP的耗损是工业国家的6倍。如果按2009年的对资源的消耗量，中国自身的石油资源只剩7.08年，只够一个五年计划，铁矿石资源只剩下16年，天然气只剩39年。泱泱中华民族几千年的历史是地大物博，人口众多，物产丰富，然而这短短30年的时间将这个"千年百宝箱"的资源几乎消耗殆尽。

政府过热的宏观经济政策，必然殃及企业。比如深圳及沿海企业的内迁，就陷入多重危机。

各地政府吸引深圳企业内迁投资，开出各种各样的诱惑条件，往往成为企业内迁的陷阱。

房地产是最大的诱饵。在深圳一些企业不可能拿到土地，一些内地政府就怂恿："到我那里投资，需要多少土地就给多少，价格便宜。"房地产是这些年令人向往的产业，有不少企业就奔着那里的土地去了。拿到土地后，政府又说，工业用地开发潜力小，可改成住宅用地，但是要交地价补差，有人经不住诱惑，又交了钱。这些企业本来实力就不大，土地再便宜，搞建设总要投资，成本一下子加大，如果生产销售跟不上，资金一下子就出问题。在深圳辛辛苦苦赚的那点钱都投进去了。深圳有一家礼品企业，被吸引到湖北投资，买了一大片地，盖了四栋厂房。而它自己的业务只能使用一栋，其他三栋租不出去，企业一下子困难了。老板说，如果在深圳租一层厂房就够了，价格贵点也多不了多少。订单少还能少租点，能伸能缩，现在在内地投了那么多资，反而成本上去了，市场一不好，能不困难吗？如果不建厂房，你想撤回深圳也容易，现在撤都撤不回，被套牢在那里。

就近招工是个传说。"我们那里劳动力便宜，招工容易"，这是内地政府招商宣传的优势。有一个做手套的深圳公司就吃过这样的苦头。他的工厂不大，原在深圳布吉。工人差不多都是江西一个镇上的。那个镇上的领导就到深圳来参观考察，对老板说，我们给你盖好厂房，你把工厂搬到我们那里，工人就不用来深圳了，工资还能少一点。这个老板一听，这个主意行，既省了厂房租金，又减少了工资成本，物流成本增加不了多少，合算。老板就答应了。结果他把工厂搬到江西那个镇上，却招不到工人，跟深圳工资一样多，原先在他厂里打工的工人也不去。那些年轻人说，我们打工不只为了赚钱，还要出去闯世界，见世面，打工要进大城市，就要走得远一点。这个老板没有办法，只好把工厂又迁回深圳，来回一折腾，影响了一年的生意。

优惠条件靠不住。税费减免等优惠条件多多，也是政府招商的诱饵。招商时，你提什么条件都能答应，只要你来就成。在你投资建厂之前，承诺都能兑现，但是一正常生产经营，就开始变脸。有一个企业老板诉苦，当地税务部门为了完成税收任务，天天来逼税，不但没有减免，还要提高，不但不能延期，还要提前交。你讲政府优惠政策和当时的许诺，税务部门说，税收是国家政策，当地政府不能突破。你去找政府领导，原先的领导因招商引资政绩突出提拔了，新的领导不认识，进了门去述说，新领导不愿意见，见了也是公事公办，你要通融公关，代价和精力巨大。

政府服务热情得受不了。政府各部门全力以赴为企业服务，这是各地政府招商引资的承诺。如果你去投资后，你才知道这种热情服务很痛苦。大大小小，哪一个部门，都有理由来指导、服务、参观、开座谈会，并且还都要求你老板出面接待。来了总要吃顿饭，你就天天陪吃陪喝，哪还有时间精力搞经营。

上市许诺不可信。"深圳企业太多了。我们那里有上市指标，迁到我们那里，我们让你上市"，这也是一些政府招商引资的条件。有一家深圳的IT企业就冲着上市指标迁到内地一个城市。当地政府说，上市还要符合一些条件，这家公司就根据条件做了不少投资。但近两年订单减少，经营不好，政府再也不提上市的事。你去找，他还要你继续投资创造条件，企业感觉不靠谱，不敢投了。经营不好，也没有能力投了。这家企业老板说，在深圳经营不好，订单减少，收缩一下，影响不大。现在到内地投资那么大，把在深圳赚的钱都投进去了，如果上不了市，可就难办了，维持都困难。

企业内迁原想降低企业成本，迁过去以后才发现增加了成本。提醒企业家，政府追求GDP的政绩与企业的稳定发展往往是相冲突的，一定要分清利弊，不要成为政府制造GDP的战车。

9. 料事如神

有一种观点，领导就是抓大事管战略。有一种争论，是机会决定成败还是细节决定成败？细节决定成败常常被人取笑，房地产搞一个楼盘就上亿了，看准了炒一只股票就上天了，是机会决定成败。你弄那些细节，猴年马月才发达？

电视剧《井冈山》披露了"八月失败"前毛泽东交代了三件具体的事。

湖南省委特派员杜修经上井冈山，传达省委决定，要求红军回湖南，在湖南籍红军中引起了不小的反响，特别是随朱德上山的红29团，多是宜章暴动时的农民，纷纷表示愿意打回老家去。毛泽东做了很多工作，才在会议上通过了不执行省委意见的决定：红四军仍继续在湘赣边界各县，建设巩固根据地；在新军阀战争未爆发前，尚不能离开宁冈、永新等地，前往湘南。但是，由于湘赣两省国民党军队向井冈山发动第一次"围剿"，红四军分两路反击。毛泽东带一部分部队固守井冈山，朱德带领28、29团跳到外围作战，以解井冈山之围。

毛泽东在送朱德、陈毅率28、29团下山的时候，一再嘱咐朱德和陈毅，一定要做好29团官兵的工作，他们回到湖南，思乡心切，可能军心波动。毛泽东的用意有两方面：一是知道29团官兵会军心波动，二是担心朱德和陈毅也会动摇。事实果然如毛泽东所料，这两件事情都发生了，朱德和陈毅并没有制止29团的盲动。

送红军下山的时候，毛泽东还特意找到参谋长王尔琢，说28团营长袁崇全心里会有一些疙瘩，在山上一直没有时间跟他细谈，希望王尔琢注意做做他的工作。因为他们是老乡，平时关系也好。果然，下山之后，袁崇全就起了异心。黄埔时，他曾是林彪的老师，但上井冈山后，毛泽东提议将林彪从连长提拔为一营营长，位置重于任三营长的袁崇全。林彪战斗中也屡立奇功。袁崇全心怀不满，借29团失败之机，他企图将部队拉去投降国民党。连长粟裕及时发现，报告朱德、陈毅，王尔琢听说后非常生气，独自骑马要去劝说袁崇全把部队拉回来。事后赶到的毛泽东听说王尔琢一人去追袁崇全，就大呼不好，立即命令派人去追赶营救。果然王尔琢被袁崇全杀害，红军惨失一员大将，毛泽东极为悲痛。

这三件事都被毛泽东看准了，证明毛泽东不只是善于制定战略，而且善于洞察细节动向，洞悉世道人心和灵魂，眼光非常敏锐。

不回湖南，毛泽东亲自向湖南省委写了报告，陈述红军不回湖南的六条理由：（一）红军正按中央和省委的决定建设宁冈为大本营的根据地，洗刷"近于流寇"的"遗毒"，群众已经动员起来，不宜轻率变动；（二）"湘省敌人非常强硬，实厚力强，不似赣敌易攻"，进湖南会陷敌重围，"恐招全军覆灭之祸"；（三）宁冈成为大本营凭的是险要地势，现在离开宁冈，"虎落平阳被犬欺"，四军非常危险；（四）过去全国暴动，蓬勃一时，一旦敌人反攻，则如水洗河，一败涂地，就是没有建立根据地，建立罗霄山脉中段的政权，"绝非保守观念"；（五）湖南各县经济破产，土豪打尽，四军此时去湖南，经济会非常困难；（六）湖南籍士兵，"欲冲往湖南去，则军心瓦解"。

六条理由条条都是具体的问题，都是细节，没有一句大道理。毛泽东的分析鞭辟入里。军事斗争，生死存亡，你死我活，决策一定要慎重，思考一定要细致，每一个环节，每一个细节都要看到，都要想到。

毛泽东写文章作报告，也从不空讲大道理，大道理也一定讲成大白话，让大家都能听得懂。每一篇文章，都是细节串起来的。这是大上海亭子阁里的中央大员们所看不到、想不到的。如《井冈山的斗争》一文中这段写地方武装的文字，满篇皆细节事实。

"地方武装有赤卫队和工农暴动队。暴动队以梭镖、鸟枪为武器，乡为单位，每乡一队，人数以乡的大小为比例。职务是镇压反革命，保卫乡政权，敌人来了帮助红军或赤卫队作战。暴动队始于永新，原是秘密的，夺取全县以后，公开了。这个制度现已推行于边界各县，名称未改。赤卫队的武器主要是五响枪，也有九响和单响枪。各县枪数：宁冈百四十，永新二百二十，莲花四十三，茶陵五十，酃县九十，遂川百三十，万安十，共六百八十三。大部是红军发给的，小部是自己从敌人那儿夺取的。各县赤卫队大都经常和豪绅的保安队、挨户团作战，战斗力日益增强。马日事变以前，各县有农民自卫军。枪数：攸县三百，茶陵三百，酃县六十，遂川五十，永新八十，莲花六十，宁冈（袁文才部）六十，井冈山（王佐部）六十，共九百七十。马日事变后，除袁、王两部无损失外，仅遂川保存六支，莲花保存一支，其余概被豪绅缴去。农民自卫军如此没有把握枪支的能力，这是机会主义路线的结果。现在各县赤卫队的枪支还是很不够，不如豪绅的枪多，红军必须继续在武器上给赤卫队以帮助。在不降低红军战斗力的条件之下，必须尽量帮助人民武装起来。我们业经规定红军每营用四连制，每连步枪七十五支，加上特务连，机关枪连，迫击炮连，团部和三个营部，每团有步枪一千零七十五支。作战缴获的枪，则尽量武装地方。赤卫队的指挥官，由各县派人进红军所办的教导队受训后充当。由红军派远地人到地方去当队长，必须逐渐减少。朱培德、吴尚亦在武装保安队和挨户团，边界各县豪绅武装的数量和战斗力，颇为可观。我们红色地方武装的扩大，更是刻不容缓。"

毛泽东的伟大之处在于，他是一个战略家，为中国革命制定了土地革命、武装割据、农村包围城市，最后夺取城市的战略道路。然而他又是一个行动家，出生入死在枪林弹雨中，亲自带队伍，指挥战斗，搞土改，发动群众，了解革命的每一个细节。

改掉不重视细节的大毛病

"八月失败"，首先是湖南省委和红军中的不少人，还不能理解领会毛泽东的战略，但具体就失败在毛泽东提出的三个细节上。当时的情况和现实，毛泽东只能指出提醒三个要点，但无力回天。

毛泽东正确、成功、胜利，奥秘就在战略和细节中。关注细节和要害，是毛泽东教给我们做事的重要方法。

不重视细节，制造不精细化，是中国企业的一个大毛病。一定要改掉。

太多企业失败的案例，甚至是血的代价证明：细节决定成败！中国制造缺少的是细节的追求，不能精细化。中国很多产业做不好，做不了，不是没有技术和战略，就是失败在细节上。

中国企业至今做不了传真机这么一个普通产品，原因就是不够精细化。

我们的办公桌上，甚至家里都有一台带传真、复印功能的电话机，家里的数码相机已经换了几代，但你想过没有，这类产品几乎全是日本企业生产的，没有一个国内企业的品牌。

上世纪80年代，电视台刚开始做广告的时候，桂林理光、广州理光的广告至今让我们记忆深刻，那是中国和日本最早的合资企业，就是生产制造打印机、复印机、传真机的。这些企业早就不知所踪。我梳理深圳企业史，康佳等深圳企业当年也生产过传真机和复印机。我买过一台联想电脑，送一台打印机，是彩色的喷墨打印机，买回来一看不是联想生产的，是日本公司的产品，产品是送的，但打印不了几次，墨盒就没水了，要更换，价格昂贵，才知道是一个消费陷阱。

数码照相机也属于传真机等办公自动化产品。联想、TCL、先科等公司也生产过数码相机，现在都不见了。现在还有一个国产品牌爱国者，但仔细研究，发现爱国者数码相机是国产品牌，但制造代工是日本企业。

上世纪50年代，我们就成立了一家天津打印机研究所，是国家重点科研机构，开发出了很多产品，但只能放在实验室里，不能产业化。

为什么中国企业做不了传真机这类产品？我问过很多企业家，基本上都没想过。有人说应该是高科技，人家掌握专利，我们不能做，但也说不出哪个零件是高科技。

确实，这类产品中有高科技，有的一台产品就卖几千万元。但我们普遍实用的产品是十分普通的，没有什么高科技。并且深圳就是一个这类产品的生产基地，日本这类企业都在深圳设有工厂，几乎所有的元器件也在深圳生产。中国企业不能生产这类产品，是因为我们组装不了这类产品。如果把这些元器件全部买来，让中国企业来组装，质量肯定不行，不是不运行，就是卡纸，或者扫描不齐。因为这类产品叫光机电一体化产品，不但元器件生产制造要求非常精密，组装时也不能差一毫一厘。以中国企业的管理水平，就组装不了这类产品。

高铁是一个产业失败的例子。

中国高铁战略非常好，投资巨大，车速世界第一，看起来是改革开放最成功的科技和产业，不只是国内经济带动大，而且出口市场广阔。但是2011年一个"7·23"动车甬温事故让中国高铁产业顿时陷入困境。此事故伤亡惨重，世所罕见，原因就是一个个小细节。事故一发生，根据报道，曾查出八条事故细节：

1. 曾有雷电预警。在乘客间和温州当地媒体间流传一种说法，是雷击导致动车失去动力减速，最终造成后方列车追尾。此前，就刚刚发生过动车因雷电大雨而停电趴窝的事故。

2. 被追尾车后车先到。根据中国铁路客户服务中心网站的列车时刻表，在台州至温州南段，D3115应该开在D301的后面，即使撞，也应该是D3115撞D301，而不是D301撞D3115。

3. 相撞或因信号设备故障。

4. 一路绿灯也是天气作的怪？专家说："据我了解，后面那趟车在运行中并没有收到红色信号灯指示，一路是绿灯。至于为什么全是绿灯，没有一盏红灯，据我猜测，可能是信号设备在强对流天气下出现故障导致。"

5. 一司机紧急制动后牺牲，胸口被闸把穿透。

6. 车厢封闭安全锤砸不开窗。

7. 此前京沪高铁刚刚发生故障,专家说:京沪高铁故障频发证明安全性好。

8. 此前京沪高铁刚刚发生事故故障,铁道部说,磨合期发生故障是正常的。

以上细节看到,出现的问题不可思议,简直是鬼使神差。中国动车制造和运行管理根本谈不上细节,而是粗枝大叶,极不负责任。一个好端端大有前途的产业,就险些被这些小细节葬送了。

中国企业失在细节的例子不胜枚举。

10. 没有调查就没有发言权

> 毛泽东曾多次讲，红军打胜仗就靠"两结"，一是团结，二是总结。调查就是总结，就是解决问题。中国企业创业发展，没有前人的道路可以借鉴，要靠企业家们去实践、探索、总结和发展，去解决一个个现实的困难和问题。

1932年4月20日，红军打下漳州城。这是红军打下的一个大城市，打下来后还能在城里休整，不像打下长沙，敌人马上反扑，就要投入战斗。毛泽东指示要注意城市政策和群众纪律，不要把农村打土豪的那一套搬到城里来。比如商店等可以派款，但不能封门，不能妨碍营业。陈嘉庚在漳州有一个商店，派了款，不愿意交，红军进去拿走了一些相当于派款数量的鞋子等物品，没有影响到正常营业。但打土豪还是出了纰漏。进了大城市，又不懂本地话，谁是土豪分不清，戴礼帽的、穿西服的、戴眼镜的、拿文明棍的、穿皮鞋的，都当成土豪，杨成武的团就抓了一百多个。毛泽东就召开了连以上干部会议，专门讲政策。毛泽东说，你们打土豪，打错了很多，有的不是土豪，是华侨。为什么搞错，只看现象，不看本质。原因就是没有很好地调查研究。没有调查，就没有发言权，更没有抓人权。越是不懂本地话，就越要调查研究。

杨成武说，这是他第一次在公开场合听到"没有调查，就没有发言权"这句话。立即回去审查，抓的一百多人，只有五六个是土豪，其他都不是。就给他们赔礼道歉，请吃饭，放了。

　　住在漳州城里，毛泽东就去中学的图书馆去翻书，如获至宝，《资本论》、《两种策略》、《反杜林论》、《"左"派稚病》这些马列的书，都第一次看到。找了好几担，用汽车运回中央苏区。

　　红军在漳州城里住了49天，千人参军，筹款100万银元，红军得到休整和装备。为什么打赣州就损失巨大，打漳州就收获巨大？两者相距不到一个月，结果却这样大不同？

　　参加打赣州和漳州的聂荣臻向毛泽东请教。毛泽东说，这是打仗中总结出来的。赣州是敌人的强点，又有国民党大部队增援，再加上我们侦察警戒疏忽，就吃了大亏。漳州是敌人的弱点，指挥得当，所以就胜利了。所以，选择敌人的弱点打，应该是我们处于劣势部队绝对要遵守的一个军事原则。此外，即使打下漳州，也不能说凡城市都可以打。普遍地攻打城市，在当时的条件下显然是错误的。

　　毛泽东把漳州运回的那些书不但自己读，也送给其他中央领导读。那时候，毛泽东还经常写一些文章，张闻天从上海第一次来到苏区，毛泽东就和他探讨文章，都说对方的文章写得好，张闻天专门提到毛泽东的《反对本本主义》。那个时候，还没有教条主义这名词，但毛泽东认识到教条主义的严重危害，就写文章批判，"本本主义"也很形象。"没有调查，就没有发言权"，这句名言就出自《反对本本主义》。那些到国外读了马列书的人当然就很不高兴，说毛泽东是农民意识，山沟沟里的马克思主义。

　　《反对本本主义》写于1930年5月，当时正经历了湖南省委、李立三路线的干扰和损失，正在遭受王明先右倾后"左倾"的干扰，中央特派员频频到苏区发号施令瞎指挥。

　　《反对本本主义》开宗明义："没有调查，没有发言权。你对于某个问题没有调查，就停止你对于某个问题的发言权。这不太野蛮了吗？一点也不野蛮。你对那个问题的现实情况和历史情况既然没有调查，不知底里，对于那个问题的发言便一定是瞎说一顿。瞎说一顿之后不能解决问题是大家明了的，那么，停止你的发言权有什么不公道呢？许多的同志都成天地闭着眼睛在那里瞎说，这是共产党员的耻辱，岂有共产党员而可以闭着眼睛瞎说一顿的吗？要不得！要不得！注重调查！反对瞎说！"

调查是干什么？"调查就是解决问题。你对于那个问题不能解决吗？那么，你就去调查那个问题的现状和它的历史吧！你完完全全调查明白了，你对那个问题就有解决的办法了。一切结论产生于调查情况的末尾，而不是在它的先头。只有蠢人，才是他一个人，或者邀集一堆人，不作调查，而只是冥思苦索地'想办法'，'打主意'。须知这是一定不能想出什么好办法，打出什么好主意的。换一句话说，他一定要产生错办法和错主意。"

毛泽东批评了调查研究中的两种不良现象：

一是"许多巡视员，许多游击队的领导者，许多新接任的工作干部，喜欢一到就宣布政见，看到一点表面，一个枝节，就指手画脚地说这也不对，那也错误。这种纯主观地'瞎说一顿'，实在是最可恶没有的。他一定要弄坏事情，一定要失掉群众，一定不能解决问题"。

二是"许多做领导工作的人，遇到困难问题，只是叹气，不能解决。他恼火，请求调动工作，理由是'才力小，干不下'。这是懦夫讲的话。迈开你的两脚，到你的工作范围的各部分各地方去走走，学个孔夫子的'每事问'，任凭什么才力小也能解决问题，因为你未出门时脑子是空的，归来时脑子已经不是空的了，已经载来了解决问题的各种必要材料，问题就是这样子解决了。一定要出门吗？也不一定，可以召集那些明了情况的人来开个调查会，把你所谓困难问题的'来源'找到，'现状'弄明白，你的这个困难问题也就容易解决了。调查就像'十月怀胎'，解决问题就像'一朝分娩'。调查就是解决问题"。

毛泽东旗帜鲜明地提出"反对本本主义"。"以为上了书的就是对的，文化落后的中国农民至今还存着这种心理。不谓共产党内讨论问题，也还有人开口闭口'拿本本来'。我们说上级领导机关的指示是正确的，决不单是因为它出于'上级领导机关'，而是因为它的内容是适合于斗争中客观和主观情势的，是斗争所需要的。不根据实际情况进行讨论和审查，一味盲目执行，这种单纯建立在'上级'观念上的形式主义的态度是很不对的。为什么党的策略路线总是不能深入群众，就是这种形式主义在那里作怪。盲目地表面上完全无异议地执行上级的指示，这不是真正在执行上级的指示，这是反对上级指示或者对上级指示怠工的最妙方法。本本主义的社会科学研究法也同样是最危险的，甚至可能走上反革命的道路，中国有许多专门从书本上讨生活的从事社会科学研究的共产党员，不是一批一批地成了反革命吗？就是明显的证据。我们说马克思主义是对的，决不是因为马克思这个人是什么'先哲'，而是因为他的理论，在我们的实践中，在我们的斗争中，证明了是对的。我们的斗争需要马克思主义。我们欢迎这个理论，丝毫不存什么'先哲'一类的形式的甚至神秘的念头在里面。读过马克思主义'本本'的许多人，成了革命叛徒，那些不识字的工人常常能够很好地掌握马克思主义。马克思主义的'本本'是要学习的，但是必须同我国的实际情况相结合。我们需要'本本'，但是一定要纠正脱离实际情况的本本主义。"

怎样纠正这种本本主义？只有向实际情况作调查。

企业家要善总结

毛泽东说："在这样日益走向尖锐的短兵相接的阶级斗争的形势之下，无产阶级要取得胜利，就完全要靠他的政党——共产党的斗争策略的正确和坚决。共产党的正确而不动摇的斗争策略，绝不是少数人坐在房子里能够产生的，它是要在群众的斗争过程中才能产生的，这就是说要在实际经验中才能产生。因此，我们需要时时了解社会情况，时时进行实际调查。"

怎样调查总结？

要像毛泽东那样："到斗争中去！到群众中作实际调查去！"要身先士卒，站到炮弹在身边爆炸的战壕里，去到连、排、班，走到战士中间。企业家不能只抓大事、抓全局、抓战略、抓决策，而是要亲力亲为。特别是创业期的企业家，更要亲力亲为。调查要到最基层，到车间里，到商场里，直接找工人和销售员调查，听他们的意见。调查不能"调查的结果就像挂了一篇狗肉账，像乡下人上街听了许多新奇故事，又像站在高山顶上观察人民城郭"。

关于调查的技术，毛泽东当年写的方法今天都可以照搬来用。

（1）要开调查会作讨论式的调查

只有这样才能近于正确，才能抽出结论。那种不开调查会，不作讨论式的调查，只凭一个人讲他的经验的方法，是容易犯错误的。那种只随便问一下子，不提出中心问题在会议席上经过辩论的方法，是不能抽出近于正确的结论的。

（2）调查会到些什么人？

要是能深切明了社会经济情况的人。以年龄说，老年人最好，因为他们有丰富的经验，不但懂得现状，而且明白因果。有斗争经验的青年人也要，因为他们有进步的思想，有锐利的观察。以职业说，工人也要，农民也要，商人也要，知识分子也要，有时兵士也要，流氓也要。自然，调查某个问题时，和那个问题无关的人不必在座，如调查商业时，工农学各业不必在座。

（3）开调查会人多好还是人少好？

看调查人的指挥能力。那种善于指挥的，可以多到十几个人或者二十几个人。人多有人多的好处，就是在做统计时（如征询贫农占农民总数的百分之几），在做结论时（如征询土地分配平均分好还是差别分好），能得到比较正确的回答。自然人多也有人多的坏处，指挥能力欠缺的人会无法使会场得到安静。究竟人多人少，要依调查人的情况决定。但是至少需要三人，不然会囿于见闻，不符合真实情况。

（4）要定调查纲目

纲目要事先准备，调查人按照纲目发问，会众口说。不明了的，有疑义的，提起辩论。所谓"调查纲目"，要有大纲，还要有细目，如"商业"是个大纲，"布匹"、"粮食"、"杂货"、"药材"都是细目，"布匹"下再分"洋布"、"土布"、"绸缎"各项细目。

（5）要亲身出马

凡担负指导工作的人，从乡政府主席到全国中央政府主席，从大队长到总司令，从支部书记到总书记，一定都要亲身从事社会经济的实际调查，不能单靠书面报告，因为二者是两回事。

（6）要深入

初次从事调查工作的人，要作一两回深入的调查工作，就是要了解一处地方（例如一个农村、一个城市），或者一个问题（例如粮食问题、货币问题）的底里。深切地了解一处地方或者一个问题了，往后调查别处地方、别个问题，便容易找到门路了。

（7）要自己做记录

调查不但要自己当主席，适当地指挥调查会的到会人，而且要自己做记录，把调查的结果记下来。假手于人是不行的。

建议，企业家要记日记，把每天所遇、所做、所思、所想、所学、所悟，点点滴滴都记下来。工作再忙，也要记。

每个月要写文章，讲话稿要自己写，要写案例。写文章、写讲话、写案例，就是一个总结的过程。要求各级管理人员也要定期写案例，及时对工作进行研究和总结。

有条件的企业一定要办一本企业内刊，将内刊办成一个企业调查、总结、交流的阵地。还要定期开一些总结会，不断总结提升。

11. 整编袁文才和王佐

> 毛泽东认为红军打胜仗就靠"两结"，总结和团结。可见团结的重要性。可我们会看到现实的中国企业当中，已经很难听到"团结"这句话，"团结"这个词，差不多从我们的工作和生活中消失了，很少有人提及。

本本主义、教条主义害死人。袁文才和王佐被杀，就是教条主义在井冈山根据地的危害之一。

1926年11月，毛泽东在写给中央的报告《井冈山的斗争》中说："马日事变以前，各县有农民自卫军。枪数：攸县三百，茶陵三百，酃县六十，遂川五十，永新八十，莲花六十，宁冈（袁文才部）六十，井冈山（王佐部）六十，共九百七十。马日事变后，除袁、王两部无损失外，仅遂川保存六支，莲花保存一支，其余概被豪绅缴去。农民自卫军如此没有把握枪支的能力，这是机会主义路线的结果。"这是《毛泽东选举》中第一次提到袁文才和王佐。《井冈山的斗争》还提到，袁文才和王佐在边界党的二次代表大会被选为特委委员。

秋收起义失利后，毛泽东选择落脚井冈山，必须得到袁文才、王佐的首肯。毛泽东在与斯诺的谈话中称袁文才、王佐为"土匪"，官方史书称他们为"绿林式农民武装"。1926年袁文才担任宁冈县农民自卫军总指挥，并在同年加入中国共产党；王佐同袁文才是把兄弟，也将所部改为遂川县农民自卫军。大革命失败后，他们退守井冈山，一些共产党人如贺敏学兄妹也藏身其中。

毛泽东带大队人马要来井冈山，袁文才和王佐心存疑虑，害怕自己的地盘被抢走。袁文才的代表在古城表示，可以接济工农革命军一些给养，但请毛泽东"另找高山"。有人建议毛泽东用武力解决这股绿林武装。毛泽东表示反对，认为我们不能采取大鱼吃小鱼的吞并政策，三山五岳的朋友还多呢！历史上有哪个能把三山五岳的土匪消灭掉！三山五岳联合起来就是大队伍。毛泽东要说服争取袁文才、王佐二人。他决定先说服袁文才，再通过他去做王佐的工作。

怎样打动袁文才？仅凭一张嘴是难以取得信任的。毛泽东得知他们最看重枪，人可以少一个，枪却不能少一支，袁部一百五六十人，只有六十支枪，提议送一百支枪。

10月6日，毛泽东去见袁文才。袁文才预先在林家祠堂埋伏下二十多人，二十多条枪，见毛泽东只带了几个人，他放心了。毛泽东当场宣布送给他们一百条枪，袁文才深受感动，向毛泽东表示，一定要竭尽全力帮助工农革命军解决各种困难，随即回赠工农革命军六百块银元，并同意革命军在茅坪建立后方医院和留守处，答应上山做王佐的工作。部队上山后，毛泽东又送了七十支枪给王佐，王佐回赠五百担稻谷和一些银元。袁文才、王佐二人对毛泽东佩服得五体投地。袁文才对部下说："跟毛委员一起干革命不会错。"王佐逢人就说："毛委员是最有学问的人，同他谈上一次话，真是胜读十年书！"

1928年2月，袁、王的部队在宁冈大陇改编为正规军，加入了工农革命军，番号是工农革命军第一军第三团，下辖两个营。根据袁、王提议和前委批准，袁文才任团长和第一营营长，王佐任副团长兼第二营营长。对袁、王部队的成功改造，创造了我党改造旧式武装的范例，积累了开展军队统一战线工作，开展兵运工作的宝贵经验。

袁文才和王佐在井冈山的斗争中发挥了重要的作用。但是，1929年7月，袁文才和王佐却被杀害，是我党、我军早期革命历史上发生的一起冤案。

1930年10月，在红军最后一次打吉安时，陈正人从井冈山来见毛泽东，把袁、王被杀的事情告诉了他。毛泽东非常愤怒，说这两个人杀错了，这是不讲政策。

1928年7月在莫斯科召开党的"六大"通过的《关于苏维埃政权组织问题决议案》，提出："与土匪或类似的团体联盟仅在武装起义以前可以适用，武装起义后宜解除其武装，并严厉地镇压他们，这是保持地方秩序和避免反革命的头领死灰复燃。他们首领应当做反革命的首领看待，即令他们帮助武装起义亦应如此。"文件转到井冈山后，有人就主张把袁、王杀掉；毛泽东等人则坚决反对，最终还是统一到毛泽东等人的意见上来。实际上，"土匪"和"绿林"是有本质区别的。"土匪"是不论贫富，皆为其压迫和抢夺对象，社会各阶级包括贫苦农民都是恨之入骨的。"绿林"则不同，"绿林"本质上是农民武装，是农民起义军，宗旨是"劫富济贫"，贫苦农民是支持和保护他们的，"绿林"有广泛的群众基础。湘赣特委和一些县委把"土匪"和"绿林"混淆起来，本来就是对袁、王队伍阶级性的模糊。

毛泽东离开井冈山开辟赣南根据地时，放心不下，还对袁文才、王佐做了精心安排，在组织上作了调整，保护袁、王。但是1929年下半年，彭清泉作为中共中央委派的巡视员到湘赣边界巡视工作。彭和袁、王都没有谈过话，仅根据他近半个月的巡视，就偏听偏信边界特委、县委的意见，在遂川于田联席会议上，通过了武力解决袁文才、王佐的决议。

袁、王被杀，不少因素纠结在一起。其一是土客籍矛盾。土籍的本地人和数百年前从北方迁移来的客籍人之间有着很大的"界限"，历史上的仇怨非常深，有时发生很激烈的械斗。袁文才、王佐出身"绿林"，作为客籍民众领袖和客籍利益的保护者，得到广大客籍民众广泛拥护。但土客籍矛盾也延伸到红军中来，有"土籍的党，客籍的枪"之说，1929年下半年，湘赣边界特委与袁、王矛盾开始恶化。其二是袁、王及其部队虽然已被编为红军，但长期的绿林生活对他们的影响很大。许多人过惯了自由散漫的生活，组织观念淡薄，纪律松弛；袁、王两人性情高傲，只信仰个人，不相信组织，看不起宁冈当时的县委书记龙超清和永新县委书记王怀，认为他们二人年纪轻，本事不大。因此，他们之间有矛盾，合不来。袁、王曾当着部队和特委县委的面说过"毛委员有帝王之相，是个中央才，跟着他是有出息的"、"我只听毛委员的"。本来，毛泽东为了保护袁文才，安排他随毛泽东的红军行动，但是1929年2月袁文才从赣南擅自离开部队跑回井冈山，袁文才、王佐领导的部队不服从地方党组织的调派，纪律松懈。不过，中央巡视员彭清泉依据"六大"决议案的个别条文做出的错误指导决策，作出了用军事手段处理袁文才、王佐的决议，这是事件发生的直接原因。

还有，红五军领导人轻信了特委的错误意见，未作深入调查便草率派兵解决袁、王，对事件的发生也负有一定责任。彭德怀后来回忆道："朱昌偕来我们军部，向军委报告情况。他们谈袁文才、王佐要叛变，袁、王有将参加边区县以上联席会议的同志一网打尽的可能。事情万分危险，请求五军立即出动挽救这一危局。""如果朱昌偕同志所反映的与事实不符，那么我们就犯了轻听轻信的错误。"最终导致了悲剧的发生。

有人说，杀害袁文才和王佐，让毛泽东和彭德怀开始结怨。此时，彭德怀也比较坚定地站在中央一边，毛泽东反对打赣州，而彭德怀却坚决打赣州，"打下赣州与毛泽东算账"这句话就是彭说的。结果没打下赣州，伤亡惨重，还是靠毛泽东解围。

毛泽东对袁、王被杀一事耿耿于怀。解放后，江西省委书记陈正人向毛泽东汇报工作时，毛泽东几次提到袁、王的事情，说杀袁、王是杀错了。1965年5月毛泽东重上井冈山时，还特意会见了袁文才、王佐的遗孀，对袁妻谢梅香说："袁文才、王佐不在了，他们为中国革命的胜利作出了贡献。"

现在难听到"团结"这句话

老红军陈士榘讲到袁文才、王佐被杀事件时说："袁文才、王佐被自己人杀害，这件事真是天理难容。我们共产党人的胸怀应该是宽广的，应该可以团结一切可以团结的人，但是革命战争年代和和平建设时期，我们都误伤过很多人，有的还献出了生命。这是我们应该牢牢记取的教训。"

陈士榘把袁文才、王佐事件上升到团结来看，符合毛泽东井冈山革命的基本理念。毛泽东认为红军打胜仗就靠"两结"，就是总结和团结。可见团结的重要性。

可我们看到现实的中国企业当中，已经很难听到"团结"这个词，"团结"差不多从我们的工作和生活中消失了，很少有人提及。

现在我们看到的，多是竞争和争斗。企业之间的竞争和争斗是天经地义的，没有竞争就没有发展，市场经济就是市场竞争。企业内部股东之间不断地斗争，不只是股份多少的利益斗争，更是企业掌控权的斗争。企业老板和职业经理人之间，也多是斗争。同事之间，更是钩心斗角。职场的斗争被写成了一部畅销小说《杜拉拉升职记》，还分别被拍成了电影和电视剧，职场的奋斗哲学就是斗争哲学。《三国演义》也被演绎成企业之道，虽然也讲天下大势分久必合，合久必分，但企业家们信奉的就是权谋和谋略。

在国际上，中国人给人的印象和评价就是不团结，一盘散沙，窝里斗，中国企业到处自相残杀，相互挖墙脚，就会打价格战，把市场做烂为止。

以稀土为例。"中东有石油，中国有稀土"，这是邓小平讲的话。全球已探明的稀土资源工业储量约9261万吨REO。中国稀土工业储量占全世界的71.1%，达6588万吨REO。作为全球最大的稀土储藏、生产以及贸易国，中国已探明储量和出口总量在全球占比分别达到46%和80%。但是，中国稀土在世界上却不具有定价权。而产能过剩、无序竞争、大量廉价出口这三大问题造成中国稀土企业普遍没有应对价格波动风险的能力。北方最大的稀土企业，包钢稀土就说，公司产品50%以上是出口的，其中有一小部分直接出口，另外一部分卖给下游的厂商，他们加工后再出口。世界金融危机，尤其是美国和日本高精尖的领域，受到打击比较大，稀土需求就减少了。为了规避风险，不得不大量抛售。包钢稀土有很多子公司，还有许多别的稀土生产企业，大家都生产同类型产品，都独立对外，货比三家，拿着单子各家询价，哪家便宜就买哪家，这样我们就没有话语权。这也是为什么稀土只卖出了个土价钱。

近几年，中国与非洲的贸易额每年都在1000亿美元上下，但我们切不可被这个数字冲昏头脑，要意识到这1000亿美元背后隐藏着的一些不尽如人意的现象。毕竟，中非双方都需要可持续、长久发展，并且达到双方共赢。

一个法国人写了一本《中国非洲》的书，中国企业逐步把欧洲企业挤出非洲市场，这是中国人超低价格投标造成的。塞内加尔有个污水处理项目招标，中国人的报价还不到法国人的三分之一，气得法国人直揪自己的头发。中国人把欧美人挤出了非洲市场，就开始窝里斗了，一些国字头企业互相倾轧，毫不相让，明知标价低得已经亏损了，但为了把同胞公司挤出非洲市场，仍超低价投标。或者有的人是这样想的：亏了是国家的，也就是由全国人民埋单，中标就有奖金，就实实在在地把美元揣进了自己的腰包。

一些到非洲闯荡的人抱怨，生意上的竞争者都来自中国，互相压低价格，结果大家都损失。在非洲同一个城市开店的中国人，因为竞争而大伤和气，有的发展到势不两立、不共戴天的地步。非洲某国的一个省会城市有两家中国商店，其中的一家商店就放出风来，非要把另一家商店灭掉。在非洲的中国人帮派思想也很严重，来自中国各地区的人都形成自己的势力团伙，互相倾轧攻击，互相拆台。中国人做生意都有点猫腻，不是当地的黑人，往往是中国人之间互相向当局举报，恨不得把对方置于死地。有家中国公司，与分包商平时的矛盾没有及时化解，春节聚餐时，酒过三巡，分包商竟与承包商经理部人员大打出手。当时正下着雨，两队人马从饭堂打到外面，个个滚得满身泥水，当地的黑人职工给他们拉架。

比较之下，日本企业就非常抱团，非常团结，他们有一个价格联盟，不会因竞争而降价，就占了很多便宜。

中国有句话，人多力量大。但我们更相信，一个和尚挑水吃，两个和尚抬水吃，三个和尚没水吃。柏杨写道，一个中国人是条龙，三个中国人是条虫；一个日本人是条虫，三个日本人是条龙。

中国企业家多讲霸气和霸道，一个说了算，顺者昌，逆者亡。两条腿的蛤蟆不好找，两条腿的人遍地都是。看你不顺眼，就让你走道，你不高兴，也走道。对职业经理人是这样，对普通工人更是这样。你是打工的，我是老板，我雇你，就是给我工作赚钱，不愿意干就走道。

中国企业老板的词汇里，没有"团结"二字。企业就是讲赚钱，讲利益，讲什么团结？

你要让中国的老板讲团结，这很难拿出什么理由。金钱、利益、权谋，都是暂时的，无法讲团结，还要讲共同的理想和信念，讲远大目标和信仰。

毛泽东上井冈山时，曾和王佐彻夜长谈过一次。毛泽东说：干绿林的人，到最后都没有好的结果，不是被官府吃掉，就是跟手下人火拼。只有跟着共产党闹革命，依靠老百姓的支持，才能够从小到大，从弱到强，夺取天下。

讲不讲团结，能不能团结住人，根本还是取决于企业家的境界。

12. 支部建在连上

> 支部建在连上，不只是一个党指挥枪的政治问题，而是一个管理问题。因此企业能从中领悟管理之道。

毛泽东《井冈山的斗争》写到了支部建在连上。"党代表制度，经验证明不能废除。特别是在连一级，因党的支部建设在连上，党代表更为重要。他要督促士兵委员会进行政治训练，指导民运工作，同时要担任党的支部书记。事实证明，哪一个连的党代表较好，哪一个连就较健全，而连长在政治上却不易有这样大的作用。因为下级干部死伤太多，敌军俘虏兵往往过来不久，就要当连排长；今年二、三月间的俘虏兵，现在有当了营长的。从表面看，似乎既称红军，就可以不要党代表了，实在大谬不然。第二十八团在湘南曾经取消了党代表，后来又恢复了。改称指导员，则和国民党的指导员相混，为俘虏兵所厌恶。且易一名称，于制度的本质无关。故我们决定不改。党代表伤亡太多，除自办训练班训练补充外，希望中央和两省委派可充党代表的同志至少三十人来。"

支部建在连上，是红军的一个创举，始于三湾改编。

1927年9月9日，毛泽东领导的秋收起义部队到浏阳文家市集合后，否定"浏阳直攻长沙"的错误意见，把部队引向罗霄山脉建立革命根据地。当部队走到萍乡县芦溪镇时，遭遇敌军和地主反动武装的偷袭，部队伤亡三分之一。当部队到达莲花县三板桥时，毛泽东叫来何长工，要他到永新去找一个上井冈山途中安全的休整地。9月25日下午，何长工来到永新石市村，找到了农会干部汪季元，了解到走过高溪后，爬越十里山，有个群山环抱的山沟名叫三湾。那里既能摆脱敌军追击，还可走上宁冈茅坪的山路直达罗霄山脉。连夜，何长工向毛泽东汇报此事，作出决定去"三湾改编"的重大决策。9月29日上午，起义部队翻越了大山口，来到一个群山环抱、没有地方反动武装的山坳里——永新县三湾村。当时，原有5000多人的秋收起义部队仅剩不足1000人和48匹战马。

老红军赖毅在回忆当时的情况时说："芦溪受挫后，部队中弥漫着一股消沉的情绪，许多知识分子和军官出身的人，看到失败似乎已成定局，纷纷不告而别。有些小资产阶级出身的共产党员，也在这时背弃了革命，走向叛变或者消极的道路。一营一连的一个排就在排长的唆使下，利用放哨的机会全部逃跑了，并且带走了所有的武器。那时，逃亡变成了公开的事，投机分子互相询问：'你走不走？''你准备上哪儿去？'这真是一次严峻的考验。"

当时毛泽东看到罗荣桓带的一个连队人员非常齐，很少人逃离部队。就向罗荣桓了解部队的情况。罗荣桓介绍，连队党员较多，特别是有党员的班，逃离的人更少。在艰难之时，党员发挥了团结部队的作用。这是毛泽东作出支部建在连上的调查所得。

1927年9月30日秋收部队到三湾村，当天晚上，毛泽东就主持召开了前敌委员会议，决定对起义部队进行整顿和改编。毛泽东首先分析了第一次革命失败的原因在于共产党没有掌握自己的军队，提出了"党建在连上"的重大主张，当时担任师长的余洒渡提出各种异议，陈浩、徐韩等人也站出来反对，争论非常激烈、讨论异常，毛泽东耐心作解释，最后举出第一次国内革命的叶挺独立团为例，把党支部建在团上，领导干部绝大多数是共产党员，党掌握了自己的军队的成功经验，来说明"党建在连上"，发挥堡垒作用，在艰苦的战争岁月拖不垮，打不烂，是革命胜利的重要保证。

针对当时部队中存在的军阀主义作风严重的问题，会议讨论决定的另一项重要内容就是在军队内实行民主主义，设立了士兵委员会。三湾改编后，红军连以上都设立了士兵委员会，红四军的军级士兵委员会主任是陈毅。士兵委员会的任务主要有五项：一是参加军队管理；二是维持红军纪律；三是监督军队经济；四是作群众运动；五是作士兵政治教育工作。在军队中建立士兵委员会，让士兵群众参加军队的民主管理，以确立新型的官兵关系，这是对建军原则的一个重要创造。

第三天清早，师长余洒渡召集部队在枫树坪下集合了，毛泽东站出来讲话，首先鼓舞士气说："同志们！敌人只是在我们后面放冷枪，没什么了不起，大家都是娘生的，敌人有两只脚，我们也有两只脚。贺龙在家乡两把菜刀起家，现在当军长了，我们有近千人还怕什么？大家都起义暴动出来了，一个人可以当敌人10个，10个战士可以当敌人100个，有什么可怕的，没有挫折和失败，革命是不会成功的！"

"三湾改编"，毛泽东创造性地确立的"党指挥枪"、"支部建在连上"、"官兵平等"等一整套崭新的治军方略，是中国共产党建设新型人民军队最早的一次成功探索和实践。

参加三湾改编的罗荣桓回忆："这支部队中，虽然有不少党员，但没有形成坚强的组织核心，也没有明确的行动纲领。军事指挥员大部分是黄埔军校的学生，他们都是知识分子，没有经过更多实际战争的锻炼，指挥能力弱，旧的一套带兵方法，妨碍着上下一致、官兵一致。三湾改编，实际上是我军的新生，正是从这时开始，确立了党对军队的领导。如果不是这样，红军即使不被强大的敌人消灭，也只能变成流寇。"

建立企业核心骨干队伍

深圳企业有一个案例。2004年底，创维集团董事长黄宏生因香港廉政公署"虎山行"行动落马，经历这次危机，创维不但没有受挫倒掉，反而在黄宏生入狱的6年多时间里保持了快速增长的态势，连续多年利润超过10亿元，考察原因就是创维有一批核心骨干员工队伍，在困难时期支撑起企业的发展。

创维是一家民营企业，做彩电最晚，1996年才进入国内市场。建立国内市场黄宏生先请了一个做家电销售的海南老乡来合作，进展不大，以后又请了一个彩电营销很棒的职业经理人，这位职业经理人组建了一个营销团队，业务做得很快，但管理非常不规范，不时爆发冲突。黄宏生感到企业要规范发展，必须建立自己的核心骨干队伍。1999年，创维招聘了100多名应届毕业大学生，希望借这批年轻人彻底改变创维的人才结构。这100多人全都安排进了创维的营销系统，但营销职业经理人认为大学生对原有的业务骨干造成了威胁，对这些学生兵倍加冷落，"合格的就提拔，不合格的就下去"。不少人被分配到仓库装卸货物、看守仓库等岗位。但黄宏生对这批大学生视作公司的人才战略主体，每到分公司就找他们开座谈会，交流谈心，鼓励他们从最基层的岗位、最基础的业务做起，锻炼心智，学习业务，提高能力。2000年，原来的职业经理人带领150多名销售骨干集体跳槽另一家彩电企业，声言三年打败创维，有的销售分公司几乎是全部出走，创维经历了一次严重的人事地震，销售系统近乎瘫痪。这时候，黄宏生紧急召集99届那100多位大学生回总部开会，匆忙组织他们披挂上阵，冲向市场前沿，他们被任命为分公司经理、副经理和部门主管，成为拯救和重建市场渠道的主力军团。这批大学生已经有了一年多的一级市场磨砺，有了一些经验，他们毕竟又经过高等学校的培养，反而改变了传统的营销团队靠吃吃喝喝拉关系的传统的营销手段，而是采用更现代的市场手段，不但担当起了紧急重任，还迅速打开了局面。再加上他们以前感到受冷落，现在有了施展的机会，就憋足了劲地向前冲，这批不被人看得起的"娃娃兵"，在市场短兵相接中接连获胜，使创维的市场销售迅猛攀升。危机反而给这批大学生带来了难得的机遇，让他们迅速进入创维的中高层岗位，成了创维的"黄埔"子弟和"青年近卫军"。正是有了这样一批批骨干队伍，才支撑创维走过一次次危机，保持了稳定健康的发展。现在创维不只是国内彩电企业前三强，而且保持多年利润第一的位置。

支部建在连上的管理价值是，在任何组织里面，行政业务领导是基本组织力量，但在任何一级组织里，只靠行政的管理是不够的，还应该有核心骨干员工队伍，他们要靠信仰、信念、信任，成为组织的骨干，担当最艰巨的任务，冲锋在前，并能团结全体人员，凝聚全体的力量，保持团队的战斗力。只有有了这样的核心骨干队伍，分布在各级组织中，并且基层一线组织一定要有一群这样的核心骨干，才能凝聚起整个企业团队的力量，平时做好业务，危机时起到稳定的作用。

13. 军旗飘扬

党有仪式，军队有仪式，宗教有仪式，企业也应该有自己的仪式。

　　10月1日，红军集合在三湾村的枫树坪，毛泽东宣布部队整编。原来的工农革命军第一军第一师缩编为一个团，下辖两个营十个连，称工农革命军第一军第一师第一团。

　　改编后的第二天，一连党代表何挺颖找到陈士榘："你的党员已经批了，今天要去进行入党宣誓。"

　　改编中，出现了一个问题，党员没有那么多。有的连队只有一两名党员，成立党支部有困难，班排设立党小组更是难以实现。毛泽东提出：要发展出身工农家庭、作战英勇的士兵入党。陈士榘因为参加过农运，斗争过家乡的恶霸地主，所以被列入第一批入党的党员。陈士榘跟着何挺颖来到一个祠堂的阁楼上，房间里放着几个长条木板凳，上面已经坐了七八个人。他们都面对北墙，北墙上挂着两张长方形的红纸。红纸上方写着3个外文字母：CCP，下方写着两行毛笔字："牺牲个人，服从组织，严守秘密，永不叛党，为中国人民的解放和全人类的共产主义事业奋斗到底！"当时是晚上，屋里只有一盏昏暗的煤油灯。陈士榘看到了那两行字，心想那就是入党誓词吧。毛泽东看人已经到齐，就宣布入党仪式开始。先是由各连的党代表介绍新党员的情况，这次共发展6名党员，分别来自6个不同的连队。在各连党代表依次介绍完每个新党员的简历和政治表现以后，毛泽东开始向新党员发问：

"你为什么要加入中国共产党？"陈士榘的回答是："为了工农翻身得解放！"其他人的回答也都差不多。毛泽东比较满意，他开始对那几句入党誓词进行讲解，并解释了CCP三个英文字母的含义，说那是表示中国共产党。随后，他便举起右手，握紧拳头，带领新党员宣读誓词。读完誓词后，毛泽东对6名新党员说："从现在起，你们就是光荣的中国共产党党员了，共产党员要不怕吃苦，不怕牺牲，团结群众多做工作，艰苦的地方危险的时刻要抢着上，凡事要给普通士兵做出榜样。还要有组织观念和组织纪律，组织生活无故不得请假，党员要每星期开一次小组会，党内的事情不要乱讲，尤其是党内的秘密，对自己的亲人都不能讲，党的决议一经做出就要严格遵守。"

入党宣誓仪式还没有党旗，10月3日红军集合离开三湾向原宁冈古城进军，整编的红军打起了有镰刀锤头象征工农军队的军旗。这面军旗是秋收起义前制作的。起义前，讨论的第一个问题就是起义部队举什么旗。南昌起义打的是"国民党左派"的旗帜，秋收起义毛泽东认为"国民党的旗子已成军阀的旗子，只有共产党旗子才是人民的旗子"。军队要有军旗，就立即找人设计和制作军旗，镰刀锤头的军旗诞生了。

军队要有名称，国共合作的北伐军称国民革命军，地方武装过去称赤卫队，自卫军。秋收起义的部队称工农革命军，是正规军。

1928年5月，中央发布《中央通告第五十一号——军事工作大纲》明确提出："为保障暴动的胜利与扩大，建立红军区为目前的要义"，正式规定："在割据区域所建立之军队，可正式定名为红军，取消以前工农革命军的名义"。据此，井冈山中国工农革命军第四军改称中国工农红军第四军，简称红四军。

朱毛军队在井冈山会师后，部队也进行了整编，当时有人提出称工农革命军第一军，但最后定为中国工农革命军第四军。理由一，四军前面还有一军、二军、三军，力量强大；理由二，国民党第四军最能打仗，战斗力强，叶挺团就出自第四军。

南昌起义时，起义部队穿的还是国民党的军服，为了区别和标识，脖子扎了一条红布条。秋收起义的部队，有一部分是旧军队过来的，也穿国民党的军服。工人农民的起义部队还没有军服，就穿便服。起义部队上了井冈山，新城一战，缴获了很多白布，工农革命军就在茨坪建立了被服厂，为部队制作军服。经过试验，利用本地一种植物提炼一种染料，将布染成了浅蓝色，颜色牢靠不褪色，也便于作战隐蔽，适用于实战。帽子开始想做成大檐帽，但做了几遍做不成，就做成了一个八角帽，拿来给毛委员看，毛泽东戴上后感觉很英武，就确定军帽为八角帽。工农革命军的军服也有了自己的制式。

工农革命军有一部分是来自正规军，有一些军官来自黄埔，经受正规的军事训练，军队的日常管理、队列、训练等，也都有了规范和条例。

井冈山时期，新党员入党宣誓加了一项内容，唱《国际歌》。前敌委员会晚上开会，开得长了，大家倦了，打瞌睡，毛泽东就带领大家唱《国际歌》，精神振奋了，继续开会。教导队办训练班，也教唱《国际歌》。这样，在工农革命军党的会议上，一般先唱《国际歌》，然后才开会。《国际歌》就这样慢慢唱开了。

企业要有自己的仪式

深圳华孚多年坚持晨会制度，每周一都有举行。员工列队，唱厂歌，领导讲话布置任务。每月第一周晨会还升国旗唱国歌。但有员工却认为集体晨会举行意义不大，太形式化了。但是公司却坚持晨会是公司的文化，要坚持。

华孚认为，管理者就是公司文化的传教士，怎样传教呢？方式有很多。比如：理念层面，要对照每一条核心价值观要求，积极传导；要及时组织员工学习公司领导讲话、文章，并学以致用；要让核心价值观成为人资工作的芯片，做好招聘、培训、用人、员工激励、员工关系管理、考核、培养自己的经理人、留住人才等方面的工作。比如：行为文化层面，要针对管理者行为规范，有重点地进行行为文化建设；要积极提供并通过案例、故事进行企业文化培训与沟通；要及时进行表扬与批评；比如，物质文化层面，要积极组织各类员工关爱活动，包括员工生日、结婚、女工生育、体检、生病、住房、小孩上学、家庭突发性事件等，体现爱的文化。这其中，集体晨会是最传统的一个文化传播渠道，各级领导只有亲自负责，做好晨会的策划、发言稿报批与演讲、制度学习、主持人选拔、晨会组织等工作，才有可能让晨会仪式起来。晨会的形式即仪式，就像茶道里那些复杂的流程，酒桌上的各种规矩，以及婚丧习俗，要不要？肯定要。

集体晨会有哪些仪式？一是要有神圣感。随意缺席，想来就来，想走就走，何谈虔诚？二是站立要有站立的样子。双手要重叠放至小腹前，而不是双手背后、叉腰、插入裤兜、抱拳……30分钟你也坚持不住，谈何革命？三是唱公司之歌要投入，牵手姿势要标准。轻声细语，无精打采，何谈激情？四是制度学习要联系实际、切中时弊，反复巩固，要从实际出发，就制度的制定背景、适用范围、流程、主要内容等进行介绍，并结合典型案例或问题进行分析、讲解。事前不做功课，照本宣科，谈何效果？五是主题发言要实。要坚持宏观与微观、思路与执行相结合，少讲纯理念与道理，以故事、案例为载体，联系实际，有的放矢。无病呻吟，谈何传导？还有，制度学习也好、晨会发言也好，要脱稿！

任何时候，管理在现场都不可或缺。公司要求，行政、财务系统集体晨会要开到大区、工厂，总部人员、区总、财务总监要深入到工厂，企业晨会效果每季度要进行一次评估。总而言之，要让所有的区域、所有的员工，按照同样的仪式，参加集体晨会。监督与检查，表扬与批评，只为"华孚般的文化"。

阿里巴巴的"倒立"就是一种仪式。早期，"倒立"只是一种独特的娱乐方式，后来，马云下了死命令，将"倒立"当做"政治任务"在内部推行，每一个员工，不管男女都必须学会。"倒立"基于三个方面的考虑：1. 你以为自己做不到，其实你一定能做到；2. 你一个人做不到，在有人帮助的情况下，就一定能做到；3. 让员工学会换个角度看世界。"倒立"是一种特别的仪式，慢慢就上升为阿里巴巴的文化。

一个富有生命力的组织，一个企业的真正存在，不是在于它有多大的实体规模，有多大的经济实力，而在于是否具有掌控和引领民众心灵中的思想观念，是否具有一种精神存在于民众的头脑和心灵之中。深层次的企业文化就是宗教。

不只是大企业，深圳的餐厅、理发店、商场都有晨会的仪式，就像军队的班会。美容店的仪式最有特色，要做健美操。商场员工穿着统一的服装，服装上印着商场的名称和LOGO，员工列队唱歌做操，就是对过路行人的一个宣传广告。

公司的VIS手册、厂牌、信封、信纸，每一个对外的角落，都能展示传达公司的形象和信息。深圳康佳公司是国内最早做VIS的企业，做得有特色，被国内许多企业学习模仿。

公司的名字最有讲究。比如保险公司就多有"安"字。保险体现了人们的安全、太平的意识，平安保险就直接用了"平安"，永安、华安、民安、怡安、和安、安邦等，都传达着安全的祈愿。保险更要注重信誉，有公司就取名信安。有一家公司说保险就是阳光，就取名阳光保险。

企业的理念最重要，理念是企业的旗帜，认同企业的理念，这是企业对员工的基本要求。如果不认同企业的理念，就会发生冲突，员工就不会到公司来，来了也待不长。理念不能长篇大论，可能就是一句话，但写好一句符合企业特点的理念，就非常不简单。

首先，理念不可能完美，但一定要有号召力，有吸引力。

其次，理念要符合企业的特点，不是空话、大话和泛泛的口号。

再次，理念要实践、要行动、要坚持，不只是口号而已。

最后，理念要兑现。理念实际上就是承诺，承诺了的就要兑现。

14. 不拿群众一个红薯

> 企业不是兵营，不能军事化管理，但不能没有纪律，纪律出质量，纪律出效率。

　　10月3日清晨，改编后的中国工农革命军第一军第一师第一团集合在三湾村的枫树坪，毛泽东向部队作了重要讲话，进一步阐明了向井冈山进军的意义，坚定了广大指战员的革命信心和意志，同时宣布了行军纪律：一切行动听指挥、筹款要归公、不乱拿群众一个红薯。毛泽东说："我们是共产党领导的军队，只有严格遵守这三项纪律，我们才能搞好同山上群众和王佐部队的关系。"这就是后来对人民军队建设有重大意义的三大纪律的开端。

　　为什么"不乱拿群众一个红薯"？秋收起义撤离长沙后，毛泽东目睹了部队无纪律的情形。秋天，正是山里红薯成熟的季节，行军路上，战士们又饥又渴，看见路边诱人的红薯，毫不犹豫，连苗拔出，用袖子胡乱揩去泥巴，便塞到了嘴里。

　　上井冈山不久，有一次红军打下了茶陵，纪律很坏。茶陵打开时，缴的东西很多，没有交公，抢的抢掉了，丢的丢掉了，影响很不好。部队到了桂东沙田，沙田圩背后有个沙滩湾，湾里有些田，位于沙田圩街道不太远的东北方向，红军在那里集合开了会，毛泽东站在田埂上讲话，说没有纪律不成军队，没有统一指挥就不能打胜仗，然后再次宣布了三项纪律。其中"不乱拿群众一个红薯"，改成了"不拿工人农民一点东西"。

然而，1928年初，当工农革命军攻进遂川县城时，又出现了新的情况：部队将小商小贩的货物统统没收，甚至连药铺里卖药的戥秤也拿走了。在遂川县的草林圩，有当地的老百姓向毛泽东提意见："工农革命军好是好，可是，他们借了我们的门板去睡觉，还回来的不是原来的那一块，我家的门板是斗榫的，斗不上号，害得我找门板找了几天。还有啊，战士们睡觉用过的稻草遍地都是，成了牛栏了。"

1928年1月24日，在遂川县城李家坪，毛泽东向部队提出了六个要注意的问题："（一）上门板；（二）捆铺草；（三）说话要和气；（四）买卖要公平；（五）借东西要还；（六）损坏东西要赔。"

毛泽东又特别说了一段类似绕口令的话来解释："损坏老百姓的东西，一定要赔偿。虽说打破了旧缸赔新缸，新缸不如旧缸光，但是赔了总比不赔好。"

三项纪律、六项注意颁布的结果是：看到工农革命军来了，老百姓不再跑到山上躲起来了。几年以后，当红军到了中央苏区开辟出一块更大的根据地时，在六项注意中又加了两条，成了"三大纪律八项注意"。

有老红军回忆说，那后面两条是林彪加的。林彪提出了两项，就是：洗澡避女人，大便找厕所。毛泽东听了，同意补上去，这样就成了八项注意了。

红军纪律严明。1928年"八月失败"的时候，在撤回井冈山的路上，有红军战士因为饥饿，吃了农民地里的苞谷，毛泽东就通知部队集合，就地进行纪律教育。他亲自竖了一块竹牌，牌上写道"因为我军肚子饿了，把你的苞谷吃光了，违反了纪律，现把两元钱埋在土里，请收下"。

1947年10月10日，中国人民解放军总部对"三大纪律八项注意"的内容作了统一规定：三大纪律（一）一切行动听指挥；（二）不拿群众一针一线；（三）一切缴获要归公。"八项注意"：（一）说话和气；（二）买卖公平；（三）借东西要还；（四）损坏东西要赔；（五）不打人骂人；（六）不损坏庄稼；（七）不调戏妇女；（八）不虐待俘虏。

工厂严明纪律没有错

企业不是兵营，不能军事化管理。

此言甚谬。员工在下班之后生活自由，但进了工厂企业上班，就要纪律严明，各种规范的要求，甚至比部队的纪律更严格。

比如工厂的现代生产流水线，把每道工序、每个动作都规定好了，按照规范操作，就能提高生产效率。流水线生产需要统一，也需要协作，一条流水线上，一个工序做不好，一条线都受影响。这样的流水线生产没有纪律怎么行？你想一想，如果在车间生产线打手机、聊天、唱歌、来回走动、打瞌睡，这还是工厂吗？这是农贸市场。

可有些人就把这些工厂的纪律珍宝批判为"血汗工厂"，"把人当机器"。

现在的产品制造越来越高科技，越来越精细化，飞上一粒微尘，质量就不合格。要求员工必须有良好的工作习惯。工厂就推行整理、整顿、清扫、清洁、素养，5S现场管理，喝水的杯放在什么位置都规定好了，不能乱摆乱放。有的企业加了一个安全项目，称6S。员工必须戴工作帽，男员工必须留短发，头发多长有规定。多长时间理发，每天必须洗澡，这些都有要求。5S起源于日本，日本产品质量好，5S是原因之一。中国企业学习了很多年，但学习得并不好，走过场的多。不少人认为，6S与技术和管理无关，就是打扫卫生的小事情，不重要。有的企业抓6S，往往虎头蛇尾，不了了之。6S就是要通过良好的生活习惯，培养一种良好的工作习惯，培养一种精益求精、细而再细的工作态度，从而保证产品质量。

很多公司是坐在办公室里用电脑办公，这种工作纪律性更强。因为电脑工作是流程化的，输入不能出错，一个地方输错了，整个业务都错了，一错到底。流程化就是程序化，更严密，马虎不得。

纪律性是员工的职业素养，并且这种素养的要求和标准越来越高，越来越严。有的工厂连走路靠哪边都有规定，还划了线，不能越界。为了培养员工的纪律性，新员工都要进行军训。有的大学生懒散惯了，按时上下班都非常难受。因为他们的习惯是夜间上网泡吧，白天睡觉。

大学生入职，华为要经过5个月的培训，培训内容不仅限于企业文化培训，而是分为军事训练、企业文化、车间实习、技术培训、市场演习等五个部分。这5个月的生活就像炼狱，但是"生存"下来的人，则有获得"新生"的感受。负责训练的主教官是中央警卫团的退役教官，训练标准严格按照正规部队的要求，凡是在训练过程中遭到淘汰的员工将被退回学校，经过几轮筛选幸存的员工才能正式进入华为公司。很多员工总结这段漫长的培训过程时用的是这几个字：苦、累、考试多；如同高考冲刺阶段一般，这一段时间的考试次数远远超过了大学四年的总和。很多曾经参加过训练的学员都对这种痛苦的煎熬铭记终生。但这段经历又往往成为他们日后向他人炫耀的资本，并受用一生。军训培养的是企业严明的纪律性。据说华为召开员工大会，长达4小时，不会有一个手机铃响的声音，会议结束也不会留下一片纸屑。

车间实习淘汰率最高。文化课之后，新员工要到一线车间实习一个多月，跟着车间的师傅学习组装、测试。车间装配和测试过程处处体现了华为人的严谨作风。华为的装配车间分为不同的小组，华为人习惯称之为岛，称小组的负责人为岛主。车间的装配工人一般是中专文化，但是，每个岛都配备一名硕士以上的技术人员把关，合格的产品由他签字后才能出厂。

华为市场部新员工还要到市场部见习3个月，期间的考试多如牛毛。还有销售技能实战演习——新员工到街上推销、叫卖。新员工事先都被要求，在销售过程中不允许说出自己是华为的员工，主要是为了增强实践的真实性。但是，由于深圳市严格禁止无证小贩摆摊售卖，进行销售技能实战演习的华为人为此曾有多人次被作为乱摆卖的无证小商贩，被深圳市的城市市容管理人员抓住。

由于在很短的时间内完成这么多艰苦的培训，有人就把华为培训称作"魔鬼培训"。

15. 纠正非无产阶级思想

古田会议解决了如何把一支以农民为主要成分的军队建设成为中共领导下的新型人民军队的问题。中国企业家面临如何将农民工培养成现代化产业工人的课题。

1927年10月三湾改编是红军建设的一个里程碑，1928年12月古田会议也是红军建军史上的一个里程碑。

当时红军正经历了一次混乱，在如何建军等问题上争论激烈，甚至毛泽东被迫离开了红四军，朱德在广东东江打了败仗，红军伤亡千余人。这时军内要求毛泽东回来的呼声很高，陈毅也请毛泽东回军，毛泽东坚持："红四军党内是非不解决，我不能随便回来。"关注红四军的问题，中央写了"九月来信"，肯定了毛泽东的正确思想和做法，请毛泽东回来主持前委工作。

当时红四军军内最大的问题是极端民主化，有人说毛泽东是"家长制"。毛泽东则认为"八月失败"就是极端民主化造成的，一些重大事项朱德不行使指挥权，让士兵委员会讨论决定。红四军的八大开得不成功，也是"由下而上的民主"，开会就争论半天，开会几天，什么事情也没决定。

毛泽东回到红四军领导岗位后，1929年12月28日在上杭县古田村召开红四军九大，即古田会议。会议决议由毛泽东起草。

毛泽东指出，所谓党内非无产阶级思想在红四军党内的主要表现是：单纯军事观点、极端民主化、绝对平均主义、唯心观点、非组织意识、个人主义、流寇主义、盲动主义。

《决议》规定了红军的性质、宗旨和任务。指出："红军是一个执行革命的政治任务的武装集团。""红军绝不是单纯地打仗的，它除了打仗消灭敌人军事力量之外，还要负担宣传群众、组织群众、武装群众、帮助群众建立革命政权以至于建立共产党的组织等项重大的任务。""脱离了对群众的宣传、组织、武装和建设革命政权等项目标，就是失去了打仗的意义，也就失去了红军存在的意义。"提出必须对红军进行建军宗旨教育，划清红军与国民党军及其他旧式武装的界限，红军必须执行打仗、筹款、做群众工作三大任务，必须反对单纯军事观点和流寇思想。

规定了党对红军实行绝对领导的原则。会议规定，每连建设一个支部，每班建设一个小组，这是军中党的组织的重要原则之一。必须健全连以上各级党的组织，以建立党的领导中枢。在党内，应当"厉行集中指导下的民主生活"，严肃党的纪律，反对极端民主化和非组织观念，防止党与军事分离、党不能领导军事的危险。强调党的政治领导，规定了红军中政治机关和政治工作的地位。指出红军的政治部和司令部是"在前委的指导之下，平行地执行工作"的关系，"在组织上，把红军的政治工作机关隶属于军事工作机关，提出'司令部对外'的口号"是错误的，"这种思想如果发展下去，便有走到脱离群众、以控制政权、离开无产阶级领导的危险"。

规定了红军处理内外关系的准则。指出红军官兵都是阶级兄弟，在政治上是平等的，官兵之间只有职务的分别，没有阶级的分别。官长应当爱护士兵，关心士兵的政治进步和生活状况，特别应当关心伤病员，给他们以优待；保障士兵的民主权利，尊重士兵的人格，坚决废止肉刑，纠正打骂士兵等旧的管教方法。士兵要尊重官长，自觉接受管理，纠正平均主义、雇佣思想等错误倾向。提出要加强对官兵的纪律教育，严格执行三大纪律六项注意，爱护人民群众的利益，尊重地方党和政府；加强瓦解敌军的工作，实行优待俘虏的政策。

古田会议决议，还对党的建设、思想政治教育和宣传工作等问题，作了进一步的强调和要求。在党的建设问题上，决议从组织建设和党内教育两个方面提出要求，强调必须健全各级组织，建立正确的上下级关系，"上级机关要明了下级机关的情况和群众生活的情况，成为正确指导的客观基础"；"党的下级机关和党员群众对于上级机关的指示，要经过详尽的讨论，以求彻底地了解指示的意义，并决定对它的执行方法"；"党的各级机关解决问题，不要太随便。一成决议，就须坚决执行"；"少数人在自己的意见被否决之后，必须拥护多数人所通过的决议。除必要时得在下一次会议再提出讨论外，不得在行动上有任何反对的表示"。

农民工现代化是一个大课题

古田会议解决了如何把一支以农民为主要成分的军队建设成为中共领导下的新型人民军队的问题。

最初的红军是一个什么样子？

毛泽东在《井冈山的斗争》一文中有过详细的介绍：

边界红军的来源：（一）潮汕叶贺旧部；（二）前武昌国民政府警卫团；（三）平浏的农民；（四）湘南的农民和水口山的工人；（五）许克祥、唐生智、白崇禧、朱培德、吴尚、熊式辉等部的俘虏兵；（六）边界各县的农民。但是叶贺旧部、警卫团和平浏农民，经过一年多的战斗，只剩下三分之一。湘南农民，伤亡也大。因此，前四项虽然至今还是红军第四军的骨干，但已远不如后两项多。后两项中又以敌军俘虏为多，假设无此项补充，则兵员大成问题。虽然如此，兵的增加和枪的增加仍不相称，枪不容易损失，兵有伤、亡、病、逃，损失甚易。

红军成分，一部是工人、农民，一部是游民无产者。游民成分太多，当然不好。但因天天在战斗，伤亡又大，游民分子却有战斗力，能找到游民补充已属不易。在此种情形下，只有加紧政治训练的一法。

普通的兵要训练半年一年才能打仗，我们的兵，昨天入伍今天就要打仗，简直无所谓训练。军事技术太差，作战只靠勇敢。长时间的休息训练是不可能的，只有设法避开一些战斗，争取时间训练，看可能否。为训练下级军官，现在办了一个百五十人的教导队，准备经常办下去。

作战一次，就有一批伤兵。由于营养不足、受冻和其他原因，官兵病的很多。医院设在山上，用中西两法治疗，医生药品均缺。现在医院中共有八百多人。湖南省委答应办药，至今不见送到。仍祈中央和两省委送几个西医和一些碘片来。

就是这样一支部队，被毛泽东培育成了一支能征善战的现代化军队；就是这些农民，其中诞生了一大批战功赫赫威名远扬的将军。即使到了抗美援朝，在美国人眼里，中国军队的装备之差，人员素质之差，就是一群农民。可就是这些农民，表现出的纪律性和拼死勇敢的战斗力，打败了刚刚经历过"二战"胜利最现代化的美国军队，打得美军丢盔卸甲。他们不理解中国军队的战斗力从何而来？中国军队一下子就打出了军威，成了世界上最强大的军队。

这就毛泽东的伟大之处。

现在是经济建设，农民工又成了中国制造业的主力军。中国农民工生产制造的产品遍及全世界，全人类都在享用中国农民工制造的质优价廉的产品。2009年12月，美国《时代》周刊评出了2009年度人物。除了像美联储主席伯南克和中国人民银行行长周小川这样的"权势人物"之外，"中国工人"作为唯一上榜的群体人物位居亚军。7名深圳工厂的农民工成为《时代》周刊2009年度人物"中国工人"的代表。《时代》评价称，中国经济顺利实现"保八"，在世界主要经济体中继续保持最快的发展速度，并带领世界走向经济复苏，这些功劳首先要归功于中国千千万万勤劳坚韧的普通工人。

据资料统计，中国有2.2亿流动人口，在工厂做工的农民工有1.5亿。中国城市化、农村现代化，重要的任务就是农民工的现代化。我们不能只是把农民工看做廉价劳动力，应把他们看做中国现代化建设的生力军。中国要实现现代化，农民工就要现代化。

应该说，现代的农民工比井冈山时期的红军素质要高，他们大部分都接受过中专技校以上的教育，并在现代化的环境里接受熏陶，但农民工的现代化绝不是进城、当工人这么简单。现在的问题是农民工已经不愿意当廉价的劳动力，他们不愿意进工厂做工，更不愿意在家里种地，有相当多的年轻人混在城里，成为社会不安定因素，中国人口没减少，却出现了劳动力短缺的"刘易斯拐点"。能不能将数亿农民工现代化，也是中国企业家的责任和重要课题。

当代农民工如何现代化？毛泽东把一支以农民为主要成分的军队建设成为中共领导下的新型人民军队，仍然值得我们学习借鉴。

16. 关心群众生活，注意工作方法

> 谁说毛泽东不懂经济？毛泽东会打仗，是军事天才，这是全世界都公认的。毛泽东也会抓经济，抓经济也很有办法。毛泽东经济思想今天没过时，违背了就会出问题。

　　井冈山时期，毛泽东不只是重视军队建设、党的建设，注重军事和政治工作，还非常重视经济工作，注意改善民生和群众生活。

　　井冈山时期，入选《毛泽东选集》的经济工作的文章有三篇：《必须注意经济工作》、《我们的经济政策》和《关心群众生活，注意工作方法》。《没有调查，就没有发言权》中也有不少经济工作的论述。毛泽东抓经济工作主要有十个方面的内容：

　　一、经济建设关系中央苏区的生死存亡。当时军事斗争应该是最重要的，但如果经济工作做不好，就不能完成军事斗争。那时候中央苏区300万人，主力红军、地方武装和机关工作人员10万人，不发展生产怎么行？战争第一，生产、生活如何办？这些问题不解决，革命战争就不能维持。毛泽东说："革命战争的激烈发展，要求我们动员群众，必须立即开展经济战线上的运动，进行各项必要和可能的经济建设事业。"苏区成立了国民经济人民委员部，下设设计局、调查统计局、粮食调剂局、合作社指导委员会、国有企业局和对外贸易局。

　　二、控制物价。由于国民党政府的经济封锁和"极左"路线的干扰，根据地经济严重恶化，工商业凋零，食盐、布匹、药品等日用品奇缺，价格昂贵，部分地区发生粮荒。毛泽东研究各地商品差价，分析中间环节，采取各种措施降低物价，还提高根据地卖到外面产品的价格。

三、对外贸易。商人从根据地5角钱买一担谷4块钱卖到赣州，赚了七倍。根据地每年消费900万块钱的盐、600万块钱的布，商人也是赚了几倍。根据毛泽东的要求，这些与白区的交易逐步由政府的对外贸易来做。减少交易成本，降低物价，增加政府收入。

四、发展生产。主要抓好粮食生产，解决好劳动力、耕牛、肥料、种子问题。就是在井冈山时毛泽东讲了"水利是农业的命脉"这句话。粮食不但要实现自足，还要有多余的出口到白区换回必需品。恢复钨砂、木头、樟脑、纸张、烟叶、夏布、香菇、薄荷油等特产的生产，提高产量，大批地运到白区去。

五、兴办企业。主要兴办医药、军工以及农副产品加工方面的企业，解决生活和军事之需。自己织布、制糖、造纸、制盐。

六、多种企业形式。在手工业基础上逐步发展精密制造业，兴办企业要多种形式，合作社、国有企业、私营企业和股份制企业并举。

七、根据地发行了300万元的债券，兴办银行金融。100万元用于红军作战经费，200万元用于经济建设。

八、政策优惠。为了打破敌人的封锁，采取许多适合实际情况的灵活政策。比如奖励私人商业经营各种苏区必需商品；对某些日用品和军需品减税；国营商业尽量利用私人资本与合作社资本，同他们多方面合作；鼓励白区商人到苏区做生意；从苏区秘密派人到白区开设商店和采购站等。

九、军队、政府节约支出，减轻人民负担。毛泽东说："从发展国民经济来增加我们的财政收入"，"财政的支出，应该根据节省的方针。应该使一切政府工作人员明白，贪污和浪费是极大的犯罪"。要节省每一个铜板，支援前线。

十、关心群众民生福利。毛泽东说，红军和党要关心群众的住房、吃饭、柴米油盐、疾病卫生、婚姻、修路等方面的生活问题。"总之，一切群众的实际生活问题，都是我们应该注意的问题。假如我们对这些问题注意了，解决了，满足了群众的需求，我们就真正成了解群众的组织者，群众就会真正围绕在我们的周围，热烈地拥护我们。"那么人民群众就成为我们的"铜墙铁壁"。"反革命打不破我们，我们却要打破反革命。"

关注员工福利和生活

毛泽东做经济工作的方法值得我们学习。第一，立足现实，自力更生，发展生产，增加物资供应。第二，发展经济立足点是改善人民群众的生活，搞好民生。在那样艰苦的环境和条件下，毛泽东也要解决群众的住房、吃饭、柴米油盐、疾病卫生、婚姻、修路等方面的生活问题。对比当下，我们现在经济条件这么好，老百姓的住房、医疗、上学等问题解决得并不好。第三，节省政府开支，反对贪污浪费。这一点对当今中国经济尤为具有针对性。

解决民生，涉及经济发展，涉及国家的收入分配制度，但是也不是说企业就没有作为。

2012年底，深圳市提出分配制度改革的十条思路，企业都能从这些改革中找出提高员工收入改善员工福利的途径。

一、实现充分就业。深圳设计了一系列政策，包括创业和低收入方面的政策。最低工资标准我们提出年均增长13%到15%，2015年达到2650元，加上加班费等应该达到4000元。除了部分劳动密集型企业、来料加工企业，深圳绝大多数企业尤其是高科技企业等，应该可以承受2015年2650元的最低工资标准。

二和三、分别是公布工资指导线和推进国有企业制度改革。银行、电力等行业收入改革以中央为主，但地方也可以有所作为，比如深圳市打算用国企部分收益建立国有资本民生福利专项基金。

四、户籍改革。首先要增加户籍人口比例，现在是260多万人，到2015年计划增加到400万人，每增加一个户籍人口，财政要花6000元，每年就得花84亿元。其次是推进非户籍人口公共服务均等化，主要是两项内容：一是要把非户籍人口纳入失业培训、救助和保险范围，按照目前失业率和补助标准，700万非户籍人口纳入进来财政每年花16亿元。二是非户籍劳务工子女在深圳享受国家规定的义务教育，目前要向民营办学机构购买学位，大概每年有36万非户籍小孩要享受义务教育，这笔费用大概每年要花12亿元。

五、与国际贫困线接轨，逐渐消灭贫困。深圳准备参照联合国每天2美元的标准设立贫困线，不光是补助，还要在医疗、教育方面给予倾斜。

六、在住房方面，将非户籍外来人员纳入住房保障体系。

七、降低公交票价等，让居民生活成本降下来。对低保对象、低收入者，要停止部分收费，如劳动合同鉴证等。还有公共收费比如交通收费，北京每年拿100亿元补贴，而深圳现在每年的补贴是拿40亿~50亿元，要降低公共交通票价，让低收入者的生活成本降下来。另外，还在考虑能不能按家庭收税，而不是按个人来收，按照人口平均在75000元年收入以下的实施先征后还的政策。

八、提高政府低保保障。

九、大力发展慈善事业，实现三次分配。深圳去年总的捐款是30亿元，慈善机构改革体制已经列入明年改革计划，争取2015年达到四五十亿元规模。

十、调节高收入。如果国家要搞试点，深圳可以试点遗产税。

现在有一种观点，中国企业员工工资增加，加大了企业成本，中国制造业失去了竞争力。确实企业提高员工收入改善员工福利，还需要国家减税以及各项政策的支持，深圳的收入分配制度改革为企业改善生活创造了机会和条件。

办企业，首先就要增加就业，提高员工的福利和生活，并为国家发展和保障民生做贡献。

17. 星星之火，可以燎原

> 企业不怕小，产品不怕小，只要嵌入一个巨大的产业，进入一个广阔的市场，就可能形成星火燎原之势。

古田会议开完，就是1930年的元旦。红四军第一纵队司令员林彪给毛泽东写了一封新年贺信。这时候林彪只有22岁，是红军最年轻的高级将领，与伍中豪、黄公略并称毛泽东的三员爱将。

1929年6月8日，在白砂会议上，毛泽东一怒之下辞去红四军前委书记职务，由陈毅代理前委书记。当晚，林彪给毛泽东写了一封信，在信中劝告毛泽东："你今天提出的你个人离开前委的意见，我非常不赞成。……党里要有错误的思想发生，你应毅然决心去纠正，不要以不管了事。在中央未派人代理你以前，你不应离开前委。我希望你以后应该有决心来纠正一切同志的错误思想。"对于林彪的这番诚恳劝告，毛泽东心里十分感动。

但在红四军上层，毛泽东的主张并没有得到广泛的支持和理解，于是，病中的毛泽东黯然地带着怀孕3个月的妻子贺子珍，以前委特派员的身份前往闽西特委指导地方工作。

红四军内部的争论严重影响到部队的战斗力。在敌人的不断围剿中，红军屡战失利。为摆脱困境，前委决定由东江撤回赣南苏区。就在这次撤离中，红军损失1000多人，这是井冈山"八月失败"以来最严重的损失。部队接二连三的失败使林彪一直郁郁寡欢。12月28日古田会议召开后，在当时的中央主要领导人周恩来的支持下，毛泽东重新回到前委书记的岗位上。1930年元旦，林彪又给毛泽东写了一封信，陈述对中国革命前途的看法。林彪在信中流露出悲观情绪，对建立巩固的农村根据地缺乏信心，反对毛泽东提出的一年争取江西的计划，并建议采用流动游击的方式来扩大红军的政治影响力。

毛泽东认为林彪的思想有一定代表性。经过深思熟虑，1930年1月5日，在古田赖家坊的"协成店"住地，给林彪写了一封关于"时局估量和红军行动问题"的长篇复信，即"星星之火，可以燎原"，并将复信油印发至红四军各大队党的支部和地方党组织，以教育全军。

毛泽东指出："中国是一个许多帝国主义国家互相争夺的半殖民地"，而国内各派反动军阀为了维护他们自身及其帝国主义主子的利益，互相之间长期混战，始终不能有一个真正统一的政权的现状。这就是中国社会现状的基本特点。在这个基本特点之下产生了两种情况：一是各派军阀混战者是以大中城市或包括县城在内的中心城市为目标。他们的军队豢养在城市，他们的反动统治以城市为最恐怖，这就使得中国共产党领导的革命力量难以在城市立足。二是城市以外的广大乡村，特别是偏远乡村和各省之间的边界地区，就成为反动统治薄弱地区。因此，就产生了一件"除中国以外而没有的'怪事'，'哪里有红军和游击队的存在和发展，就伴随着红军和游击队而来的，成长于四周白色政权中的小块红色区域的存在和发展'"。这种"四周白色政权中的小块红色区域"就是中国共产党领导红军开辟的乡村工农民主政权。所以，中国社会的基本特点，决定了中国革命必须先在农村积蓄和发展革命力量，建立乡村革命政权，逐步推进直到取得城市，取得全国范围的胜利，即走农村包围城市的道路，是历史所显现出来的不可移易的中国革命的客观规律。

毛泽东在回信中，恰到好处地用中国的一句老话"星星之火，可以燎原"来形容当时的革命形势，指出全国都布满了干柴，很快就会燃成烈火。革命的力量虽然小，但它的发展是很快的。他断言：只要看一看许多地方工人罢工、农民暴动、士兵哗变、学生罢课的情况，就知道这个"星星之火"，距"燎原"的时期，毫无疑义地不远了。

在信的末尾，毛泽东以革命家磅礴的激情和火热的语言写道："马克思主义者不是算命先生，未来的发展和变化，只应该也只能说出个大的方向，不应该也不可能机械地规定时日。但我所说的中国革命高潮快要到来，绝不是如有些人所谓"有来到之可能那样完全没有行动意义的，可望而不可即的一种空的东西。它是站在地平线上遥望海中已经看得桅杆尖头了的一只航船，它是立于高山之巅远看东方光芒四射喷薄欲出的一轮朝日，它是躁动于母腹中的快要成熟了的一个婴儿"。

从小产品做起

星星之火，可以燎原，毛泽东这一取得革命胜利的道理，可以借鉴到企业从小到大、从弱到强的发展上。

上世纪80年开始，世界初露信息化时代的端倪。美国IBM、王安、苹果等个人电脑相继问世。此时，中国正逢改革开放，一些联想等企业也相继进入电脑产业，但多是代理销售美国电脑加汉卡的模式，有电脑组装，也多是进口国外零部件。而"台湾"的一家小公司富士康却选中了一个电脑连接器的产品，连接器就是电脑的螺丝钉，把各个部件连接在一起。

也许正是连接器不起眼，没有什么竞争对手，富士康先顺利地打入美国市场，然后将工厂迁到中国。十多年时间里，富士康就埋头做这个小产品，将触角伸到了全世界的每一个电脑公司。

1996年之前，中国联想的销售规模是富士康的两倍多，华为、长城、长虹、康佳、TCL、海尔，中国有一大批企业规模都比富士康大。"台湾"华硕、宏碁等企业也都比富士康大很多，富士康还排不进"台湾"企业100大。但这一年富士康做了一个更让人不可思议的产品——电脑机壳。在人们看来，电脑最高科技的是芯片和软件、硬盘、光驱等，几乎所有的零部件都比机壳高科技。

正因为这个电脑机壳没有科技含量,一般制造成本太高,富士康就很容易拿来了电脑公司的订单。

不过从1996年起,人们发现富士康在深圳的工厂盖起一座座厂房,一楼输进钢板,另一端一台台电脑主机搬上停靠着的集装箱车上,车装满就开走,半小时就送到深圳盐田港码头装船。从富士康到盐田港的高速公路上运货的汽车车水马龙。一位美国电脑公司的总裁说,深圳的高速公路一堵车,全世界的电脑就缺货。2002年,只用了6年的时间,富士康已经坐上了"台湾"高科技企业第一把交椅。"台湾"企业坐不住了,他们要求富士康打开电脑机壳,发现里面已经装得满满当当。实际上,从1996年做电脑机壳起,富士康就开始做电脑主机板。主机板是电脑最基本的产品,每一个主机板上集成了成千上万个零件。接上显示器、键盘和鼠标,就是一台完整的电脑。也就是说,富士康已经能完整地制造电脑。

"台湾"企业一片哗然。因为"台湾"电脑企业也多有代工业务,他们是富士康连接器和机壳的用户。富士康也做电脑主机板的代工,就成了他们的竞争对手,并且是最大的竞争对手。富士康用一个电脑机壳掩盖了他在电脑产业全面进取的秘密。台式电脑既成事实,富士康就被迫签立城下之盟,不准进入笔记本电脑业务。

2004年,全球最大的电脑、手机代工企业伟创力也丢了代工大王的宝座。此前,富士康电脑代工大于伟创力,伟创力手机代工大于富士康,2004年,富士康的手机代工也超过了伟创力。2005年,富士康代工手机业务的富士康国际在香港上市,轰动业界。

富士康抢了伟创力的手机订单,伟创力就想抢来富士康的苹果ipad订单,2005年一篇《ipod之城》的报道,让全世界一下子知道了中国深圳有一家工厂代工苹果的ipod音乐播放器,员工超过20万人。富士康这时才为外界所知。

此后,富士康高调代工苹果的iphone和ipad,从电脑、通信到消费电子,富士康占据整个电子信息产品产业链。苹果、IBM、惠普、思科、摩托罗拉、微软、诺基亚、戴尔、索尼、任天堂、华为等电子信息产业的全世界大品牌,都是富士康的代工客户。2005年起,美国每年圣诞节评选10个最受欢迎的产品,其中有6到7个是由中国富士康代工制造。到2012，仅在中国的生产基地就有30个，全球员工120万人，2011年排世界500强企业第43位，销售收入1200多亿美元。实际上富士康的销售收入已经超过1万亿元人民币，其对外说的只是出口数据，而很大一部分为其他品牌配套的元器件和由其代工以其他品牌出口的业务没有列进来。

富士康成了全世界最大的电子代工企业，在全球整个电子信息产业中位居第二，紧追韩国三星。

从一个不起眼的电脑连接器起家，成为通吃全球电子信息产业链的巨无霸企业，富士康就是星星之火可以燎原的典型企业。

遵义篇

如何成为企业领袖？

革命在英明领袖的带领下才能走向胜利，企业只有在卓越企业家的带领下才能取得成功。

毛泽东缔造中国工农红军，开创革命根据地和中央苏区，但领导革命的道路并不平坦，不只是要战胜强大敌人的围追堵截，还要排除中央极左和极右路线的干扰，在这个过程中，毛泽东几起几落，屡遭开除党籍、撤职和被排挤出军队等处分，但毛泽东总能以革命大局为重，坚持正确的理论和路线，实施正确的战略和策略，屡次在最危急的关头挽救红军，直到遵义会议，才确立了毛泽在党和军队中的领导地位。

企业家的成长也会历经坎坷挫折，毛泽东的领袖风范和领导气魄与艺术，也是企业家学习的楷模。

18. 一大代表

> 一个山沟沟里的农家子弟，24岁成为共产党的创始人，年轻的毛泽东得到了贵人相助和极佳的运气。企业家创业发展如何得到贵人相助，遇到好的运气？恐怕这不是找风水先生和算命先生测一下算一下就能得到的。

毛泽东在中国共产党的地位从创党起就很高，是共产党的创立人之一。

1918年6月，毛泽东从湖南省立第一师范毕业。他来自湖南湘潭韶山冲一个农民家庭，以第一名的成绩考试入学。他的父亲曾想让他成为一个会做点生意的农民，而他却想得天高地远，不安分，要读书。

在学校，毛泽东成了学生领袖。他入学后发了一个"征友启事"，聚集了一批志同道合的同学，这些人后来成立了一个"新民学会"。毕业了，谋求什么样的职业才能施展抱负为国家尽力？毛泽东对新民学会的同学们说："我们同志，应该散于世界各处去考察，天涯海角都要去的人，不应该堆积在一处，最好是一个人或几个人担任去开辟一个方面。各方面的'阵'都要打开，各方面都应该去打先锋的人。"

毛泽东这时有留学日本的打算，因为日本曾被认为是辛亥革命的策源地。他派同学罗章龙去上海联络准备，正好发生日本迫害中国侨民事件，计划中止。这时，在北京大学任教的杨济昌给毛泽东来了一封信，北大校长蔡元培正筹建赴法勤工俭学事宜，希望毛泽东把湖南的勤工俭学活动搞起来。

毛泽东同50位同学先后来到北京，他们办起留法预备班，毛泽东则着力解决赴法经费问题，经杨济昌介绍，他去拜见了教育总长章士钊。章士钊是湖南同乡，亲自出面恳请湖南总督谭延闿为有为青年提供资助，求款3万元。当时留法是一种热潮，两年间中国就有1700多人留法，湖南有430人。以后的中共领袖周恩来、朱德、陈毅、邓小平等，都是留法的学生。

在北京一段时间，毛泽东却取消了赴法留学的计划，他要留在国内研究中国国情。在北京他开阔了视野，深感对中国社会了解不够，对于种种主义、种种学说，还没有一个比较明了的概念。他也劝另外几个同学留在国内。这时，他在北京已经认识了几个大人物：李大钊、陈独秀、胡适之。

在北京的日子过得相当清苦。最初毛泽东和几个同学住在老师杨济昌家。杨也曾在湖南第一师范任教，非常看中毛泽东这位学生，他的女儿杨开慧也正在跟毛泽东谈恋爱。但是人来人往太多，打扰太多，非常不方便，毛泽东就搬出去住，8个人挤在一个土炕上睡觉，挤得透不过气来，翻身要和身边的人打招呼。

杨济昌希望毛泽东报考北京大学。毛泽东说北京的生活费用太高，他来北京的钱也是借的，要马上工作赚钱。杨济昌就把他介绍给了北京大学图书馆主任李大钊，毛泽东担任了图书馆的助理员，每月工资8块大洋。

当时北京学术气氛浓厚，新旧文化思潮激烈交锋，图书馆里有各种思想的学术刊物和书籍，也是新文化运动的代表人物和学界名流的聚集地，他们都要到图书馆来查阅资料。毛泽东在湖南读书时就读过他们的文章，自然想借机会接近这些大人物。毛泽东后来说："由于我的职位低下，人们都不愿同我来往。我的职责中有一项是登记来图书馆读报的人的姓名，可是他们大多数都不把我当人看待。在那些来看报的人当中，我认出了一些新文化运动的著名领导者的名字，如傅斯年、罗家伦等，我对他们抱有强烈的兴趣。我曾经试图同他们交谈政治和文化问题，可是他们都是些大忙人，没有时间听一个图书馆助理员讲南方土语。"

最为接近也最为器重毛泽东的是李大钊。李大钊是中国最早的马克思主义者，他也是在中国讴歌俄国十月社会主义革命的第一人，李大钊的言论和行动自然给了毛泽东最直接的影响。1918年11月15日，李大钊在天安门前发表了他著名的《庶民的胜利》的演讲，毛泽东专程赶到广场聆听。其后，他又认真地阅读了李大钊的《布尔什维克主义的胜利》一文，开始具体地了解十月革命和马克思主义。李大钊也对毛泽东给予尽可能的支持，往往在工作之余，两人就现实问题一谈就是一两个小时，毛泽东所表现出来的敏锐的思想和非凡的抱负给李大钊留下了深刻的印象。他鼓励毛泽东努力接受新思想，并介绍他参加了北大进步学生组织的新闻学研究会和北大哲学研究会。毛泽东曾说："我在北平遇到了一个大好人，就是李大钊同志。在他的帮助下我才成为一个马克思主义者……他是我真正的好老师，没有他的指点和教导，我今天还不知道在哪里呢！"

在北大图书馆，毛泽东还认识了另一个重要人物陈独秀。在湖南读书时，毛泽东就读陈独秀主编的《新青年》，影响巨大，毛泽东的《体育之研究》一文也曾由杨济昌推荐在《新青年》上发表。当两人在图书馆相见时，毛泽东向这位大人物介绍起新民学会和勤工俭学等情况，陈独秀也认出了眼前这位图书助理员就是《体育之研究》的作者"二十八画生"，谈话就非常亲切。在北大，毛泽东与陈独秀谈话的机会不是太多，但是毛泽东说："他对我的影响，也许超过其他任何人。"

毛泽东与陈独秀的亲密接触是在上海。1919年初，毛泽东从北京去上海送赴法留学的同学，正好陈独秀在上海筹备成立共产主义小组，由于毛泽东在北大期间读了《共产党宣言》，接受了马克思主义和十月革命，理念相同，两人交谈非常深入。从上海回到湖南，毛泽东做了一名历史代课老师，开始从事革命工作，主编《湘江评论》，1920年底，在陈独秀的指导下，成立湖南共产主义小组。

1921年6月，毛泽东接到上海共产主义小组关于召开党的第一次代表大会的通知。29日，毛泽东和何叔衡一起乘长沙水上码头的小火轮去上海。

7月23日至8月初，中国共产党第一次全国代表大会在上海举行。出席大会的有国内各地和旅日共产主义小组的代表12人，他们是：毛泽东、何叔衡（湖南）、董必武、陈潭秋（湖北）、王尽美、邓恩铭（山东）、李达、李汉俊（上海）、张国焘、刘仁静（北京）、陈公博（广州）、周佛海（日本）。还有一个非正式代表包惠僧。会议的组织者李大钊和陈独秀都没有参加，指张国焘、刘仁静为两人的代表，都是北京大学的高材生。他们代表着全国50多名党员。共产国际代表马林和尼克尔斯基也出席大会。因张国焘是李大钊的代表，会议由他主持大会，而毛泽东比较年轻，就负责做会议记录。会议进行到7月30日，会场突然遭到暗探的侦察，被迫休会。最后一天的会议是转移到浙江嘉兴南湖的一艘游船上举行的。

在参加者一大的代表中，毛泽东比较年轻，学历最低，没有经过马克思主义理论的系统学习，不能像李达、李汉俊这些人在讨论时引经据典，因此讲话不多。大会选出陈独秀、张国焘、李达组成党的最高领导机构——中央局，陈独秀任书记，张国焘、李达分管组织和宣传工作。

大浪淘沙，经过血与火的岁月，当初参加中共一大的12位正式代表中，陈公博、周佛海担任了国民党要职，抗战爆发后投降日本。刘仁静成了托派分子，1927年脱党，全国解放后任国务院参事等职。李达走向自由职业，当了教授。张国焘走上了分裂党的道路，客死他乡。非正式代表包惠僧也做了国民党的高官。何叔衡、陈潭秋、王尽美、邓恩铭、李汉俊先后被杀害。1949年10月，中华人民共和国成立，走上天安门城楼的一大代表只有毛泽东和董必武，毛泽东按动电钮升起新中国的第一面五星红旗，宣告中国人民从此站起来了。

命运中的贵人在哪里？

出自山沟里的毛泽东，24岁就成了党的创始人，这是一个奇迹。

它是一个时代的产物，革命大时代的暴风骤雨造就了共产党，也造就了一批革命的年轻人。年轻的毛泽东成为中国共产党的创始人，有其时代的必然性，也有偶然性。

毛泽东成为共产党的创始人，因其革命的理想和追求，还因为他遇到了生命中的三个贵人。一个是杨济昌。他是毛泽东在湖南第一师范的老师，他不但有学术，而且思想开明进步。杨济昌从湖南调到北京大学任教，这才有机会把毛泽东引导到北京，而毛泽东放弃留法勤工俭学，才有机会进了北京大学图书馆当助理员，才能认识李大钊和陈独秀。当时很多大文化人、大学者来图书馆，多数人看不起这位年轻的图书馆助理员，而偏偏李大钊和陈独秀欣赏这位打工的年轻人，而这两个人恰恰是共产党的创建人。他们虽然没有参加党的一大，但却是一大的组织者。

中国之大，人口之多，由最高学府的两位教授被共产国际选中做中国共产党的创建人必然性就大一些，而远在湖南山沟里的毛泽东被引导到李大钊和陈独秀身边，就是风云际会、天地造化。今天我们可以说，是历史选择了毛泽东。

从毛泽东的经历，我们就参透洞悉了机遇、机会的奥秘。机会是什么？机会就是贵人，有人引导你，帮助你，去完成一项事业。机会是贵人送给你的命运之赐。

成功的人都是有贵人运的人，命遇贵人，是金命。

做企业，创事业，自己要奋斗，但要合机遇，有贵人。中国人讲，在家靠父母，出门靠朋友，就是最朴素的命运哲学。

机会在哪里？贵人在何处？有人就找半仙算一卦。其实，看看社会大势，分析一下自己的情况，就知道自己向哪个方向走，路在何处。当然，人的境界不同，眼界也不同，选择也不同。选择就是走运，认命，无所事事，难有出息。俗话说，天上不会掉馅饼。还有一句话，路在脚下。不论东南西北，走出去就有运气，就要闯闯。

天无绝人之路。走出去必有难题，但也会遇到贵人。1919年初，毛泽东从北京去上海送同学赴法的经历证明了这一点。

去上海，钱却只能买到天津的票。到了天津，不知道怎么再往前走，很幸运，一位同学从一个学校得到了一笔钱，借了10块给毛泽东，能买一张到浦口的车票。到了曲阜,毛泽东停下来,去看了孔子的墓和庙,还去了泰山,兴致很高。但到了浦口,又一文不名,没有钱买票,也没有人能借,更糟糕的是仅有的一双鞋也被人偷了。毛泽东就在火车站外转,运气真不坏,就又遇到了湖南的一个老朋友,毛泽东称他是"救命菩萨",他又借钱给毛泽东买了去上海的车票,还买了一双新鞋。毛泽东说"就这样,我安全完成了我的旅程"。到了上海,毛泽东发现已经有人募集了一笔款,协助把学生送到法国,毛泽东回长沙的钱也在其中。回到长沙,去找一个朋友,朋友立即给他找了一个到小学当代课老师的工作,教历史,有住处,毛泽东就在长沙安顿下来,开始了革命工作。

每一个企业家都是行走在路上的人,都要撞运气,逢贵人。深圳华孚公司现在是全球最大的色纺纱企业,年销售收入超过60亿元人民币。公司董事长孙伟挺是浙江绍兴诸暨人,那里是一个山区,田少,贫穷,世代耕种,人们也攒钱供孩子读书,走出大山。考上中专,在学校读书好,当了学生会干部,毕业后进了浙江省轻工业厅,当上了处长,主管一个省的纺织产品的计划调配。有一个深圳外贸公司的总经理多次劝他到深圳下海经商,1993年,孙伟挺接受建议去深圳这家公司担任副总经理,但他要求去经营一家公司,就接受了一家拖欠几百万元税款的僵尸公司,从三个人起家。孙伟挺看好色纺纱产品,聘了一批大学生做销售,但没有做起来。就找公司的财务和行政主管陈玲,希望她试着做销售。陈玲是他在浙江时认识的,他觉得这女孩子有能力,并且在深圳和珠海做过事,下海时就邀请她来了。孙伟挺没看错,陈玲马到成功,很快打开了局面,订单雪片般飞来。陈玲一个人一年就做了5000万元的订单。不几年就做到了10亿元,2000年,华孚开始收购纺织企业,浙江的企业以前就给华孚加工产品,人熟业务熟,企业改制,都愿意向孙伟挺靠拢。10年间,华孚在浙江、江西、安徽和新疆并购十多家企业,其中还有一家上市公司。收购新疆的一家厂时,也是一个缘分。孙伟挺在浙江省轻工业厅当处长的时候,新疆要建一家棉纺厂,建到一半没钱了,就要浙江协作,孙伟挺出主意,浙江给钱,新疆每年给一定数量的棉花作补偿。十多年后,孙伟挺创业,到新疆收购棉花,又遇到了那家新疆棉纺厂的人,他们就提出了让华孚收购,华孚就进了南疆,从南疆到北疆，几年内并购了三家棉纺厂，新建了三家棉纺厂。现在华孚在全国有20多家工厂，2万多名员工。

孙伟挺回顾自己20年的创业路，从学校的老师，到省厅的领导，引导他的深圳的那个总经理，还有为自己打天下的陈玲，以及每一个在事业关头帮助过自己的人，都是命运中的贵人。甚至自己的竞争对手，他都心存感激，有了竞争，才有更大的发展。

孙伟挺认为，是改革开放让自己下海办企业，有了改变命运的机会。办企业干事业要有大格局，下海办企业就是大格局。下海闯深圳也是大格局。因为深圳是改革开放的前沿，是中国连接世界的桥头堡，在深圳就能做全世界的生意，生意就能做大。

还要选对方向走对路。华孚做纺织，就走对了路，是自己熟悉的产业，也是人人都要穿衣的大产业，自己的资源也都在这个产业里，做起来就比较顺风顺水。

能不能遇到贵人，还要靠自己。做生意最重要的是诚信，公司取名华孚，"孚"就是诚信。《诗·大雅·下武》中有"成王之孚，下士之式"之句，意为诚信为本，深孚众望。只有诚信，你的身边才会有更多的朋友，每当关键紧要时刻，就会有贵人出现帮助你，让你逢凶化吉。

孙伟挺说，人有机会，也要力所能及帮助别人，给别人提供机会，帮助别人就是帮助自己，改变别人的命运，也是改变自己的命运。

19. 时时危难处处险阻

创业、事业，都是挫折磨难的成果，世界上没有免费的午餐，不经过挫折，成不了企业家，成功就是克服困难战胜挫折。中国改革开放30年成功起来的这一代企业家，他们要闯出一条前人没有走过的路，没有平坦大道可走。

毛泽东身经百战，指挥千军万马，打过许多著名的战役，却没有受过一次伤，这也是奇迹。

伟人自有天佑，但毛泽东不只是穿行在枪林弹雨中，也驰骋在惊涛骇浪之上，时时艰难，处处险阻，历经千难万险，成就千秋伟业。

1910年，18岁的毛泽东立誓："孩儿立志出乡关，学不成名誓不还。埋骨何须桑梓地，人生无处不青山。"走出韶山冲，踏上革命路。

毛泽东最危难的一次是1929年9月，他得了重病，差点死去，共产国际都以为毛泽东已经死去，发了讣告。

1929年6月底，红四军第七次代表大会，由于与错误路线的斗争激烈，毛泽东辞职离开了红四军，带着谭震林等人去了闽西。不想毛泽东到闽西后得了疟疾，时冷时热，时好时坏，闽西特委书记邓子恢请来郎中诊治，还想法弄来一些奎宁片。稍一好转，就来到蛟洋，不料病情加重，连续几天寒热不止。8月，毛泽东、贺子珍转移到苏家坡。这里地处深山，但离龙岩只有一天路程，又是敌人"三省会剿"的重点地区，不能久留。林彪特别安排特委将毛泽东化装成"教书先生",名叫"杨子任",转移到永定的深山中隐蔽起来,继续治病休养。客家"子任"谐音"主任",大家就叫这个重病的红军教师叫"杨主任"。粟裕带着部队护送,毛泽东8月辗转到了永定县城东面60华里的岐岭乡"牛牯扑"。这里是一个深山沟,只住着一户赤卫队员,叫陈添裕,20岁出头,在深山里盖了一座两层土楼,取名"兴华楼"。毛泽东和贺子珍就住在兴华楼里。为了不暴露目标,粟裕的部队在永定县活动,县委派三个赤卫队员在"牛牯扑"协助保护。这时敌人来犯,赤卫队员们就在"兴华楼"的山下搭了一个竹寮,毛泽东暂避其中。初秋,山里风硬,毛泽东的病本来没痊愈,风一吹,一凉,病又重了。粟裕等得到报告,立即研究治疗方案,决定让永定县苏维埃主义阮山的姐夫吴修山进山为毛泽东治病。可能是为毛泽东治病,上山下山的人多,敌人得知有位红军大干部住在"牛牯扑"。9月17日,400多敌兵分几路向"牛牯扑"扑来。粟裕指挥部队阻击,同时派人上山将"杨先生"火速转移到雨顶坪村。陈添裕跑到山下就喊:"杨主任,有情况,快转移!"到山上,毛泽东已经打好包裹。陈添裕路熟,10里山路,崎岖陡峭。贺子珍已是五个月身孕,由两个人护送先走,毛泽东随后离开竹寮。他毕竟还有病在身,下了山,毛泽东直喘粗气,两腿发软,迈不动步了。山下枪声越来越近,陈添裕不由分说,背起毛泽东就跑。陈添裕是山里人,年轻力大,跑得快,但毛泽东身材高大,陈添裕跑不多远已经是大汗淋漓。走到半路,鞋也跑掉了,也顾不得穿上,赤脚踩着山石和荆棘继续跑,一直跑了10里,终于到达雨顶坪村"总楼"门前。陈添裕刚放下背上的毛泽东就昏倒了,两脚已是鲜血淋淋。

就是这一次,传出毛泽东病重去世,共产国际在《国际新闻通讯》上发了一份1000多字的讣告:"据中国消息:中国共产党的奠基者、中国游击队的创立者和中国红军的缔造者之一的毛泽东同志,因长期患肺结核而在福建前线逝世。"

毛泽东对"牛牯扑"人一直不能忘记,1954年国庆前夕,他专门请陈添裕到北京参加国庆观礼。

毛泽东一生险象环生，九死一生，多次与死神擦肩而过。

1922年9月，毛泽东在长沙领导泥木工人罢工，被便衣特务追踪，在群众保护下脱险；

1923年4月，湖南军阀赵恒惕狂叫："湖南有毛泽东，就没有我赵恒惕！"一天夜晚，他派兵秘密包围了毛泽东的住所。

1927年1月，毛泽东回湘南考察农运，一天，在板仓宅门口被特务堵住，并问"毛润之在里面吗"？

1927年7月，在阴云笼罩的日子里，在武汉，一天在汉口，毛泽东和特务狭路相逢。

1927年2月，敌人得知毛泽东回到板仓便来捉拿，毛泽东乔装病人，坐着轿闯过了险关。

1927年8月，毛泽东组织秋收起义，不料被敌人抓住，在押往团防局的路上，巧用一把银元换回了生命。

1928年6月，毛泽东到永新县塘边村搞调查，突然遭到保安队袭击，并扬言要抓他去请赏。

1929年1月，在向赣南进发的途中，毛泽东等在大余、圳下两次被敌人包围，险情至极。

1934年9月，"赋闲"的毛泽东，为红军主力突围去于都调查，一天，一刺客举枪对准了他。

1934年11月，红军经历最惨烈的湘江之战，伤亡3万多人。毛泽东站在敌机正在轰炸的浮桥上，一动不动地望着江面上漂浮着的战士尸体。

1938年11月，日军轰炸延安，毛泽东刚刚移居，敌机投下的一颗重磅炸弹就落在他原来的住处，窑洞被震塌。

1947年3月，胡宗南进攻延安，在撤离延安的途中，敌机尾随轰炸，毛泽东坐的吉普车被敌机打中。

1948年4月，潜伏特务密报了毛泽东在西柏坡的住处，刚秘密转移到城南庄，敌人的飞机就来轰炸，一枚炸弹落在他住的小院子里爆炸。

……

挫折是企业家的必修课

司马迁《报任安书》说："盖西伯（文王）拘而演《周易》；仲尼厄而作《春秋》；屈原放逐，乃赋《离骚》；左丘失明，厥有《国语》；孙子膑脚，《兵法》修列；不韦迁蜀，世传《吕览》；韩非囚秦，《说难》《孤愤》；《诗》三百篇，大底圣贤发愤之所为作也。此人皆意有所郁结，不得通其道，故述往事、思来者。乃如左丘明无目，孙子断足，终不可用，退而论书策，以舒其愤，思垂空文以自见。"

莎士比亚也说："患难可以试验一个人的品格，非常的境遇方才可以显出非常的气节；风平浪静的海面，所有船只都可以并驱竞胜；命运的铁拳击中要害的时候，只有大勇大智的人才能够处之泰然。"

还有，"不经历风雨怎么见彩虹，没有人能随随便便成功"，"平静的湖水练不出精悍的水手，安逸的环境造不出时代的伟人"。

这些人生格言，都告诉我们"阳光总在风雨后"。企业家更是如此，创业、事业，都是挫折磨难的成果，世界上没有免费的午餐，不经过挫折，成不了企业家，成功就是克服困难战胜挫折。特别是中国改革开放30年成功起来的这一代企业家，他们要闯出一条前人没有走过的路，没有平坦大道可走。

在我接触的企业家中，经历挫折最多的是创维集团的创始人黄宏生。

1988年春天，黄宏生辞去副厅级干部的职务在香港注册了一个小公司"创维"。在香港注册一个公司很简单，但对于黄宏生来说，解决晚上睡觉的地方却很难。他没有太多的心思去畅想人生的价值和企业的使命，唯一的想法是生存下去。常常是夜深人静了，他还无处栖身，在大街上徘徊。所幸，香港天气炎热，找一个没有人的地方，在路边的草地上，在公园的水泥椅子上，把公文包当做枕头，和衣躺下，也能睡得过去。但不能长期这样，因为要洗澡、洗衣服，不然白天就无法衣装整齐地进出那些摩天大楼。香港几乎天天下雨，有几个大雨之夜，来不及找到更好的躲雨之处，他就不得不躲在街头的厕所里。从那时候起，黄宏生就开始讨厌黑夜的降临，养成了在车上睡觉和半夜一两点钟开会工作的习惯。

黄宏生创办公司后，朋友照顾他，租给了他一间办公室，面积不足10平方米，三角形的，办公桌摆上以后堵在门口，桌子后面放一把椅子，桌子上放一部电话。屋子虽小，却几乎解决了黄宏生的所有问题。晚上可以工作到深夜，把电话机拿下来，就可以在桌子上酣然入睡。那个时候每天要在香港的大街上奔波10多个小时，辛苦异常。每逢过节，比如中秋节，大家要聚一下，怎么办呢？就到水果摊买一些苹果来吃，也算改善一下生活。买苹果的时候专挑有点烂的，因为价格便宜。

黄宏生最先做的还是代理电子产品出口，那是他多年摔打过的老本行。当黄宏生兴致勃勃地一家一户登门拜访过去的老客户时，才深刻理解了"人走茶凉"的冷漠，每次都是满心希望地进门，失望透顶地出门。几乎每一个客户不是闭门不见，就是推托敷衍，没有多少人愿意伸出援助之手。黄宏生遭遇了下海后的第一次危机，用微薄的资金进的货卖不出去，造成了亏损。眼看着自己的努力付诸东流，黄宏生心力交瘁，病倒在医院里，躺了1个多月。这次挫折让他真切地体验了主动改变命运的代价。

做贸易失利以后，黄宏生改变了循序渐进的计划，决定进入制造业，他的毕业设计是设计黑白电视机，后来又在电视机厂实习过，他的脑子一下子就想到了做电视。但是困难大得几乎无法想象，因为仅购买一台测试仪就要几百万美元。有一次黄宏生到东北出差，住在招待所里，换台选节目要从被窝里爬出来，折腾几次黄宏生居然感冒了，他想，要是看电视能遥控就会方便多了。这个念头使他很快抓住了一个契机。于是黄宏生就托朋友买来一个遥控器，拆开来仔细研究，并做了设计和生产计划。1989年，黄宏生以港商的身份回到广州，在东莞柏洲边开办了一家十几个人的电视机遥控器厂。

1990年，黄宏生在东莞办了遥控器厂之后，年销售额达到了100万元。荷包里的钱也让他能自信地在香港街头喝早茶了。就是在一次喝茶的时候，他听到了一条消息：香港将开通丽音广播试验，黄宏生就与菲利浦公司的工程师合作开发出了丽音解码器,野心很大,一下子做了2万台,只等着石破天惊。没想到第二次厄运来自于一夜之间。因为成本太高,电视台最终放弃了丽音广播项目,说停就停了。黄宏生一下子血本无归,500多万港币变成了一堆没有人要的丽音广播机顶盒,不得不当做垃圾清理出仓库,而且还要另付一笔不菲的费用,可是不处理占着仓库要花更多的钱。

黄宏生决定背水一战:做彩电。从国内请了40多个科技人员。但是这些技术人员费了九牛二虎之力研制出来的产品,虽然很精美,但却是被市场淘汰的技术,做彩电一下子又亏了300万美元。黄宏生感觉彻底失败了,一天晚上,感觉走投无路,于是走到海边,纵身跳进了波涛汹涌的大海。没想到他是海南人,从小生活在海边,泳技天成,海水居然无法淹死他。冲上海滩,躺在沙滩上,看着天上的星星,他自言自语:"也算死过一回了。"

最重的挫折是2004年年底,因一笔资金的认定香港和大陆差异不同,黄宏生被香港廉政公署重判6年监禁。但他并没有倒下,出狱后继续创业前行。

黄宏生说:"人的一生布满荆棘,任何人都不会取得长久的成功。成功的道路是艰辛的付出和不懈的坚持,只有时刻做好了吃苦的准备,一如既往地含辛茹苦,才能在苦尽甘来的那一刻,体会发自内心的喜悦和宁静,领略到与上帝握手的超然。所以痛苦是人摆脱孤独和迷茫,找到人生价值,获得内心平静的必然途径。在成功人士的生命旅途中,痛苦应该是永恒的。"

也许经历了这些挫折,黄宏生把企业的底线设得很牢,他认为钱来得太容易不是好事,坚持不向银行贷款,自我积累发展,在竞争激烈的彩电产业创造了巨大的效益。

20. 四起四落

> 毛泽东九死一生，在政治上也是四起四落，几度沉浮。只有勇敢面对和正确对待命运的不公和不平，才能站得起来，立于不败之地。经得起不公正考验的人，内心和行动才能强大起来。

1923年6月，毛泽东在中共三大上当选为中央执行委员，并被选入由5人组成的中央局，担任中央秘书，与陈独秀等一起负责中共中央的日常工作。这是他第一次进入中共中央的领导核心。但在1925年1月召开的中共四大，毛泽东因在湖南老家养病没有出席，没有被选入中央委员会。这是第一次起落。

1925年3月，孙中山逝世，国民党内的右派势力抬头，国共合作关系复杂。毛泽东病情好转，立即从湖南到了广州。这时以汪精卫为主席的国民政府在广州成立，汪精卫再无暇顾及中央宣传部长的职事，推荐毛泽东担任了国民党中央宣传部长。毛泽东工作得有声有色，并同右派坚决斗争。1926年，国民党二届二中全借口"党内纠纷"，提出限制共产党篡夺国民党党权的《整理党务案》，规定共产党不能担任国民党中央各部部长。毛泽东拒不执行共产国际签字接受的决议，拒绝在《整理党务案》上签字，离开代理国民党中央宣传部长的职务，投入到轰轰烈烈的农民运动中去。

由于做农民运动工作出色，1927年初的中共六大，毛泽东当选为中共中央政治局候补委员。在随后的湘赣边界秋收起义中，他从敌强我弱的客观形势出发，果断改变中共中央原定的攻打长沙的计划，率领部队向农村进军，开辟了井冈山革命根据地。这一开创中国革命新道路的壮举，不仅没有得到应有的肯定和支持，反而遭到了瞿秋白主持的中共中央的批评。1927年11月召开的中共中央临时政治局扩大会议作出决定，撤销了毛泽东的政治局候补委员和湖南省委委员的职务。这一决定在井冈山传达时，又被误传为"开除党籍"，结果他一度成为"党外人士"，不能担任前委书记和党代表，只能担任工农革命军第一师师长。这是第二次起落。

毛泽东政治生涯中的第三次起落，发生在1929年红军第四军第七次至第九次党代表大会期间。在6月召开的红军第四军第七次党代表大会上，他关于加强党对红军绝对领导的正确意见没有得到当时大多数人的理解和支持，没有继续当选为红四军前委书记，被迫离开了红四军的领导岗位。后来，中共中央给红四军前委发来"九月来信"，对他的正确主张表示肯定和支持。他在1929年12月召开的红四军九大上重新当选为前委书记。

毛泽东受到的最大一次挫折，是在以王明为代表的"左倾"冒险主义者统治中央期间，遭到错误的批判，并被剥夺对红军的军事指挥权。当时中央在上海遭受重大破坏，博古等在上海待不下去，就去了中央苏区。以前，他们是派中央特派员遥控指挥，现在要直接指挥。1932年10月，中共苏区中央局在江西宁都县召开会议，对毛泽东正确的军事方针进行了批评和指责。会议停止了他对红一方面军的军事指挥。会后不久，又任命周恩来担任红一方面军总政治委员，实际上撤销了毛泽东的军事领导职务。从此，他离开红军的军事领导岗位长达两年多，在中央和红军的重要决策上，都失去了发言权，直到1935年1月召开的遵义会议上才重新进入中共的领导核心。这是他政治生涯中的第四次起落。

在遭受"左倾"冒险主义者打击和排挤期间，毛泽东处境艰难。他受到孤立，被"搞得臭得很"，许多人不敢与他接近，"不但一个人也不上门，连一个鬼也不上门"。他的亲属也受株连遭到打击，妻子贺子珍由管文件改当收发；弟弟毛泽覃受到批判被撤职；贺子珍的哥哥贺敏学被免去红二十四师代理师长的职务；贺子珍的妹妹贺怡被撤销瑞金县委组织部副部长的职务，遭到批判。

毛泽东的四落，是政治生涯中受到的较大的四次打击。除此以外，他还受到过其他的一些打击。这些打击究竟有多少呢？1956年9月10日，毛泽东在中共八大预备会议第二次全体会议上说："记得起来的就有20次。"到底是哪20次，毛泽东没有一一列举，只是说："比如，不选做中央委员，只给发言权不给表决权；撤销一些职务，如中央农民委员会书记、党代表、前委书记等。'开除党籍'了又不能不安个职务，就让我当师长。"毛泽东在这里所说的20次打击，除了撤职和降职外，还包括各种处分。

园子里有果子别人才来抢

常常听到有职业经理人抱怨：自己打下一片天下，现在公司派人来摘果子了，派来了新的领导，把我调走了，把我降职了。不提拔你，不给你兑现奖励承诺，还要来查你、审计你。卸磨杀驴，不公平、不公正。

好多人一气之下，辞职了。此处不留爷，自有留爷处。结果心情很糟，憋着一股劲，以后的事也做得不好，有的则是针锋相对，顶起来，甚至对簿公堂，两败俱伤。

更有国有企业负责人传授经验，公司千万不能做太好，当然做得太差也不行。做得太好，就有好多人盯着，找个理由就把你换了调了，派个领导的亲信来代替你。公司要做到有点利润，但银行贷款要很多，领导找不出理由调换你，觉着离开你还玩不转，别人也觉着这一摊子没啥好的，不眼馋，这样你就安全多了。

明哲保身，老油条。

在对待人生起伏、不公正待遇上，我们还真要学学毛泽东。

不公正是正常的。不公正待遇会使当事者的心态失去平衡，对他们的身心造成严重困扰。很多人在受到不公正待遇之后，往往从此消沉下去，一蹶不振。毛泽东则认为，不公正待遇是难以避免的。任何社会、任何时期，都会存在不公平、不公正的现象。这种不公平、不公正，有时是为了照顾整体的公平而造成的。1956年9月，中共八大选举中央委员会之前，为了防止因选举产生矛盾而影响党的团结，毛泽东再一次解释了选举中的公平与不公平的问题。他认为，世界上没有完全的、绝对的公平，不公平的事情在任何社会都是难免的。他说："这个世界就是这么个世界，要那么完全公道是不可能的，现在不可能，永远也不可能。""而各种不公平的事情在任何社会都是难免的。中国共产党从七大以来，在处理党内事务上力争求得一个比较公平的结果，与错误路线统治时期相比，党内是比较公平的。但是，凡事都是有比较的，不是绝对的，绝对的公平或者绝对的不公平，是不可能的。""有些事情想不到，有些事情想错了，有些事情安排不恰当，是难免的。"没有被选入中央委员会的同志，并不意味着他们的能力不行，条件不够，恰好相反，他们很可能是将来在中国起很大作用的同志。他们之所以落选，一是各方面要平衡，二是选谁不选谁，这里面有很大的偶然性。所以，要客观地、心平气和地看待选举中的公平与不公平的问题，不要因此而影响工作情绪，影响党的团结。毛泽东还认为，思想认识上的不一致，党内外存在的各种矛盾，也会导致一些人受到不公平待遇。那些整人的人跟我们并不是前世有冤，今世有仇。他们跟我们以前都不认识。"他为什么要整你呢? 就是因为思想不同，对问题的看法不一样。"思想认识不一致，必然就会产生矛盾，必然就有人会产生主观主义，犯"左倾"和"右倾"的错误。而这种思想认识的不一致，在开始的时候是难免的，党内外的各种矛盾永远都会存在。这在一定程度上决定了某些同志在某些时期受冤枉和委屈是难免的。

不公正待遇是一种锻炼和教育。新中国成立后，毛泽东多次在会议上教育全党的党员和干部要正确对待不公正待遇，要把不公正待遇作为一种有益的锻炼和教育。1956年9月，他在中共八大上一方面指出不公正待遇难以避免，另一方面又强调要以正确的态度对待不公正待遇。他说："我想同志们中间可能也有多多少少受过冤枉受过委屈的。对于那些冤枉和委屈，对于那些不适当的处罚和错误的处置，比如把自己打成什么'机会主义'、撤销自己的职务、调离自己的职务等等,可以有两种态度:一种态度是从此消极,很气愤,不满意;另一种态度是把它看做一种有益的教育,当做一种锻炼。"这两种态度,无疑后一种对自己和革命工作都更加有益,是党员和干部应该采取的态度。在1962年1月召开的七千人大会上,毛泽东又讲到不公正待遇从某种意义上来说对当事者是有益的。在这次会议上,他号召发扬民主集中制,开展广泛的批评和自我批评。他强调不要压制批评,认为批评所导致的结果无非就是被批评者下台、被撤职,或者被调离原岗位,这对被批评者来说不一定是坏事。为什么呢?他说:"我认为这种下降和调动,不论正确与否,都是有益处的,可以锻炼革命意志,可以调查和研究许多新鲜情况,增加有益的知识。"

遵守纪律,维护党的团结和统一。不公正待遇包括错误的批判、错误的处分、错误的职务变动,如降职、撤职或者调职,在某些情况下,也指待遇上的不平等,如职务、生活待遇上的不平等。它一般是由上级对下级、组织对个人作出的。毛泽东认为,既然不公正待遇难以避免,既然不公正待遇对当事者是一种锻炼和教育,那么当事者不管受到哪一种不公正待遇,都应该把党的纪律、党的团结和统一摆在第一位,少数服从多数,下级服从上级,个人服从组织。这是一个共产党员对待不公正待遇应有的态度。

学习毛泽东对待不公正的态度,还要有一种好的心态:园子里有果子别人才来抢。为什么中央那么多钦差大臣去苏区瞎指挥,甚至夺了毛泽东的权?就是因为毛泽东开创的红军强大,道路正确,是中国革命的前途命运所在。别人来抢你的胜利果实,是因为你这里创造了果实,你有创造果实的能力。你在这个地方和岗位能创造出巨大的工作业绩,到别的地方岗位,照样能创造出工作业绩。有了这种自信心,对待各种不公正,也就不那么斤斤计较了。

21. 宁都会议的冲突

> 公正、公平是相对的，不公正、不公平是绝对的。换一个角度和角色，作为掌权者、裁判者，要尽量平衡，做到公正、公平，原则和方法就是：以业绩论英雄，以贡献排座次。

毛泽东秋收起义创立了中央苏区根据地，成了一方诸侯。从此毛泽东与中央的冲突就接踵而来。在最初的冲突中，毛泽东都是比较策略地应对。

1928年，湖南省委特派员周鲁上井冈山，传达临时中央关于撤销毛泽东候补委员的决定，并误传为开除毛泽东的党籍，毛泽东只能当师长。毛泽东非常痛苦，但他还能指挥军队，并没有更激烈的反应。不久，湖南省委特派员杜修经再上井冈山，要求红军回湖南，这次的损失是"八月失败"，毛泽东也对杜修经采取了包容态度，并没有责难，甚至还宽慰他。1930年，抵制立三路线的干扰，毛泽东也没有正面冲突，进攻南昌，兵临城下，虚晃一枪，没有进攻长沙，但红军攻下了吉安，也是大城市，红军和根据地也没有遭受多少损失。在最初同王明、博古的斗争中，毛泽东也非常容忍，硬打赣州，红三军团受困城下，是反对打赣州的毛泽东出手相救。再打赣州，毛泽东还是不同意，但他指挥红军打下了漳州，也是打大城市，并不与中央的决策相违抗。

但到了1932年10月宁都会议，毛泽东与王明路线彻底决裂。

红军东征，打下漳州，缴获巨大，百万银元，还有两架飞机。但是毛泽东却遭到中央的猛烈批判。这时主持中央工作的是王明、博古和张闻天。他们批判毛泽东右倾，设置很多障碍，削弱毛泽东的领导。

这时，中央为了加强对苏区的控制，成立了苏区中央局，共有8人，前方4人，后方4人。8人中除了毛泽东和朱德是根据地的，其他6人周恩来、王稼祥、项英、任弼时、顾作霖、邓发全是从中央来的。前方在毛泽东指挥下红军接连攻克宜黄、乐安、南丰，歼敌1万多人，缴枪4000多支。但苏区中央局后方却一定要前方"进攻"、"进攻"，继续北上，进攻南昌。这时毛泽东提出了在东韶一带休整几天，后方中央局坚决反对，前后方围绕红军的行动问题争论白热化。前方忍无可忍，发布了不同于临时中央进攻精神的《训令》。后方大为震怒，表示：《训令》是"完全离开了原则、极危险的布置"，决定在前方召开中央局全体会议。这就是"宁都会议"。

一年前，1931年11月的赣南会议，根据王明给苏区中央批评毛泽东"苏区严重的错误是缺乏明确的阶级路线与充分的群众工作"的电报，对毛泽东进行了严厉批判。（一）将毛泽东坚持从实际出发，指责为"狭隘经验论"。（二）在土地革命问题上，指责毛泽东犯了"富农路线"，模糊了土地革命中的阶级斗争。因为当时党中央主张"地主不分田，富农分坏田"，毛泽东则以为应当给地主、富农以出路，主张"以人口平分及实行'抽多补少，抽肥补瘦'的政策"。（三）指责毛泽东在发展根据地问题上右倾保守，要求中央苏区"必须于最短的时间内"与湘赣等苏区贯通。（四）在军事上，指责古田会议确定的党对军队的绝对领导是"党包办一切"，认为毛泽东的"诱敌深入、后发制人"的战略是"游击主义的传统"、"保守主义"、"单纯防御路线"。会上，撤销了毛泽东苏区中央局代理书记的职务。苏区中央局代理书记改由项英担任。随后，会议改由项英主持。

宁都会议再次对毛泽东对抗中央进行清算。

会议一开始就气氛紧张。项英首先说："我认为会议的焦点只有一个，那就是在前线的委员们，首先是毛泽东等同志，是否认真执行共产国际和中央的指示问题。当然，结论也只有一个：没有执行！"

周恩来说得很谨慎，"先慢一点作结论好不好？会议刚刚开始，结论已经有了，那还开什么会？也听听前方同志的意见嘛！"

项英激动得握笔的手簌簌发抖，用力把刚点着的烟在烟灰缸里摁灭，霍地站了起来质问："难道屡次抗拒中央的作战指示，还不能说明问题吗？每次战斗都叫苦连天，难道不是对胜利缺乏信心吗？对争取一省或数省胜利的目标采取怀疑的态度，难道还不是右倾情绪吗？"

接着，顾作霖等后方委员作了言词更为激烈的发言。

周恩来对后方苏区中央局委员们说："前方的情况跟后方的情况不一样，和在地图上推想的更不一样……"

项英不想听前方同志作具体解释："反正你们是寻找借口不执行命令，这是根本事实。"

项英严厉地说："具体事实不是问题的实质，问题的实质在于你们对命令执行得不坚决！这是对共产国际指示的态度问题。你们对国际路线是忠实地执行还是口头答应执行……这里应该特别指出的是毛泽东同志，他对共产国际一向采取不尊重的态度，拥兵自重。"

毛泽东的手里夹着一支香烟，没有点燃，他抑制住狂烈的怨怼，尽量平静地解释说："这是不公正的！我们在前方尽一切可能按指示去做。可是，不符合实际情况的命令，叫人难以接受……目前，我军的实际力量不可能攻打中心城市，这是有血的教训的……"

但是，后方的委员们却不愿听毛泽东的解释，斥责说："应该检查主观原因，应该深挖思想根源。我们红军斗志高昂，一向是攻无不克的！"

项英认为，毛泽东跟莫斯科共产国际无直接联系，也没有任何"血缘"关系，对共产国际的路线既无认识也无感情。他还认为毛泽东是个农民知识分子，对工人阶级并不真正地了解，也缺乏工人阶级革命斗争的鲜明性，执行的是富农路线，重视农村，忽视城市。他还认为毛泽东对马列主义不虔诚。说毛泽东的书箱里几乎全是封建时代的老古董，有《吕氏春秋》、《贞观政要》、《三国演义》、《红楼梦》，有唐诗宋词，甚至还有《金瓶梅》。毛泽东在会上讲话，很少说马克思列宁怎么说，总是顺口来几句孔夫子怎么说，老子、庄子、韩非子怎么说……项英最后说出了后方委员们的想法："我们认为毛泽东同志丝毫没有认识到自己的错误，为了保证国际路线在红军中得以贯彻，毛泽东同志应该离开总政委的岗位，回到后方工作。"他提议：由周恩来负战争领导的总责。

接着大家逼毛泽东表态。毛泽东对会议的目的已看得很清楚，他知道，任何争辩无非都是一种形式，性质早已定了，自己是少数派。再有力的雄辩，也只是徒然延长会议的时间，直到剥夺他的军权为止。他站起来说了几句耐人寻味的话："天下理无常是，事无常非。先日所用，今或弃之；今之所弃，后或用之……我恭候中央的处理。"中断了几秒钟，他又说了两个字"完了"。

这次会议用表决的形式，取消了毛泽东红一方面军总政治委员一职，由周恩来代理。会后，毛泽东就请了病假。到长汀福音医院疗养去了。

以业绩论英雄

毛泽东的几次沉浮都与中央的冲突有关系。当时的中央虽然在上海，但总对苏区和红军指手画脚，有的时候甚至是共产国际直接对苏区和红军下指令。"二月来信"要求红军分散，毛泽东、朱德到莫斯科学习，是共产国际负责人布哈林亲自下的指令。斯大林会见项英，不知为什么说"四川是个好地方"，项英回到国内到了苏区，还真就讨论起红军撤离赣南、闽西，转移四川的问题。这也引起了不小的争论。中央和共产国际不在前线，不了解实际情况，却要指挥红军的行动，自然就是瞎指挥，给红军和根据地造成损失。毛泽东在前线根据实际情况决策，指挥战斗，就与中央和共产国际的决定不合拍，甚至形成冲突，这也是毛泽东和中央冲突的根源。

除了指挥和路线的冲突，权力之争也是根源。中央总想控制红军和根据地，担心苏区坐大，"拥兵自重"。

中央和诸侯的关系是中国几千年都难以解决的问题。诸侯林立，也是企业管理中头痛的事情。

我熟悉的一个企业，从创立不久就解决诸侯文化，开展"削藩"。最初是在全国建立市场销售网络，各大区和省成立分公司，一些分公司业务做大了。最初打市场，公司给分公司的条件都非常优厚，人财物都是分公司自成体系，做到一定程度，公司就开始收，人财物要统一管理，各方面的条件也从紧，就引起分公司的反弹。这一轮"削藩"费了好大力气，也有不小的损失。有的分公司经理业务做得很好，调到总公司给一个虚职，权力没有了，收入也降了不少，也与总公司发生冲突。

这家公司后来发现公司事业部也是形成了诸侯，尾大不掉，解决这一问题，也发生了冲突，有的事业部总经理甚至愤而离去。

有学者分析，在任何一个成熟的战略系统中，企业的核心价值观是文化管理和战略管理的基因。诸侯式的管理模式经常性的以业务的发展为第一位，将在很多的程度上使公司的核心价值观产生分离，时间长了，对一个组织的发展将更为痛苦。任何一个山头或诸侯，都有强化自己的趋向。这种趋向多是在为了总体利益的旗帜之下进行的。在中国目前的体制下，这种方式很难取得成功。因为中国的经理人更容易享受利益与分红，却很少真能承担起责任。

这是"削藩"论的理论依据。大多数企业都有过与"山头"、"诸侯"的纠缠，甚至恶斗，伤痕累累。大地保险公司是在这方面处理得比较好的公司。这家公司创立于2003年，开业初期，有95%的员工来自保险业内，从人保等公司来的，其中省级分公司总经理助理级以上高管人员就有100多名，有的一个人过来，就带来一批人。这批精英是大地保险最宝贵的资本和资源，为公司高起点进入市场起到了关键作用。业务做到一定程度，大地保险也逐步统一管理、集中管理，但尽量保持各地的差异化和分公司的相对独立性。他们认为，一个分公司经理就是一个品牌。一个人强，公司强，一个人弱，公司弱。选对一个人成就一个分公司，一个分公司经理就是一面旗帜。这种现象不仅是大地，保险业内所有的公司都是这样。团队负责人选好了，就会带动整个公司发展好。如果选到了一个有影响、有口碑的负责人,就会一呼百应,许多人愿意跟他一起来创业,聚集到你的阵营里面,甚至可以说胜负都在一个人。事实上,受传统文化和计划经济的影响,国内金融保险业在"用人"与"管人"上,习惯于施以恩惠,凭"裙带"和"地缘"关系等笼络人才。一个人带一批队伍出来创业打天下,创业之初也是必然选择。但是,公司发展到一定程度,可能就会出现负面的效果,出现一些诸侯,出现一些山头,一个人出事,震荡也大。削藩是不少企业伤脑筋的事情,但是,大地保险没有考虑过削藩。

原大地保险公司总经理蒋明说,在一段时间里,大地保险保持了创业队伍和分公司的稳定性。他认为,所谓的藩是历史条件下形成的、客观存在的正常现象。一个团队,队伍扩大了,业绩做大了,就自然形成了"山头"。业绩做大了没什么不好,我们还会用他,只是要以业绩论英雄,以业绩论功行赏。只有这样做,这个"山头"才不会闹独立。对于"山头"重要的不是削,而是要因势利导,让它裂变、让它发芽,变得越来越强大。让各路"山头"都认可大地保险才是最重要的。

削藩,还是让"山头"坐大,各个企业还要根据各自的情况酌情处理。

22. 为红军突围开辟通道

> 以德报怨，毛泽东做到了。这不只是一个党性原则问题，而且是突破困境的方法。而我们经常看到企业内部斗争水火不容，鱼死网破，斗争到底，结果是两败俱伤。在对待不公正不公平上，毛泽东是我们的榜样。

毛泽东的每一次沉浮，对中国革命都是巨大损失。特别是1932年，毛泽东被王明、博古剥夺了对红军的军事指挥权，实行错误的军事指挥，造成了第五次反围剿的失败，丧失了毛泽东开创的革命根据地，红军被迫长征。最后还是毛泽东挽救了红军。

1932年10月，毛泽东在宁都会议上受到错误批判，并被调离红军的指挥岗位，召回后方做政府工作，实际上被剥夺了对红军的军事指挥权。这对"积年经验多偏于作战"，"兴趣亦在主持战争"的毛泽东来说，是一个沉重打击。但在会后，他作出了两点表示：一是少数服从多数；二是仍然愿意积极对待党的工作，尽力作出自己的贡献。他对在宁都会议上据理力争，不赞成把他调离红军指挥岗位的王稼祥说："算了吧，我们是少数，还是服从多数吧。"又对为他送别的周恩来表示："前方军事急需，何时电召便何时来。"

1932年10月宁都会议到1934年10月红军长征，毛泽东离开红军的指挥岗位两年，是他最为艰难的两年。1933年1月，因中央推行"左倾"路线，使白区地下党遭受严重破坏，中央在上海无法立足，就搬到了苏区，主持中央工作的博古这一年才25岁，受王明的赏识，在没有见到毛泽东之前就对他抱有很大成见。邓颖超去苏区时，博古就专门交代她对周恩来讲，要让毛泽东不要管军队的事，并且说这是王明的意见。博古到了苏区，更是以太上皇自居，大权独揽，更不敢让毛泽东对军队有染。这时候，有人提出让毛泽东去莫斯科养病，在那里的王明说："这么大人物，谁保险。"他们担心毛泽东去了莫斯科，接近共产国际，对他们不利。

后来毛泽东说起这段岁月："他们迷信国际路线，迷信打大城市，迷信外国的政治、军事、组织、文化的那一套政策。我们反对那一套过'左'的政策。我们有一些马克思主义，可是我们被孤立。我这个菩萨，过去还灵，后头就不灵了。他们把我这个菩萨扔到粪坑里，再拿出来，搞得臭得很。那时候，不但一个人也不上门，连一个鬼也不上门。我的任务是吃饭、睡觉和拉屎。还好，我的脑袋没有被砍掉。"

虽然遭受排挤打压，毛泽东还是做了三件事：

一是读书。1957年毛泽东和老红军曾志谈起这段往事："我没有吃过洋面包，没有去过苏联，也没有留学别的国家。我提出建立以井冈山根据地为中心的罗霄山脉中段红色政权，实行红色割据的论断，开展'十六字'诀的游击战和采取迂回打圈战术，一些吃洋面包的人不信任，认为山沟子里出不了马克思主义。1932年秋开始，我没有工作，就从漳州以及其他地方搜集来的书籍中，把有关马恩列斯的书通通找出来，不全不够的就向一些同志借。我就埋头读马列著作，差不多整天看；读了这本又看那本，有时还交替着看，扎扎实实下工夫，硬是读了两年书。后来写成的《矛盾论》、《实践论》，就是这两年读马列著作形成的。"二是抓经济。毛泽东在长汀养病4个月，被召回瑞金主持临时中央政府的工作。虽然出来工作是有条件的，要接受公开的教育，但毛泽东还是尽心做事，注重经济工作，保障支援前线。配合红军进行第四次、第五次反围剿。

三是危机时刻为红军突围找出路。第四次反围剿，指挥的是周恩来和朱德，他们按照毛泽东的打法，也击退了敌人的围剿。1933年下半年，蒋介石在德、意、美等军事顾问的策划下，采取堡垒和逐步推进的新战术，开始第五次围剿。这时红军指挥也出现了新情况，博古实际控制了军事指挥权，但他不懂军事，完全依靠共产国际派来的李德负责指挥作战。他们放弃前几次反围剿行之有效的积极防御方针，要"两个拳头打人"，进行"两条道路的决战"，"御敌于国门之外"，"不让敌人蹂躏一寸苏区"土地。

在反"围剿"期间，毛泽东曾两次提出军事建议。一次他曾找到最高"三人团"，向博古、李德、周恩来提出向湖南中部进军，以调动江西敌人到湖南而消灭之的建议，具体计划是：将红军主力集中于兴国方向突围，走井冈山南麓，越过罗霄山脉中段，迅速进入湖南境内，在这一地区消灭"围剿"之敌后，再返回江西南部、福建西部。后来，军史学家研究发现，这剑走偏锋的一招，是唯一可能打破第五次"围剿"的方针。还有一次，1933年11月，十九路军在福建反蒋，并派代表同红军谈判联合反蒋。毛泽东向中央建议：红军主力突进到以浙江为中心的苏浙皖赣地区去，纵横驰骋于杭州、苏州、南京、芜湖、南昌、福州之间，将战略防御转变为战略进攻，威胁敌人根本重地，向广大无堡垒地带寻求作战。用这种方法，就能迫使进攻江西南部福建西部地区之敌，返回援助其根本重地，粉碎其向江西根据地的进攻，并援助福建人民政府。建议也不被"三人团"采纳，孤立无援的十九路军被镇压，红军也错失一次打破围剿的机会。

1934年4月，广昌保卫战失败，苏区形势危机。毛泽东心急如焚，经周恩来批准，他带人去了苏区南部的会昌，指挥红七军的南线防御，并与进攻苏区南部的陈济棠进行联系，达成了一些默契。9月，根据地不保，敌人逼进瑞金，红军只有撤出根据地这一条路。但从哪里撤退并无方向，毛泽东又去赣南，亲自侦察了于都的情况，急电周恩来，说红军可从于都突围。红军就是按照毛泽东的指引从于都突围撤离根据地，开始长征。这是毛泽东为红军在南部开辟出来的一条通路。然而在于都，毛泽东却又劳累病倒，患恶性疟疾。

毛泽东为红军撤退打开了通道，博古圈定的撤退转移人员名单中却没有毛泽东。他要把毛泽东留下。周恩来据理力争，毛泽东才进入名单。瞿秋白就没有列入名单，被弃根据地，被敌人逮捕杀害。毛泽东提出带上瞿秋白，被拒绝。

莫要闹到鱼死网破

受王明、博古的排挤打压，毛泽东有过一段艰难的时间。但他没有消沉，能参加的会议，他都出席，还积极发言，批判"极左"路线。面对敌人围剿的严峻形势，他也建言建策，危机之时，还为红军突围开辟了通道，顾全大局，任劳任怨。毛泽东说:"有盐同咸，无盐同淡。"

做企业的人，应该从毛泽东这段经历受到启示。因为我们经常看到企业内部斗争水火不容，矛盾不断升级，非要你死我活，鱼死网破，两败俱伤。

创维的职业经理人事件就教训深刻。

1996年下半年，创维董事长黄宏生以年薪不低于50万元的报酬，引进了上广电集团副总经理兼销售部总经理陆强华。为此，黄宏生差不多是三顾茅庐。陆强华可谓是一个销售奇才，他在不到两年的时间内，使创维的销售额从7.8亿元，上升到了1997年的25亿元和1998年的32.4亿元。1998年，创维年产彩电200万台，进入国内彩电业四强。到了1999年，创维的销售额更是创纪录地达到了43.4亿元。

但是，2000年，黄陆之间的分歧终于爆发。背景是这一年价格战更为惨烈，全行业亏损，创维上半年亏损1.2亿元，销售大幅度下降。黄宏生认为陆强华的营销模式已经不能适应新的形势。8月2日，黄宏生决定将陆强华提任创维彩电中国区总经理，让杨东文接替他的中国区营销总经理一职。陆强华认为，创维彩电中国区总经理是临时安排的一个闲职，黄宏生是想用一个空位置把他"养"起来，拒绝上任。随后20多天里，黄宏生先后三次飞上海，与陆强华面谈，并请陆到香港长谈，但陆强华都没有被说服。9月，陆强华将他与创维的矛盾第一次在媒体上向外界公开。这意味着黄陆之间的谈判完全破裂。10月，陆强华正式向深圳市劳动争议仲裁委员会提起申诉，要求创维支付违约金、经济补偿金、分红等合计1037.38万元。11月，陆强华发布公开信，斥责创维的"小人文化"、"鬼点子文化"，同时宣布跳槽高路华，"从零做起，3年内击倒创维。"陆强华带走了创维内部150多名员工，其中包括11位大片区的总经理、40多个中层管理人员。

这样，陆强华与创维不只是在法庭上诉讼，在市场上也全面交锋。"黄陆之争"不仅仅是营销模式上的争论，而且关乎黄宏生对待职业经理人的态度，关乎创维的诚信问题。"黄陆之争"上升到职业经理人与老板关系的层面，并被称为"职业经理人第一案"。

输家首先是陆强华。他先输了官司，在高路华的职业生涯也不顺利，再次出走，后来在上海自主创业，图谋东山再起，但因过度劳累，2007年病逝在办公室里。

陆强华是一个营销人才，与老板之间有矛盾是自然的事情，当时双方的矛盾并不是无法调和，安排他担任的创维彩电中国区总经理也不是一个闲职，并且是提拔，当然营销这一块的巨大利益失去了。创维后来就聘请了椰树集团的总经理张学斌担任了创维彩电中国区总经理，工作非常出色有成就，后来担任创维集团董事长兼总裁，当然由于两人的性格不同，行为方式就会有差异。但陆强华如果当时退一步，担任创维彩电中国区总经理一职，即使不像张学斌这样工作出色，但也应该能找到新的机遇，在创维的发展中收获自己的利益。

但是，陆强华不但没有接受新的职位，还跳槽到竞争对手，并且不只是一个人跳槽，而是带一大批人跳槽，并公开将创维列为打击目标，还对创维发起法律诉讼，一定要憋一股劲，出一口恶气，打倒别人，证明自己，心态不平静，处事就极端，做事就不顺，越不顺越拧，不但失去钱财，而且身体受损，跌入一个背运的连环套。

有人评价，如果当年陆强华平静地离开创维，以当时的收入，不再去做什么事，也能优裕地度过一生。

23. 担架上的"三人团"

> 官场上有句话,没有永远的朋友,没有永远的敌人。商场上,也是这样,只有利益是永恒的。不论官场还是商场,要尽量多交朋友少树敌。化敌为友,争取到反对自己的人的支持,这是难以用阴谋来解释的,是胸怀,是大气和大度,是大志使然。

按照毛泽东的意见,红军从于都突围,撤离中央根据地。

长征开始后,毛泽东就与王稼祥和张闻天一起行军。因为三个人都是担架抬着的病号,当毛泽东要求三人同行时,也没有人多想什么。

这时,毛泽东已经积极介入军事。红军最初的意图是西进湘西与贺龙的红二、六军团会合。蒋介石判明红军的意图后,立刻部署重兵,企图将红军歼灭于湘江、漓水以东地区。毛泽东认为湘南地区党的群众基础较好,建议利用敌人调动空当进行反击,变被动为主动。彭德怀也提出了相同的建议。但是博古和李德消极避战,拒绝了毛泽东的建议,失去了一次良好战机。11月,红军从广西全州、兴安间抢渡湘江,蒋介石在这里布置重兵,战斗异常激烈。红军虽然突破了敌人的封锁,渡过湘江,但却付出了惨重代价,红军由出发时的近9万人,锐减到3万人。这是红军成立以来损失最重的战斗。

为什么以前四次反围剿红军都胜利,现在却接连失利?部队中对博古和李德的怀疑、不满和要求改变军事领导和指挥的情绪达到了顶点。一起行军的毛泽东、王稼祥、张闻天,一路走,一路讨论五次反围剿的情况,毛泽东把自己的想法讲给他们听,分析失败的原因,三人达成了共识。

王稼祥曾经和王明一样,是一位教条主义者。中共早期有一个"二十八个半布尔什维克"的故事,这一说法是中山大学学生余笃叁为了挖苦王明及其追随者而提出的,因为王明一直自称为"真正的布尔什维克"。当时,王稼祥就是这所谓"二十八个半布尔什维克"中的一个。因此,他以中央代表团成员身份被派到苏区来执行王明路线,反对毛泽东的路线。但是,到苏区一段时间之后,他的思想发生了转变,认为毛泽东的路线是正确的。1932年的宁都会议上,王稼祥就站到了毛泽东一边。王稼祥发言说:"众所周知,我也是四中全会后由中央派来苏区的,我对中央指示也一直是服从和执行的。但是我从几次反'围剿'的胜利中,以及从攻打赣州的教训中,逐步认识到毛泽东同志的思想主张,是符合红军和苏区实际情况的,他提出的战略思想和战术原则,已经被实践证明为行之有效的东西。他的指挥决策也一再被证明是正确的。红军和苏区之所以有今天这样的局面,是与毛泽东同志的正确领导分不开的。因此,我认为毛泽东同志仍然应该留在前线,继续指挥红军作战。即将开始的第四次反'围剿',正需要毛泽东这样的指挥者与领导人。总之,我的意见是:大敌当前,不可易将;指挥重任,非他莫属!"王稼祥又说:"众所周知,我与毛泽东同志并非故交,相识不久,倒是与王明、博古等同志是老同学、老同事甚至同乡,我不赞成王明等同志的做法,反而支持毛泽东同志的主张,相信不会被人认为是搞什么'小团体'或'宗派主义'。因此我请大家撇开个人意气和人事纠纷,郑重考虑我的意见。"

张闻天是临时中央核心人员。他是中共中央一支笔,曾写过一篇《争取中国革命在一省与数省的首先胜利中中国共产党内机会主义动摇》的文章,批评毛泽东的右倾机会主义。当时张闻天并不认识毛泽东,1933年张闻天被派到苏区主持苏区政府工作,意在一箭双雕,既把他从中央排挤出去,又进一步把毛泽东排挤出苏区政府的实际领导。在张闻天到政府就职的命令正式发表后,毛泽东同他作了几次长谈。一起工作后,两人互相接触越来越多,互相了解也越来越深。福建事变、广昌战役后,由于在重大问题上的矛盾,博古开始排斥张闻天，张闻天的权力逐渐被削弱，长征前夕的一切准备工作，均由李德、博古决定，张闻天未参与决策，只是依照通知行事。在长征出发以前，博古、李德要把张闻天等中央领导同志一律分散到各军团去，虽因毛泽东的提议没有分散，但张闻天当时感到自己已经处于无权的地位，心里很不满意。张闻天将自己的这些不满意完全向毛泽东"坦白"了。只有对自己充分信任的人，才会毫无保留。这时张闻天已把毛泽东看成完全可以依赖的卓越领导人了。

湘江之战后，毛泽东向中央政治局提出，部队要改变原有计划，改变战略方向。向敌人最薄弱的贵州去，一定不能再往北了。这时博古和李德因湘江失败而垂头丧气，红军指挥任务转给了周恩来。周恩来同意毛泽东的意见，在通道城举行了临时紧急会议，李德仍反对毛泽东的意见，坚持原来计划，毛泽东力陈，敌人在前面已经布下重兵，张网以待，继续原来的计划，红军非常危险。王稼祥和张闻天都在会上支持了毛泽东。博古也不再坚持原来的意见，李德因意见被否决提前退场。会议根据多数人意见通过了毛泽东西进贵州的主张。一直到了贵州黎平，李德还是坚持自己的主张，反对进军贵州。王稼祥和张闻天仍然支持毛泽东。会议决定，关于作战方针和方案，军委必须在政治局会议上作报告，实际上是取消了李德的军事指挥权。

长征开始后，李德曾找来王稼祥、张闻天，说："你们两人都是从苏联回来，必须齐心协力，中国革命需要你们齐心协力。"但此时这二人对他已不屑一顾，他们甚至开始公开地与毛泽东一起活动。当时，红军中有最高"三人团"，即李德、博古、周恩来，起着主要的领导作用。这时，却形成了另一个"三人团"——毛泽东、王稼祥、张闻天。

进入贵州后，红军接连打了几个胜仗，部队也缴获颇多，换了新军装，得到了休整，一扫撤出根据地后的低落士气。此时，王稼祥向毛泽东提出召开中共中央政治局扩大会议，将博古和李德赶下台的意见。毛泽东赞成，建议他先同张闻天通通气，张闻天也同意。王稼祥又去征求朱德和周恩来的意见，也都获得了他们的支持。

争取到反对自己的人的支持

在企业场上，TCL集团董事长李东生就是化敌为友的高手。

蒋志基是TCL通讯设备有限公司的外方开创人，他提供了第一套电话机模具，并占股30%，负责技术产品信息的提供，负责国外市场的销售。由于从样品到零件到销售都是蒋志基控制，TCL发现他赚的钱远远要多得多。1985年初，李东生被公司派驻香港，借蒋志基的公司出现了官司纠纷财务被冻结的机会，成立香港公司，采购、财务、销售等方面都逐步独立，触及了蒋志基的利益。1985年下半年，李东生担任TCL通讯设备公司总经理，对蒋志基的提防心理仍然很重，总担心会被骗，怕外商把钱都拿走了，处处设防。争执激烈的时候，蒋志基就到惠州市领导那里告李东生的状，说没法合作。

李东生和蒋志基打交道9个多月，闹得不是很愉快。1986年初，李东生离开TCL去惠州市工业发展总公司当引进部长，双方没有业务和利益的关系，关系反而融洽起来。李东生这段时间经常去香港，经常与蒋碰面，吃吃饭、喝喝酒，交流之下，彼此就有了更加进一步的认识。李东生也检讨自己经验不足，蒋志基也说有些事情没有做好，也有责任。双方恢复了信任和关系。

蒋志基是广东新会沙堆人，是早期的闯港者。在与TCL合作电话机业务的时候，他还只有一个贸易公司，实力也不是很大，再加上他是做销售出身的，大家就把他看做是一个生意人，不认为他做实业能够成功。1988年，蒋志基开始做CD音响，是非常高科技的产品，有人认为他完全不懂技术和产品，没有几个人认为他能做成功。但他是一个比较豪爽的人，做事决断，想好了就做，不行就马上改，动作很快，结果就让他做成了，做得很有竞争力，做得很大，成为一个成功的实业家。

做CD音响的时候，蒋志基就对李东生说，这个东西在国内是可以卖的。李东生就和中电还有北京的一家销售公司成立了通力，在国内销售家庭音响。从工业总公司回到电子总公司，李东生就把这个公司带过来了。蒋志基当时就在惠州建立了生产基地,生产音响和CD,用于出口,通力就是从他的惠州的公司拿了产品在国内销售。当时国内对外资企业在国内产品的销售是有限制的,并且国内市场与国外市场不同,也不好做,在国内做销售成功的外资企业基本没有。通力帮助蒋志基做国内市场,是优势互补,互惠互利。

1992年,电子工业总公司进行重组,分成通讯、电子、房地产三个公司,李东生担任电子公司的总经理。这是他再一次担任总经理的位置,仍然压力很大。1993年上马大屏幕彩电,成立王牌视听电子有限公司,合资公司只有2000万元资金,杯水车薪。中方资金困难,无法增加注册资本。蒋志基对李东生说:"你们出面把生意做大,我多出钱!"一下子就借给合资公司6000万元,而且公司日常经营管理完全交给李东生去做。蒋志基是董事长,李东生派人拿文件给他,他连看都不看就签字。有人开玩笑说:"你不怕李先生把你卖了?"他说,"如果不是能信任的朋友,就不会这样合作,我相信朋友。"

正是这样的合作,李东生放弃了自建彩电生产线的想法,全部委托蒋志基的长城公司加工彩电,也就省下了巨额的生产线建设投资。一般情况下都是中国企业为外资企业代工加工产品,而TCL彩电正好相反,是外资企业为中国企业代工加工产品。

长城公司凭借代工经验,还为TCL提供了适应市场需要的彩电产品。他们代工的产品多是二线品牌的产品,对性价比要求很高。松下和索尼卖100块,他代工的产品只能卖90块,而订单就要80块交出来。80块钱如何能做出100块钱的产品?就要在保证基本指标的要求下,尽量省成本,走优化设计的模式,而且要做到极致。也就是说,他代工的产品价格更低,也为TCL低价进入市场竞争创造了条件。同样是大屏幕,TCL彩电价格大概是日本品牌的60%~70%,把一些用不上的功能给去掉了。日本产品设计的是面对全球市场的,就有一个基本线路,它不管这个功能在中国用不用,都按一种标准生产,它的成本就比较高,能够适应不同的市场。而TCL只是针对中国市场来设计的,里面的线路板要比日本企业的线路板少很多,成本也就减少不少。

蒋志基在惠州建立了生产基地,不但做出口产品的加工,还为TCL电子公司代工音响和彩电，业务迅速做大，1994年香港长城公司在香港上市。到了1996年，蒋志基在惠州的投资超过10亿元，其中固定资产投资超过6亿元，是惠州投资最大的外商。

借助蒋志基制造的力量，TCL也节省了生产线的巨额投资，集中力量做市场和品牌，TCL王牌彩电也很快进入市场前三位。

24. 遵义会议

> 遵义会议是一场夺权，是一次政变。精彩之处，它是用多数服从少数完成的，没有流血冲突，策略、时机都恰到好处，实现了革命的转折。

1935年1月初，中央红军全部渡过乌江，7日解放黔北重镇遵义，9日军委纵队进入遵义城。毛泽东和王稼祥等向中央提出立即召开政治局扩大会议。王稼祥和张闻天通知博古在会议上作关于第五次反围剿的总结报告，通知周恩来作军事问题的副报告。毛泽东等也认真准备发言。经过共同讨论，由张闻天写出一个反对"左倾"教条主义军事路线的报告提纲。毛泽东过去都是即席发言，这次也写出一个详细的发言提纲。博古意识到这次会议必有一场争论，事前进行活动，想拉拢一些人。博古的亲信凯丰去拉拢聂荣臻，被拒绝。

1935年1月15日至17日，中共中央在遵义城红军总司令部召开了政治局扩大会议。

出席这次会议的有20人。他们是政治局委员博古、周恩来、张闻天、毛泽东、朱德、陈云，政治局候补委员王稼祥、邓发、凯丰、刘少奇，红军总部和各军团负责人刘伯承、李富春、林彪、聂荣臻、彭德怀、杨尚昆、李卓然，中央秘书长邓小平、军事顾问李德和翻译伍修权也列席会议。

会议的主要议题是总结第五次反"围剿"的经验教训。首先，由博古作关于第五次反"围剿"的总结报告，他在报告中极力为"左倾"冒险主义错误辩护，主讲客观因素，不讲主观问题。接着，周恩来作了副报告，主要分析了第五次反"围剿"和长征中战略战术及军事指挥上的错误，并作了自我批评，主动承担了责任。毛泽东在会上作了重要发言，着重批判了第五次反"围剿"和长征以来博古、李德在军事指挥上的错误，以及博古在总结报告中为第五次反"围剿"失败辩护的错误观点。他指出：导致第五次反"围剿"失败和大转移严重损失的原因，主要是军事上的单纯防御路线，表现为进攻时的冒险主义，防御时的保守主义，突围时的逃跑主义。他以前几次反"围剿"在敌强我弱情况下取得胜利的事实，批驳了博古用敌强我弱等客观原因来为失败作辩护的借口。同时比较系统地阐述了适合中国革命战争特点的战略战术和今后军事行动的方向。张闻天、王稼祥、朱德、刘少奇等多数同志在会上发言，支持毛泽东的正确意见。

会议经过激烈的争论，在统一思想的基础上，委托张闻天起草了《中共中央关于对敌人五次"围剿"的总结决议》，并由常委审查通过。决议肯定了毛泽东关于红军作战的基本原则，否定了博古关于第五次反"围剿"的总结报告，提出了中国共产党的中心任务是战胜川、滇、黔的敌军，在那里建立新的革命根据地。会议决定改组中央领导机构，增选毛泽东为政治局常委，取消博古、李德的最高军事指挥权，仍由中央军委主要负责人周恩来、朱德指挥军事。会后，常委进行分工：由张闻天代替博古负总责，毛泽东、周恩来负责军事。在行军途中，又成立了由毛泽东、周恩来、王稼祥组成的三人军事指挥小组，负责长征中的军事指挥工作。至此，遵义会议以后的中央组织整顿工作大体完成。

遵义会议是中国共产党历史上的一次重要会议。它结束了王明"左倾"冒险主义在党中央的统治，确立了以毛泽东为核心的新的党中央的正确领导和毛泽东在红军和党中央的领导地位。挽救了党，挽救了红军，挽救了中国革命，是中国共产党生死攸关的转折点。使红军在极端危险的境地得以保存下来，胜利地完成长征，开创了抗日战争的新局面。它证明中国共产党完全具有独立自主解决自己内部复杂问题的能力，是中国共产党从幼年走向成熟的标志。

危机之中敢担当

遵义会议是毛泽东、王稼祥、张闻天的"三人团"，推翻了李德、博古、周恩来的"三人团"。现在，大家对某一个领导有意见，要推翻他，就说："让我们开一次遵义会议。"

毛泽东策动这次"政变"是正义的行为。首先，是王明、博古等人剥夺了毛泽东在红军和苏区地位与权力。毛泽东只是把被别人拿走的权力再拿回来。最主要的，毛泽东的行为顺乎人心。此时，王明"左倾"错误统治全党已达4年之久，给党和红军造成了极其严重的损失。还在中央苏区时，许多干部就对中央主要领导人在军事指挥上的错误产生怀疑和不满，一些军团指挥员在作战电报、报告中提出批评意见，有些同志甚至同李德发生激烈的争论。毛泽东等也多次提出自己的正确主张，但都没有被接受。长征开始后，随着红军作战多次失利，特别是湘江战役的惨重损失，使这种不满情绪达到顶点。党和红军的许多领导人和广大干部战士，从革命战争正反两方面的经验教训中认识到，第五次反"围剿"的失败和红军战略转移中遭受的挫折，是排斥了以毛泽东为代表的正确领导、贯彻执行错误的军事指导方针的结果，强烈要求改换领导，改变军事路线。还有，此时的红军已经处于全军覆灭的危险，博古、李德已经毫无招数，其他人也是一筹莫展，大家都认为，只有毛泽东能够挽救红军、挽救党、挽救中国革命。

毛泽东这时候回到领导岗位，是一种巨大的历史担当。

企业的"遵义会议"也多发生在危机关口，掌权的领导人也必须能够担当。

2012年5月25日，格力电器召开董事会，会议全票选举通过董明珠担任格力电器董事长并续聘为公司总裁。而在此之前，由珠海国资委空降到格力集团担任党委书记、总裁的周少强，没有当上格力电器的董事。

格力电器的董事会，就是一次"遵义会议"。这次会议如何合纵连横的内幕没有透露出来，但是以往的历史背景却让人看到斗争的刀光剑影。

　　珠海有两家"格力"：格力集团和格力电器。一下子把此格力彼格力说清楚还有些困难。它是一家企业，格力集团包括格力电器，格力电器算是格力集团的子公司。但是它们又是两家企业，格力集团是珠海国资委的公司，格力电器是一家上市公司。形象的说法，格力集团和格力电器是父子公司。但这样说又感觉不太合适。因为格力电器规模上要比格力集团大得多。格力集团如果没了格力电器，也就什么也没有了。格力电器在外界的名声很大，大家都知道格力电器，很少人知道格力集团。如此，这种关系弄得就不太协调，不太和谐。

　　从2003年起两个格力就格斗不断，上市公司和控股股东的"内讧"，演变成媒体所说的"父子之争"。格力"父子"之争占据上风的是格力电器。下属公司能与上级公司缠斗并取得胜利，在中国实属罕见。在一般情况下，上级公司一纸命令就把下属公司的领导免职，委派信任的人去接班，自己的意志就得以贯彻实现。但是对格力电器，格力集团还无法这样做。格力电器是上市公司，上市公司有规则。特别是格力电器有个"朱董配"的班子很强势。

　　1988年，朱江洪从广西回到故乡珠海，进入当时的特区工业发展总公司，担任下属的冠雄塑胶工业总公司总经理，后兼任海利空调器厂厂长。1989年，冠雄赢利70多万元，1990年赢利400多万元。朱江洪展示了自己的能力。

　　1990年，36岁的董明珠辞掉南京的工作南下广东打工，应聘进了珠海海利当上了业务员。凭借坚毅和"难缠"，连续40天追回前任留下的42万元债款，令朱江洪刮目相看。那年她的销售额为1600万元。随后她被调往几乎没有一丝市场缝隙的南京，那里是当时中国空调老大春兰的天下。但一年内董明珠销售额达到3650万元。

　　1992年，朱江洪带着两个副手一起设计出了现在使用的"格力"商标，被格力集团采纳，海利正式更名为格力，朱江洪出任总经理。格力当时只有一条落后10年的窗机生产线，年产量不超过2万台窗机。次年，格力奇迹般地以年产2万台的生产线做出了12万台空调机。

　　1994年，正当南京市场蒸蒸日上之时，格力内部出现了一次严重危机，部分骨干业务员突然集体辞职。董明珠经受住了外界诱惑的考验，坚持留在格力，被全票推选为公司经营部部长，受命于危难之时。1996年，春兰空调是国内第一家产销量超过100万台的空调企业。空调业夏凉血拼，在春兰的鼻子底下，董明珠宁可让出市场也不降价，她带领23名业务员奋力迎战国内一些厂家成百上千人的营销队伍。她拿出亿元老派利润的29%按销售额比例补贴给每一个经销商，促使该年格力销售额增长170%，首次超过春兰在南京的销量。

1997年，经过生产线的扩充和营销政策的成功调整，格力终于超过春兰，空调销售量、销售额、市场占有率跃居全国第一。此后更是不断跃进，创造中国家电产业的奇迹。

2001年，董明珠担任格力电器总裁，朱江洪任董事长。在家电圈有这样一个说法，"遇到董明珠是朱江洪的福气，遇到朱江洪是董明珠的运气。"两人的默契配合促成了格力今日的地位。2011年格力电器年销售收入为800多亿，是国内最大的空调企业。

2012年5月5日，格力电器发布公告称，公司第八届董事会自2009年至今已满三年，董事会需进行换届选举。人们注意到，在候选人名单中，少了朱江洪，多了一个周少强。周少强此前担任珠海市国资委副主任，从5月开始空降担任珠海格力集团党委书记、总裁。

5月25日，格力电器股东大会如期召开。朱江洪也坐在主席台上。有股东询问周少强此前从未曾涉足空调行业，对技术也不了解，能不能担当大任。朱江洪坦承这也是他的担心所在，并说周少强的任命，国资委并没有听取过他的意见。

格力电器的销售额占珠海GDP的一半，总裁任命不与董事长交换意见，当然不寻常。另外，朱江洪这时还担任格力集团的董事长。从这层关系，国资委走程序也应该争取朱江洪的意见。显然，"父子之争"已经超越了格力电器和格力集团的层面，已经上升到政府国资委更高一级。

格力电器股东大会上出现"意外一幕"，由格力电器大股东格力集团及其背后的珠海市国资委推荐的董事候选人周少强，遭到机构以及中小股东的反对，提名被否决。董明珠担任格力电器董事长兼总裁。

中国企业，即使是上市公司，能够否决国资委任命官员实属罕见。以上只是事情经过的显像白描，背后经历了哪些惊心动魄的故事和明争暗斗，就只有靠大家去想象了。背后的故事肯定比事实的呈现精彩得多。

这个过程股东们的选择是这样的：（一）董明珠是实践证明能够创造业绩的领导人；（二）空降兵周少强情况并不能确定，但是众多事实证明，格力集团和国资委并不能保证格力电器进一步成长，甚至是走向反面。因此就推翻国资委的人选，选举董明珠担当大任。

董明珠不但要担当冒犯政府国资委的风险，还要向股东保证：2012年销售额要实现1000亿元，5年内实现销售收入2000亿元。2012年，格力实现营业收入1000.84亿元，同比增长19.84%；净利润73.78亿元，同比增长40.88%。

25. 朱毛不分家

> 朱毛是一体的关系，也是同盟的关系。这种关系是战火淬炼而成。当然即使是一体和同盟，也有矛盾冲突的时候，但越冲突，关系越牢固。企业和企业家也都需要同盟者，关键时刻互相支持。同盟有天然关系，更需要精心维护。

"那时争取到周恩来的支持很重要，如果周恩来不同意，遵义会议是开不起来的。"毛泽东这样说。

周恩来也是从中央派到苏区的。他曾经领导过上海工人武装暴动，也领导过南昌起义，在上海又负责特科工作，对武装斗争的残酷性有深刻体会。但他也与毛泽东有过分歧，1930年的"二月来信"就是由周恩来亲自起草，要求红军分散，朱毛到莫斯科学习。到苏区后，他也是王明中央路线的代表。到中央苏区后，他逐步认识到毛泽东的主张与战略战术原则的正确，并从实践中学到了毛泽东创造的适合中国国内战争实际的灵活机动的战略战术原则等军事思想。在毛泽东已经被排挤出根据地党和红军的领导岗位的情况下，周恩来仍坚持毛泽东的军事思想，与朱德等灵活运用毛泽东在第一、二、三次反"围剿"中克敌制胜的战略战术原则，使第四次反"围剿"取得辉煌的胜利，使根据地和红军得到进一步发展。周恩来原则性很强，虽然也支持毛泽东，但不会与中央决裂。周恩来起到了两方面斗争的缓冲作用。中央红军在突破敌人第四道封锁线的湘江战役中，兵力损失过半。周恩来开始对李德、博古执行的"左倾"军事路线怀疑、抵制和批评。1934年12月的通道会议上,他就站到了毛泽东一边。尽管李德、博古坚决反对,但政治局多数同志从全局出发,同意了毛泽东西入贵州的正确主张。周恩来的这一行动,举足轻重。一是使"左倾""三人团"开始分裂,中央政治局趋于团结;二是凭他在党和红军中的地位和威望,也影响到政治局其他同志转向毛泽东方面,甚至使博古也不得不同意西入贵州;三是开始纠正"左倾""三人团"处理一切的不正常状况,恢复中央政治局对红军的领导权和指挥权。接下来的黎平会议召开,主持会议的周恩来坚定地、旗帜鲜明地和李德进行了尖锐的争论,采纳了毛泽东关于转变战略方针的主张。从此,毛泽东又开始参与对红军的领导工作。李德在《中国纪事》中也说:"毛泽东的建议,不仅得到洛甫和王稼祥的支持,而且得到当时就准备转向'中央三人小组'一边的周恩来的支持;因此,毛的建议被通过了。"黎平会议是中央红军在长征中战略转变的开始,长征改道就是从通道会议开始酝酿,而由黎平会议作出最后决定的。"遵义政治局扩大会议的召集,是基于湘南及通道的各种争论而由黎平政治局会议所决定的。"遵义会议是党的历史上生死攸关的转折点,而黎平会议则是"转折点"前的里程碑,周恩来是这一里程碑的奠基者。

在同中央错误路线的斗争中,坚定地站在毛泽东一边的是朱德。毛泽东受到了多次排挤打压,但朱德一直是红军总司令。关键时刻,朱德都支持毛泽东。而毛泽东对待朱德的态度也非常特殊。毛泽东说:"朱毛不分家。"朱毛也不是铁打的一块,也不是没有分歧矛盾,甚至还发生过冲突,但毛泽东对朱德总是一种尊敬的态度。

毛泽东上井冈山后,就派人去寻找南昌起义部队的下落,介绍秋收起义部队在井冈山的情况,朱德就表示上山与毛泽东会合。但朱德走到半路就停下来,在湘南举行暴动,要在湘南建立根据地。如果朱德在湘南立得住脚,也不可能去井冈山与毛泽东会师。正如毛泽东所料,湖南敌人太强大,湘南暴动很快就被剿灭。毛泽东亲自下山去迎接,这才有了朱毛红军井冈山会师。朱德湘南暴动也得到了中央的批准，因为中央当时反对毛泽东"逃窜"在井冈山落草为寇，不可能支持朱德去井冈山。中央撤销毛泽东中央候补委员而不是开除党籍的处分就是朱德上山后更正的，他们在湘南就看到了中央的处分决定。

1928年4月，朱毛红军在井冈山时，朱德南昌起义的部队2000余人，湖南红军8000余人，毛泽东所部1600人。红军队伍壮大了，但朱德带领的人的数量是毛泽东的几倍。

也许是这种原因，朱德对井冈山的割据决心并不坚定，这才有了"八月失败"。正如谭震林所说，29团从井冈山去湘南遭到覆灭不完全是特派员杜修经的责任，朱德不能全力阻止，也有责任。29团失败，朱德带28团也没有立即返回井冈山，而是去了桂东，毛泽东不得不离开井冈山带主力下山迎接，使得井冈山兵力空虚，根据地遭受惨重破坏。毛泽东下山后没有一句责备的话，反过来还安慰朱德、陈毅。毛泽东说："打仗就如下棋，下错一着马上就得输，取得教训就行了。"

对红军的军政领导，朱毛之间也有矛盾。1929年初，刘安恭被中央委派任红四军临时军委书记兼政治部主任。他以"中央代表"自居，夸夸其谈，搬用苏联红军的首长负责制，主张"长官说了算"、"司令部对外"、"政治部对内"，前委只讨论行动问题，不管军事问题，限制党对军队的领导。他指责前委"管得太多"、"权力过于集中"，是"书记专政"、"家长制"。刘安恭引发了红四军党内关于建军原则的一场争论，让毛泽东前委书记的工作难以继续。毛泽东在上杭白砂前委扩大会议上一度以书面辞职，可见争论之激烈。6月22日，红四军第七次党代表大会在龙岩召开，否定了毛泽东提出的党对红军领导必须实行民主集中制和必须反对不要根据地的流寇思想的正确主张，甚至给予毛泽东党内"严重警告"处分。在这次会上，毛泽东落选前委书记，陈毅当选前委书记。

毛泽东在会上最后发言：现在还是要根据我们历来的实际斗争的经验，加强政治领导，加强党对红军的领导，军队要做群众工作，要打仗，要筹款。至于会议对我个人有许多批评，我现在不辩，如果有好处，我会考虑，不正确的，将来自然会证明他这个不正确。会后，毛泽东被迫离开红四军的主要领导岗位，到闽西特委指导地方工作。

9月，红四军第八次代表大会召开，会前很多政治工作干部要求毛泽东复职，前委致信毛泽东要他出席大会。毛泽东坚持不分清是非，不回红四军前委。毛泽东回信说：我平生精密考察事情，严正督促工作，这是陈毅主义的眼中之钉。陈毅要我做"八边美人四方面讨好"我办不到，反对敷衍调和、模棱两可。回信送到上杭，前委又给毛泽东党内警告。当时陈毅去了上海，朱德主持前委工作。毛泽东只好让人用担架抬着去参加会议，看到毛泽东确实病情严重，就让他继续养病。

"八大"开了三天，争论了三天，什么事情也没决定。有人就给中央写信，反映红四军极端民主化问题，认为红四军无法解决自己的争论，要由中央决断。中央分析了各方面的情况，写了"九月来信"，决定毛泽东"应仍为前委书记"，陈毅调鄂豫皖根据地。陈毅表示，他要回红四军，把毛泽东请回来。

第八次代表大会之后，中央又要求中央红军去广东开辟根据地，毛泽东坐着担架再去劝阻，不能成功，结果红四军在广东又伤亡三分之一，刘安恭也在战斗中牺牲。朱德这时意识到红军确实离不开毛泽东，也回到福建请毛泽东回红四军。

11月底，毛泽东回到红四军前委，他向朱德、陈毅表示接受中央"九月来信"。他检讨了自己的工作方式，说八大时身体不好，情绪不佳，写了一些伤感情的话。相互间的矛盾和隔阂就消除了。半年后，中央特派员涂振农到苏区，毛泽东和朱德分别谈了这次争论的经过，并作了自我批评。涂振农给中央写了报告："根据我在那里的观察，确实都从行动上改正过来了。朱德同志很坦白地表示，他对中央的指示，无条件接受。他承认过去的争论，他是错的。毛泽东同志也承认了工作方式和态度的不对，并且找出了错误的原因。过去军政关系不甚好，是做政治的和做军事的人对立了，缺乏积极的政治领导精神。""虽有不同意见,但没派别组织。"

这次争论之后,朱毛更紧密地团结在了一起。

不过从涂振农的报告可以看出,前面虽然是刘安恭,后面实际上是朱德,两人是同学,私交甚好。在当时的情况下,军政矛盾也是必然。毛泽东虽然是党的领导人,但实际上掌握军事指挥权。但事实证明毛泽东的军事指挥能力远在朱德之上,但毛泽东不可能代替朱德担任总司令,接受这种现实,朱德也要有一个过程,朱毛不分家,红军才能打胜仗。

朱德在遵义会议支持毛泽东也是必然。

企业结盟才能做大做强

任何组织,即使是军队,渊源不同,也有"山头","山头"对立,力量就抵消,"山头"联盟,进而结为一体,势力就壮大。朱毛两支军队的会合,就使红军力量壮大。两支军队的会师,首先是两支军队领导人结合。

当然,朱毛结盟一体,也有其天然性。他们都是起义部队,朱德是南昌起义,毛泽东是秋收起义。军队就同样面临战场的问题,想的事情也一样,不像中央和苏区与红军的关系,中央根本不了解苏区和红军的实际情况,想的问题也不一样,方法也不一样。朱毛部队在起义后都处于失利的困境,毛泽东在井冈山找到了摆脱困境的道路和方法,这是朱毛会合的原因。而朱毛两人的不同,也让他们形成了互补,形成一加一大于二的结果。朱德是正规军人,毛泽东是文化人,也算是一武一文,相得益彰。但实际上毛泽东军事能力很强,高出一筹,然而一直拥戴朱德为总司令,就形成了毛泽东实际核心的军队领导,而理论就是党对军队的领导,党指挥枪。

企业发展的道理也是这样,各个企业的联盟合作,优势互补,资源互补,就能让企业做大做强。

华为在深圳创业的时候,是代理国外的程控交换机在国内销售,然后想自己制造程控交换机在国内销售。当时的困难不只是制造技术,还有市场垄断。

当时，中国程控交换机市场正在启动和普及期，需求量巨大，国外公司都纷纷伸进手来，西门子、爱立信、摩托罗拉等国际大通讯公司都进入中国市场，由于每个公司制式不同，中国的电信市场就称作"七国八制"。国内企业，一下子冒出很多，都来抢食这块蛋糕，经过竞争四家企业形成规模，叫巨（巨龙）大（大唐）中（中兴）华（华为）。这四家企业中，其他三家都是国有大企业，有电信等背景，只有华为是民营企业，不但势力弱，也没有背景。

华为为什么能将国外品牌驱逐出中国市场，并在国内企业中后来居上？结盟电信是华为突破崛起的重要一步。在华为发展史上，华为与各地邮电部门合资成立销售公司功不可没，合资公司不仅解决了华为快速发展时期的资金瓶颈问题，而且为其产品销售提供了巨大支持。

1993年，华为就与各地邮电部门合资成立了默贝克电源公司，各地邮电部门自愿入股，没有任何股份限制。1997年之前，默贝克公司在全国共有18个省的电信局股东。

1998年，华为先与铁通成立北方华为，又与各地电信管理局、政府，以共负盈亏、共担风险为原则，分别成立沈阳华为、河北华为、山东华为、四川华为、北京华为、天津华为、安徽华为、上海华为等合资公司，共计27个合资公司，遍布全国。

关于成立合资公司的目的，华为对内部的解释是："通过建立利益共同体，达到巩固市场，占领市场之目的；利益关系替代买卖关系；以企业经营方式替代办事处直销方式；利用排他性，阻击竞争对手进入。"但是，有华为员工说，华为想方设法在全国范围内大规模地与各地电信部门的直属企业——各地的电信运营商洽谈成立合资公司，并大量吸纳邮电系统员工入股，目的是为了缓解资金的紧张压力和巩固已有的市场。

这些合资公司自诞生起就是个空壳——和通常意义的合资企业使命迥异，华为产品，特别是有的产品放到这些所谓的合资公司，这些合资公司仅仅是销售代理公司。内部人员说，虽然分布在各地的华为公司都是与当地运营商和政府共同投资成立的合资公司，但是，刚开始的时候，当地运营商和政府主要是靠"当地的资源优势"入股。

在华为的《合资企业工作指导书》中,对合资企业要解决的功能做了如下描述:"合资企业要解决在当地解决贷款和融资问题。合资公司注册以后,要把自己的注册资金,存到有可能提供贷款的银行,并抓紧解决贷款问题,必要时,可以向两家心目中的银行存、贷,争取合资对象由华为母公司担保。"

除了有政府背景的合资公司外,华为还通过合资公司,采取在各省市成立邮电职工持股会、邮电工会等多种形式,吸纳邮电干部职工入股,给予丰厚的红利,并随华为股票一同上市,先后有100多家地方邮电部门的职工成为华为电气公司的股东。

26. 会打仗的林彪

> 毫不讳言，企业家也应该栽培自己的亲信，什么时候都支持你，患难时候更支持你。什么样的人可以成为亲信？一是忠诚，二是能力强。只有忠诚，没有能力，虽然可亲，但未必可信，因为他不能做事。只有能力，没有忠诚，就既不可亲，也不可信，反而要提防，因为能力强的人，破坏能力和作用也大。

参加遵义会议的还有林彪。这时的林彪已经是毛泽东的铁杆。第五次反"围剿"以来，林彪就多次上书中央，要求按照毛泽东以前的战法打，这让博古和李德很不爽，但打仗还要靠林彪做主力，也无可奈何。列席会议的林彪坚决支持毛泽东出来掌舵。

毛泽东和林彪可算得上"一见钟情"。朱德的部队会师井冈山进行整编，毛泽东突然提出提拔连长林彪担任28团一营营长。虽然有点意外，朱德、陈毅也不好驳毛泽东的面子。命令公布后，毛泽东就去视察部队，刚刚上任营长的林彪立即将部队集合起来，把军容整理一新，列队在那里迎候。毛泽东快要到时，远远地看见一支军容整齐的部队正在听一个娃娃似的军官讲话。毛没有立即近前，而是站在远处观看，部队的精神面貌和这个娃娃的讲话，使得跟泥腿子农民打惯交道的毛委员耳目一新，毛泽东秋收起义后带上山的部队，与其说是部队，不如说是刚放下锄头的农民，毛泽东心里认定今后闹革命必须得有一支这样的部队。

毛泽东喜欢林彪，大家举出很多原因。林彪是湖北黄冈人，其两位堂兄林育南、林育英（张浩）都是中共早期资深党员，据此林彪占了根红；十几岁进了黄埔军校，不像朱德、刘伯承、彭德怀、贺龙、叶剑英等在旧军队里呆过，据此林彪占了苗正；加上林彪不属周恩来、邓小平、陈毅、聂荣臻、李富春们留法派，亦不属王明、博古、李立三、张闻天等留苏派，他是土生土长的本土将领，据此林彪又暗合了毛泽东的身份，毛历来瞧不起留洋派。

　　查看一下也真是，林彪黄埔出来后，先是排长，接着连长、营长、团长、军长，长征后是军团长，中间缺任过师长，抗日时还给补上了，解放战争时是四野司令员，新中国成立后任国防部长，林彪从来不知道副职是个啥滋味。

　　据说，林彪从团长升军长时，朱德有点不太同意，毛泽东力排众议，把林推上军长位置，这对林彪至关重要。在军队里，团长跟军长绝对不是一个概念。前者说起来也是个官儿，但是紧要关头你团长也得往上冲，也就是说你这个官儿离生死搏杀的前沿很近。而军长就大不一样，他是调动指挥部队的，军长的位置离前线不能太近。如果说战争是一盘棋，那么团长只是一颗棋子，而军长则是弈者。

　　毛泽东为什么第一眼就看上林彪，其实没有那么复杂，就是人生阅历。毛泽东需要的林彪要有两点：一是能力强，会打仗；二是忠诚、可靠。

　　林彪会打仗是没说的。逢战林彪必是主力，攻必克，战必胜。林彪打仗最大的特点是，不硬拼猛冲，而是靠智谋，不吃亏，以很小的代价打胜仗。五次反"围剿"中骁勇善战，屡建战功。林彪、彭德怀、黄公略并称红军三杰。黄英年早逝后，愈发显得林彪能干，短短三五年间，营长、团长一路飙升，从团长直接升任红四军军长，一纵队司令，然后是红一军团长。到了解放战争，林彪的军事天才更是得到了充分发挥，出关去东北是拼凑的10万军队，打完辽沈战役，解放东北全境地，然后百万大军浩浩荡荡进关，先占平津，再过长江，一直打到最南端的海南岛。林彪四野纵横中国，战功无人能及。

　　林彪是最理解最懂毛泽东军事理论和战法的指挥员。林彪的秘书说，林彪随身有一个小包，什么时候都不离身，里面就装着毛泽东的《实践论》、《矛盾论》以及毛泽东关于战略战术的著作，一有时间就读，读过很多遍，写了很多批注。林虎最擅长围城打援，部队围住一个城市，吸引敌人来援，在援敌的必经之路布下口袋阵，一般情况是五个人打一个，并且凭借有利地形，一下子就把敌人打掉。这种战法屡试不爽。

林彪是朱德带上井冈山的，但在红四军七大毛朱争论的时候，林虎坚决地站到了毛泽东一边，反对毛泽东辞职，支持毛泽东斗争下去。在井冈山时期，毛泽东一落难，随军行动都是到林彪的部队。长征中，毛多随林军团行动。毛这样做有他的考虑，一是自身安全；二是用起来方便。长征路上，林虽然一度对走直线和走弓背发过牢骚，但执行毛的命令毫不含糊。从江西苏区出来到延安，一路上林彪不是先锋就是后卫，不是开路就是殿后，长征中几乎所有著名的决定红军命运的战役全部由林彪手下完成，以至于快到陕北时，毛泽东把林彪拉入红军最高军事五人团。林此时职务虽然不高，但实质上进入了中共权力核心圈。

林彪和毛泽东也有过争论，有人研究总结争论过九次。但这种争论也体现了林彪的忠诚。他不隐瞒自己的观点，有不同意见还是讲。后来的决裂不能否定林毛前期的密切关系。

什么样的人可成亲信？

栽培亲信，关键是识人，识人是门学问，有点只可意会不可言传的意味，没有什么道理，你可能就是觉得要信任他。有的人见一面，就觉得这人要提防点。

在中国企业界，万科王石与郁亮的关系可称佳话。近10年来，王石看起来有点不务正，净搞些登山、航海、远行之类的事情，一出去就是半年几个月，但是，万科的业绩还是不断提升，不但国内第一，还成了全世界最大房地产公司。2010年，王石甚至直接丢下万科去美国留学念书去了，实在不可思议，后来才知道,他是带着小情人去美国安巢度蜜月了。王石这般潇洒,因为后面有一个总经理郁亮。

郁亮绝对是王石的铁杆亲信。

1986年,王石从西安、武汉、南京招聘了一批大学生,这些人不止是大学毕业,也都有过工作经验,可谓个个人精。郁亮是从南京招聘来的,是江南的北大才子。铁打的营盘流水的兵,万科职业经理人进进出出,也不断有经理人离开的事情发生,郁亮却紧随王石,不离不弃。相比较而言,郁亮在万科起初表现并不突出。他进入万科做过董秘,负责股权投资,接手财务,但却没有接手过一个房地产项目。2001年,万科已经是一家专业的房地产公司,总经理姚牧民移民澳大利亚,王石提拔郁亮接手万科集团总经理,许多人奇怪,不理解。王石说:"从万科集团层面,第一把手懂地产业务固然重要,但更重要的是对万科企业文化的理解力、创新、学习能力以及人际关系的包容,协调社会资源的能力。在万科的团队内,突破能力强的高级主管有两种类型:第一种能胜任负责的业务,但会留下隐患和后遗症。还有一种,胜任而不留后遗症,郁亮属于后者。"

业界一直无法理解王石与郁亮的关系。郁亮到底只是王石的一枚"棋子",还是精心栽培的对象,一直模糊含混,未有定论。业界也一直猜度。

郁亮并非王石接班人的"第一人选"。1999年2月,王石一度让出总经理的位置,并冀望以此建立万科职业经理人的制度。王石最初选择姚牧民担任总经理,郁亮出任常务副总经理。不过王石和姚牧民都是很有个性的人,不到两年时间两人便生嫌隙,姚牧民离职。

2001年2月,35岁的郁亮出任万科总经理。对自己将要扮演的角色,郁亮可谓心知肚明。他后来回忆,尽管王石让他担任万科总经理,"我心里知道自己在见习,万一我做得不好,王石主席不把我换了吗?"

有人从性格方面去理解王郁的关系。郁亮的星座是魔羯座,按照星相学的解释是,这是一个无限坚韧和容忍的星座。王石会在一段时间内对某个事情特别感兴趣,郁亮不是,他从来不会为某个概念激动,他的乐趣在于把方方面面照顾到。王石喜欢色彩强烈的红、白色，而郁亮喜欢柔和的黄色。两人结伴一块去看广州亚运会开幕式，王石边看边起劲地用iPhone发微博，郁亮只顾看，他甚至没有个人博客、微博。

跟王石相比，郁亮表面看上去似乎缺乏很个性的特征，但一旦跟他交往后便会觉得，他绝不是什么二等生。相反，你完全可以"隐约感觉到"，这个人智商高、从来不得意忘形、看上去十分诚恳但你却永远不知道他拿了张什么底牌。郁亮低调，但不压抑自己，他有自己的张扬方式。2009年12月8日，郁亮在南极度假时，在零下35摄氏度之下脱光全身衣服拍了一组照片，除一张全裸图，他甚至将这组图授权某杂志发表。

郁亮甚至改变自己而迎合王石。王石喜欢登山，郁亮也是万科山岳协会的会员。郁亮经常说，他所爬过的山，在高度上都比王石的要少个零。深圳周边有6座山，郁亮一一爬过，不过每座山也就700米左右，郁亮把它当做锻炼身体的手段，而王石登山却是他对生命的一种追求。郁亮答应过王石，一定会去爬一座雪山，究竟哪座山，他要自己选。最后他选了海拔只有3000多米、山路是石梯铺就、随处可以休息的富士山。即便如此，他对王石的诺言到今天也没有兑现。

自2008年汶川捐款风波后，王石便逐步放出退休信号，以消解他对万科的符号意义。他希望郁亮能够变得更加强势一点。郁亮这一年突然开始狂爱运动，爬山、骑自行车、跑步，"如果有一天不运动，就会浑身不舒服"。他在公开场合穿T恤、仔裤和板鞋，频频出镜。他甚至给自己定下一个必须完成的目标，5年之内要达到国家级健将标准。2008年，郁亮还萌生了一个非常苛刻的念头，要用两年的时间将体重从75公斤减到加入万科时的64公斤，并将此视为送给自己加入万科20年的礼物。这一事件的起因是，有杂志刊出了郁亮大腹便便的照片，在寥寥的文字叙述中，他被描述成了一个并不太敬业的领导者，郁亮对此非常不爽。此后他每天早上起来跑步，风雨无阻，到了2011年，郁亮成功减肥了14公斤，可谓说到做到。

按常理，董事长是幕后的，而王石这个幕后人物，却在其他舞台上表现得像一个明星。而郁亮这个总经理却成了一个幕后人。没有幕后人,王石如何能放手潇洒表演?

2012年,王石美国归来,和郁亮在商业地产的多元问题上有不同的看法和意见,也发生了争论。但两人的关系还是一如既往。

27. 办什么事都要有个大多数

争取人心在中国企业中有点陌生。国有企业的领导是政府任命，只要对上级负责，让领导高兴，比人心重要。民营企业的老板则认为，企业是我的，我说了算，别人说三道四无所谓，员工就是我的雇员，招之即来，挥之而去。可是，许多企业危机就是失了人心。

遵义会议结束后，毛泽东对贺子珍感叹说："办什么事都要有个大多数啊！"

从长征开始，毛泽东就在争取这个"大多数"。陈云当时记录："扩大会中周恩来同志及其他同志完全同意洛甫及毛王的提纲和意见，博古同志没有完全彻底地承认自己的错误，凯丰同志不同意毛、张、王的意见。"可见毛泽东是绝大多数。

为了争取大多数，中央政治局扩大会议，红军总部和各军团负责人刘伯承、李富春、林彪、聂荣臻、彭德怀、杨尚昆、李卓然也参加。这时，由于军事连连失利，博古和李德把战略指挥上的失败责任推卸到前线将士身上，而前方将士对他们的瞎指挥也充满怨气，矛盾日重。

湘江战役失利，损失惨重，博古、李德诿过于人，他们要拿红二十九师师长周子昆开刀，这个师在湘江岸边阻击，被打垮了，只有负伤的周子昆等10多人突围出来。李德指责周子昆临阵逃脱，粗暴地训斥：你的部队呢？没有兵还有什么脸逃回来？命令警卫班将他捆起来，送军事法庭处置。警卫班战士没有一个人肯动手，在场的博古也不作声。毛泽东直接出来干预："周子昆交给我处理。"他同周子昆谈了话，鼓励他好好干，继续带兵打仗。李德知道后暴跳如雷，攻击毛泽东"收容败将，笼络人心"。周子昆后来任新四军参谋长，在皖南事变中牺牲。

第五次反"围剿"初期，救下萧劲光就为毛泽东赢得了不少的军心。当时毛泽东已经被排斥在党和红军的领导之外，只做中央政府的工作，但他判断东北路敌军进攻目标可能指向黎川一带，就向中央建议，诱敌深入，将敌人引进到建宁、泰宁一带山区根据地，集中兵力运动歼敌，被临时中央拒绝。他们却不顾敌强我弱，执意"御敌于国门之外"，命令闽赣军区司令兼政委萧劲光去黎川坚守。当时红军主力已随红三军团去福建，萧劲光到达时，黎川已是一座空城，能指挥的只有一个70人的教导队和一些地方游击队，而敌人则是周浑元的三个师。在后路将被切断的情况下，萧劲光带着部队撤出，退到黎川城外60里的溪口。而临时中央指挥红军主力在硝石和黎川之间与国民党军队决战，连攻4日不克，再打浒湾，红军损失巨大，连连失败和损失，宣布了军事冒险主义的破产。这时候，李德却要追查萧劲光在黎川失守的责任，说是逃跑主义，下令撤职，调往前总审查，要处以极刑。萧劲光是彭德怀的部下，他来承担责任也救不下来。毛泽东坚决表示反对，他表示黎川失守的责任归咎于萧劲光没有道理，更不能处以极刑。王稼祥也不同意，拒绝在文件上签字。毛泽东虽然没有军权，但威望高，就取消了萧劲光的极刑，判刑5年，开除党籍、军籍，关押起来。毛泽东就派贺子珍前往探视，向萧劲光转达毛泽东的话："黎川失守是整个指挥部署问题，你应该撤退，做得对。"经过毛泽东、王稼祥的坚决斗争，萧劲光被关了一个月后，周恩来等把他安置到红军大学做战术教员。

遵义会议刚结束，毛泽东有了发言权，第一个就想到萧劲光。周恩来就向萧劲光宣布："你的问题过去搞错了，处分都不算数，中央准备安排你的工作。"后来萧劲光担任兵团司令员，授衔大将。

博古要处萧劲光极刑，还因认为他是"罗明路线"的人。

1931年，博古进入中央苏区，由卫士护送，到达上杭，中共福建省委代理书记罗明，精心安排食宿，兴冲冲地去迎接中央领导。这位戴着深度眼镜年轻的中央最高首长开口便问："你是省委代理书记，不领导全省工作，来杭、永、岩干什么？"罗明没想太多，就说："按照毛泽东同志的指示并经省委研究决定，来这里重点开展游击战争。"博古听到"毛泽东的指示"很不高兴，就问："你对中央的新指示有何意见？"罗明说还没听到传达。博古不耐烦地说："吃饭了，不谈了。"站起来就走啦。

不久，罗明给省委写了一封《意见书》，博古从中发现了"严重错误"。《意见书》不但称毛泽东是"我们的伟大领袖"，而且和斯大林、列宁相提并论。博古对同样刚到苏区的张闻天说："我一到苏区，就看这个罗明不对头。他眼里根本没有中央，又是毛的指示，又是游击战争，连工作方法都是毛的那一套。如今竟捧毛泽东为伟大领袖，我们在瑞金还能立足吗？""扳倒他，肃清他的影响。"博古许诺张闻天："将来由你当中央政府主席。"两人商量后，就决定"在党内立刻开展反对罗明同志为代表的机会主义路线的斗争"。罗明被撤职，福建的谭震林、张鼎丞也被撤职。在江西的反"罗明路线"中，邓小平、谢维俊、毛泽覃、古柏，也都受到批判处分。因为他们在赣南会议上，公开同中央代表团争论，不同意对毛泽东的批评。

罗明只是一个省委代理书记，连中央候补委员都不是，却被批"罗明路线"，与"李三路线"并列被批判，大家不明白，罗明也是一头雾水。但大家马上明白，"路线"斗争是针对毛泽东的。

遵义会议后，"罗明路线"的受害者，都很快平反安排工作。

要懂得争取人心

怎样争取人心？

企业家要为下属担当，特别是在下属遇到困境时，要伸出援助之手。你这时的行为举动，会影响和感动很多人。王石是一个利用下属员工困境拉拢人心的高手。

朱焕良是万科董事和重要股东,也是王石的朋友。他原来是在深圳建筑工地上开装卸车的司机,在深圳股市上赚了钱,以后继续坐庄坐大,人称"朱大户"。1988年,万科发行股票,没有人买,到街头上推销,也向那些街头小贩推销,朱焕良就买了万科的原始股。1990年,他已经成了深圳散户的头,能调动的资金有两三千万,在万科的股东大会,他发言声称一直吃进下跌的万科股票,挖苦坐在主席台上的大股东却在抛售股票:"你抛的股票我照单全收。"股东大会后,朱焕良作为小股东代表当上了万科的董事。1992年深圳"8·10"股灾之前,朱焕良在深圳股市影响力更大,过年时,有股民贴对联:"翻身不忘毛主席,致富感谢朱焕良"。就在成千上万的国内人蜂拥深圳炒股票的时候,朱焕良卖掉手中70%的股票,跟着万科投资实业。1994年6月,万科成立沈阳万众公司,在鞍山、沈阳、大连三地做房地产项目,朱焕良就是第一大股东。后来,朱焕良又通过深圳注册英特泰公司接手万科900万股万众股票,万科从万众退出。万众还是大连龙泉公司的第一大股东,因为协助龙泉公司上市,万众获得800万元的补偿费,龙泉上市,万众抛售200万个人股,获得4000万元。

　　由个人炒股票,到操作上市公司,朱焕良的手段越来越高明,胃口越来越大。于是他就对深圳康达尔下手了,这就有了"中科创"的故事。在这场股市豪赌中,最后关键时刻,朱焕良感觉到山雨欲来风满楼,意识到很快就要出事。因此他急急忙忙抛售套现,别人不抛,反而让他在一个好价位上大赚一把。出了货就提现金,1500万一户,一户一户地提,北京的合作伙伴笑话他是一个"农民",那么多钱咋提得动? 这个笨拙的办法是最保险的。因为存在银行里,不论转到哪一个银行,一旦出事,都可能被封账户。

　　当事情败露,北京的合作伙伴被警方控制,朱焕良已经销声匿迹,一分钱也没有留下。在这场坐庄中,赚钱最多的是朱焕良。他以农民的质朴和狡猾,获利后躲过了法律的制裁。

　　王石评价这位老朋友说:"我有理由对老朱表示最底线的尊重。老朱跑了,但他没有欠银行一分钱,也没有欠哪家机构的钱。一提到老朱,不免想起尤利乌斯·伏契克在走上绞刑架时说的一句话:'人们,我是爱你们的,你们可要警惕啊！'"

人们听到王石说的这番话，够哥们。

华为的员工压力大，总裁任正非甚至有点专横独裁，但是包括离开华为的员工都会维护华为的声誉，都会以在华为的经历为骄傲，对任正非大加赞扬。专横的任正非为什么能赢得员工信任？

第一，英明领导。华为从8个人的小公司起家，不到30年的时间里，成长为中国最响亮的高科技品牌企业，打败众多竞争对手，成为世界通讯设备领域数一数二的公司，在中国的现实环境和国际市场的竞争环境里冲杀出来，可谓历经千难万险。任正非的英明正确领导是关键。华为赢得了社会的尊重，任正非也赢得了公司内外的广泛尊重。

第二，给得多。华为员工工资高这是公认的。工资之外，还有项目奖励。你搞一个项目，按时完成奖励很高。因此搞项目的员工都在办公室里安个床垫，夜以继日地工作加班，啥时候做完项目，啥时候出办公室，有的能封闭半年几个月。华为员工收入最多的是员工持股。华为每年把利润都分掉。有人跟任正非商量过能不能有一年不分，只要一年不分就马上有20多亿美元，可充当流动资金，但任正非主张要分。分是从激励员工的角度，不分是从财务的角度。华为这几年净利润100%分掉，赚多少分多少。2008、2009年的金融危机，华为投资收紧了，所以2010年利润赚得太多，每股分2.98元。2011年，华为进了2.8万人，研发投资比前年多了9.5亿美元，汇兑损失比前年也多了5.5亿美元。这两块就多支出了15亿美元，所以利润就低了。华为认为确实要控制利润，不能太高，也不能太低。太高了分了之后，员工的期望提高了，自从有一年分了2.98元之后，家属天天就想着2.98元，有一年分了1.46元，家属就有意见。2012年华为拿出125亿元用于奖金和分红。

第三，无私。华为员工分得多，是因为总裁任正非和高管们分得少。华为员工的股票称为虚拟受限股，因此这6万多员工股东不是严格意义上的股东。公司真正的股东只有两个：一个是任正非，另一个是工会持股会。员工持股是在工会持股会下面。你也可以简单认为是员工集资了，然后投到华为。但是华为这个制度是深圳在改革开放的时候,有正式批文的,允许存在,后来就不批了,全国类似华为这样的公司有千家左右。当然,按现在的法律是不合法的,但当时特区特批的,是合法的。目前,任正非在华为控股也只有很少的股份,只有1.42%。其他高管就更少了。

第四,机会公平。华为对待员工赏罚严明,而且机会平等。由于华为每年成长很快,事业每年都有发展,都招收大量员工,机会就非常多。只要你有能力,就有机会就能发展,年轻人的机会也是多多。因此,员工都认为在华为经历了学习锻炼和提高,这也是一笔人生和事业的财富。即使是离开华为出来创业,不但有了积蓄,也积累了经验资本。

华为一直坚持奋斗者艰苦奋斗的文化,其拼搏就不只是以加班来形容描述,苦和累都不在话下,人心齐,泰山移,华为一步步走向成功。

28. 打仗还得毛泽东

> 毛泽东在党和军队的地位是打胜仗打出来的，绝不是靠阴谋手段争来的。企业家要树立起威信，就要在企业打出一片天地，成为创业者。如果是一个接盘摘果子的人，很难树立起威信。

王稼祥向张闻天提议召开中央政治局会议，把博古、李德赶下台，让毛泽东回来指挥红军。张闻天说："毛泽东打仗有办法，比我们有办法，我们是领导不了了，还是要毛泽东同志出来。"

打仗还得毛泽东。这是当时全军上下的共识。

从井冈山开始，朱德、陈毅、周恩来、项英、博古、李德，都代替毛泽东做过红军的最高指挥，但都打败仗，但毛泽东指挥，就总打胜仗。面对十几倍的敌人，毛泽东也总能找到克敌制胜的办法。

这确实有点神，冲这一点，罗明才称毛泽东是"伟大领袖"，让博古很不爽。可人家称毛泽东"伟大领袖"并不是吹捧，而是发自内心的，按照毛泽东教的办法，就能打胜仗，根据地就能扩大。这没办法。

领导秋收起义，毛泽东是中央政治局候补委员，就称"毛委员"，不是军队的称谓。研究起义方案时，师长余洒渡等军官，根本不听毛泽东讲话，他们认为毛泽东是一个书生，没资格跟他们谈军事。撤围长沙转移井冈山，余洒渡这些人一路消极反对，不理解毛泽东的战略，到了井冈山，余洒渡也离开了。收服袁文才、王佐，毛泽东只带了两个人上山，其雄才大略，不仅让袁文才、王佐折服，也让起义部队的官兵敬佩不已。上山就打新城，毛泽东亲自上阵指挥，把部队埋伏在城外，待敌军出城操练时向其发起进攻，一举攻进城里，全歼守敌，缴获巨大，部队得到了补充和休整。毛泽东的指挥才能就显现出来，对毛泽东带领部队上井冈山的战略也开始理解。接下来的一、二、三次反"围剿"，都是毛泽东指挥，战役打得一个比一个漂亮，红军壮大，根据地扩大，从井冈山到赣南，再到闽西，形势一片大好。第四次反"围剿"，还是用的毛泽东的办法，也打胜了。

反之，从八月失败，到长沙和赣州受困，以及后来广东受损，都是没有听毛泽东的话，红军都遭受重大损失。特别是博古和李德指挥红军以来，一个虽然是中央最高首长，一个是洋顾问，却总打败仗，丢了根据地，一路被围追堵截，损失惨重。

红军已经是走投无路，大家这时就想起了毛泽东，让毛泽东回来指挥，从普通士兵到高级指挥员，都提出了这样的要求。湘江一战，到了通道会议，毛泽东实际上就回到指挥位置，他转向贵州的意见得到采纳。此前，毛泽东提出的任何建议，几乎都被拒绝。黎川会议就解除了李德的指挥权。遵义会议毛泽东正式回到最高军事指挥位置。

毛泽东能带领红军渡过难关吗？

转向贵州，红军就已经摆脱了敌人的重兵围堵，打了几个胜仗，部队得到补充和休整。这是离开根据地以后最轻松的一段日子。

红军进入贵州，蒋介石就做出新部署，调集40万兵力，企图将3.5万红军围歼于乌江西北地区。中央军委决定向北转移，在宜宾、泸州之间北渡长江，进入川西，同四方面军会合。部队进到赤水河东岸，遇到川军追击，不打掉这股敌人，难以北渡长江。毛泽东就决定利用土城的有利地形围歼这股敌人。但战斗打得异常惨烈，原来敌人比情报多出来近一倍，红军完全吃掉这股敌人很困难，敌人援兵又到，红军不得不撤出战斗。这一仗打得不好，部队一渡赤水河，进到赤水、古蔺地区，博古就酸溜溜地说："看起来，狭隘经验论者指挥也不成。"

这时，毛泽东决定再渡赤水河进入贵州，因为这是敌人最想不到的。红军神速东返，矛头直指最薄弱的黔军，红军再占遵义，击溃和歼灭敌3个师又8个团，俘敌3000多人，取得了长征以来最大的一次胜利。蒋介石感叹：这是"国军追击以来的奇耻大辱"。

敌人又向遵义围来，红军打了胜仗，士气正高，出遵义遇到打鼓新场有敌一个师，大家又要去打，只有毛泽东反对，认为不要去打堡垒，要在运动中消灭敌人。在发起战斗之前，毛泽东最后说服了大家，撤出了战斗。毛泽东从这件事总结了一个教训，打仗不能像过去那么多人讨论，还是要成立一个小组，就成立了毛泽东、周恩来、王稼祥组成的新三人团，周恩来任团长。

红军的行动忽东忽西，敌人只得分散兵力，四面防守。为了迷惑调动敌人西移，红军向西第三次渡过赤水河，进入古蔺地区，一个团伪装主力继续向西，大部队隐藏到山沟丛林中。果然敌人以为红军又要北渡长江，急忙调兵奔川南，以为"剿匪成功，在此一举"。在敌大举西进的时候，红军秘密地四渡赤水河，再次进入贵州。这时贵州境内空虚，红军大踏步南进，渡过乌江，直逼贵阳。这时蒋介正在贵阳指挥剿匪，没想到红军突然来到自己脚下，急忙调云南的滇军增援贵阳。红军此举就是调滇军出云南，然后在贵阳虚晃一枪，穿过湘黔公路，与驰援贵阳的滇军背道而驰，直插云南。一进云南，已经遇不到什么阻挡，红军就像插上了翅膀，放开大步，一天走120里，所经过县城都被攻克，一路凯歌，直逼昆明。龙云急忙调集兵力守昆明，红军又虚晃一枪，挺进西北方向的金沙江，5月3日~9日，红军主力全部渡过金沙江。当国民党部队追到金沙江边，红军已经过江7天，船只已烧毁，只能隔江兴叹。

从1935年1月29日红军第一次渡赤水河起，红军先后四渡赤水，调动敌人，最后顺利渡过金沙江，摆脱了几十万敌人的围追堵截，取得了战略转移的决定性胜利。

四渡赤水，是毛泽东军事指挥的神来之笔。

企业家要有点个人崇拜

虽然屡遭排挤,但从井冈山时期,红军和根据地中对毛泽东的崇拜就有了。毛泽东的军事才能,中央的领导和红军的高级指挥也都得崇拜佩服。

近些年有人批判个人崇拜,认为个人崇拜是制造和吹捧出来的。电视剧《孤军英雄》就讲到了个人崇拜。新四军营长车道宽从战场上拉回一支起义部队31团,这些战士就听他的。军分区的领导也说这是个人崇拜,车道宽被逼,对对他动刑拷问的干部说,你搞个人崇拜试试,你要真心实意地关心战士,打仗要冲在最前面,并且要带领他们打胜仗,他们才服你,才崇拜你。

建立不起个人崇拜的企业家不是成功的企业家。

李东生不是一个创业者,1982年大学毕业到惠州的TTK公司工作。工作一年,1983年北京要做一个外资企业成果展,TTK被邀请去参加,负责供销的人员临时有事不能参加,要找个人代替,公司想起那个新来的大学生。这是李东生独立去做的第一项业务。第一次去北京,第一次坐飞机,人生地不熟,也没有什么经验,没有人指导,就一个人闷头想、埋头做。由于布置的展台特别抢眼,展会开幕的那一天,来了不少人,也来了不少媒体记者。那天来的最高领导是国务院副总理陈慕华,她也被TTK的展位吸引,在展位前停留了很长时间,向展台前的年轻人李东生问了不少问题。电视台和报纸都对这一情景做了报道。董事长很高兴,说年轻人平时不声不响,关键时候会动脑筋会做事,搞出了一点名堂。

1994年,TTK要筹备一个涂带车间,李东生被派去负责担当筹建任务。项目投资50万美元,是一笔很大的数目。厂房建好之后,李东生就带了20多个年轻人过去,安装调试设备,解决各方面的问题,化工的、电子的、机械的,各方面的问题都要解决。李东生感觉责任和压力很大,但干得挺开心。这是自己有机会去独立承担责任,做一件事情,而且整个惠州对这个项目都非常的关注。这个项目做得非常好,市里也非常满意。

1985年TTK又成立了一家电话机公司TCL,28岁的李东生担任了TCL总经理。初次上任，李东生感觉压力很大。上任后就到西安参加全国通讯邮电的订货会。接到的订单很少，算了一下，还不够差旅费。销售一段时间打不开，会计做出报表，常常是亏损，李东生总是想是不是自己的能力不及。另一个问题是，与外商的合资也时有冲突，常常让外商抱怨，而且还告到政府领导那里，说难合作。担任TCL通讯设备有限公司总经理9个月，他自我评价不算成功，有些事情也不愉快。这时候，市里调他去政府做引进出口部长。

1989年底，李东生回到TCL通讯设备有限公司任副总经理。当时通讯公司发展很好，但他不管通讯公司的事，而是操作当引进部长时引进的一个音响项目，成立了一个叫通力的公司，由他继续操盘。1992年，电子工业总公司进行重组，分成通讯、电子、房地产三个公司，李东生担任电子公司的总经理。这是他再一次担任总经理的位置，压力很大。签署的合同，第一年完成利润3600万元，而公司的总资产也仅有3500万元，还有3000名员工要吃饭。财务部门清楚公司的艰难处境，使出浑身解数，一遍又一遍地向银行讲述公司的实力和前景，借来500万元贷款，还了上级公司催缴的资金。公司还在下属单位进行内部调节融资，1993年调动内部融资97笔，共计4亿元，1994年内部融贸293笔共10亿元，1995年调动331笔，共21亿元，以适应公司业务的发展。

就是在这个时候，李东生想到了做彩电。但做彩电不只需要资金、技术，还需要牌照。但牌照根本拿不到。李东生就把做彩电的想法向分管工业的副市长李鸿忠汇报，李鸿忠说："走，跟我去陕西！"

他们一起来到陕西彩虹厂参观学习。李鸿忠曾在电子工业部工作，跟下面这些部属厂的厂长都很熟，彩虹厂张厂长亲自接待。交谈中，李鸿忠无意中询问起彩虹厂的彩电厂。张厂长说，1989年国家出台彩电特别税，工厂没法经营，就停产了。交谈了一会儿，摸清了来龙去脉，李鸿忠说："反正彩电本来就是彩虹厂的副业，生产线也停了，也不打算再做，你们干脆把彩电生产许可证搬到惠州来吧，我们合作再做一个厂。"

事情很快就敲定了。对彩虹厂来说，没有什么损失，还有意外的收获。彩虹厂的彩电生产线已经很老，搬到惠州就没有必要，有价值的彩电生产许可证拿过来就行。这样TCL、彩虹厂,加上蒋志基,三方成立了一个合资公司。合资公司前两年经营得不是太顺利,赚不了多少钱,彩虹厂是国有大厂,条条框框多,老是有些争议,都觉得这不是一个长期的办法。1993年,李东生就开始试探彩虹厂的口风,后来彩虹厂就说,这个项目干脆你们就把它买过去吧。李东生说,可以啊,那你要多少钱。彩虹厂把设备的账面价值算了一下,许可证也评估了一个价值,总计500万元。李东生没有还价,毫不犹豫地把彩电许可证买了下来。

正是这个过程,有人就说TCL的彩电是借来的。

有了彩电生产许可证,李东生他们就开始设计电视机。他手下当时有三员技术干将都是老牌大学生,底子扎实,又在工厂摸爬滚打多年,实操经验强。他们买来市场上销售最热的日本彩电,拆开分解研究,借鉴设计自己的彩电。

1996年之前,很多企业是买日本的设计方案照搬,所以和日本的产品价格差不了多少,就老卖不过日本人。它的毛病你也留下来了,另外它的价格高的地方你也留下来了。TCL的产品基本上也是模仿,主要是看哪个日资品牌的品种好,就仿它。另外要适应中国消费者,就要有一些功能上的改进。靠自己定义一些产品,然后由香港长城公司来实现。比如说电压,当时中国的电压很不稳定,日系产品适应电压是很窄的。第二个是高灵敏度,有的地方信号不好,灵敏度高就带干扰信号进来,但是人们可以接受。两个机器,一个能收到信号,一个不能,你一定会认为那是不好的,是不能接受的。所以接受灵敏度要提高,宽电压要提高。第三个要考虑性价比,有段时间人家批评TCL小马拉大车。李东生就说:"小马要是能够拉得动大车,那就行了嘛。干嘛非要养条大马,小马可以省点钱嘛。"实际上就是一个更加优化的设计,最后证明TCL的这条路是对的。日本企业开始设计大屏幕电视,他走的路是不对的。后来他们也都倒过来,去做单芯片的机器。

从这个意义上说,TCL的彩电技术也是借来的。

1995年9月,李东生请当时最火的电影明星刘晓庆来做广告,差不多是最早的明星广告。1995年8月份之前,TCL王牌彩电每月销售收入一直徘徊在5000万元至8000万元之间,但9月份电视广告播出后,10月份回笼资金就突破亿元大关，11月份达1.5亿元，12月份达1.8亿元，不少地方都出现了王牌彩电供不应求的局面，TCL一举进入中国彩电前三名。

1996年，彩电业务蒸蒸日上，而原先的录音磁带业务已经衰落，通讯公司的电话机业务也受到挫折。李东生被任命为TCL集团公司总经理，掌管全盘。2000年，在他的操盘下，通讯公司在国内企业最早推出手机业务，通讯公司获得新生。

虽然，1996年李东生才担任TCL集团总经理，但是，TCL的主要业务，彩电、手机等，都是他一手创办。因此，他也被看作TCL集团的奠基人、创始者。

29. 过雪山草地

有人站在当年红军强渡的泸定桥边，看着十几条光滑的铁索、湍急的河水和两岸的峭壁，再想到对岸两个团的守兵，怎么也不明白红军是怎么强渡过去的，除非神助。长征的艰难险阻岂止一个泸定桥？精神，是红军突破天堑的无敌力量。人和企业，都要有一点精神。

红军渡过金沙江，长征路上有三个大的生死关口，都被毛泽东一一克服。

第一个是大渡河。

大渡河是一道天险。河谷陡峭，两侧四五十里是高山。部队在这样的深沟中没有回旋余地，兵力也无法展开，极易被敌人伏击消灭，是太平天国石达开大军覆灭之地。蒋介石立刻命令在大渡河以北地区加紧布防，致电各路将领："希各军师长鼓励所部建立殊勋。"1935年5月26日，红军先占领大渡河南岸安顺场，找到两只小船，由17名勇士坐着过河，占领了渡口，先遣队各部陆续过江。但此处架桥不易，全军难以在短时间内从这里过江。红军立刻沿大渡河两岸赶向安顺场以北170公里的泸定桥，克服重重困难，不到两天赶到。泸定桥离水面有好几丈高，是由13根铁链组成，桥上木板已被敌人抽掉了，只剩下铁链。向桥下一看，红褐色的河水像瀑布一样，从上游的山峡里直泻下来，撞击在岩石上，溅起一丈多高的浪花，涛声震耳欲聋。河对岸的泸定桥背靠着山，西门正对着桥头。守城的两个团的敌人早已在城墙和山坡上筑好工事，凭着天险，疯狂地向红军喊叫："来吧，看你们飞过来吧！"红四团发起总攻，所有武器一齐开火，22位英雄拿着短枪，背着马刀，带着手榴弹，冒着敌人密集的枪弹，攀着铁链向对岸冲去。跟在他们后面的是三连，战士们除了武器，每人带一块木板，一边前进一边铺桥。红军战胜守敌刘文辉部，占领了泸定桥和泸定县城，红军主力在6月1日全部渡过大渡河。毛泽东说：红军不是太平军，我和朱德也不是"石达开第二"。

第二个是翻过大雪山。

红军继续北上，横在面前的是海拔四千九百多米的夹金山。山上终年积雪，气候变化无常，空气稀薄，人迹罕至。"大雪山，大雪山，只见人上来。不见人下来。"当地群众如此形容大雪山可见其自然条件多么恶劣。7月17日早晨，毛泽东喝完一碗热气腾腾的辣椒汤，身穿夹衣夹裤，手持木棍，沿着前面部队走出的又陡又滑的雪路，向山顶攀登。他把唯一的一匹黄骠马让给伤病员和体弱的女同志使用，并且说："多有一个同志爬过雪山，就为革命多保存了一份力量！"走到半山，气候骤变，冰雹劈头打来。他拉着战士的手前进，同时嘱咐大家："低着头走，不要往回看，也不要往山下看，千万不要撒开手！"一会儿，冰雹停止，但越近山顶空气就越稀薄，一些体力弱的战士一坐下去就再也没有起来。毛泽东对坐在雪地里休息的警卫员戴天福说："你坐在这里非常危险的，来，我背着你走。"警卫员吴吉清抢先把戴天福背起，在毛泽东帮扶下走向山顶。越过山顶后，下山就是滑下去的。

第三个是过草地。

8月下旬，毛泽东随右路军离开毛儿盖，向荒无人烟的大草地进军。毛泽东的警卫员吴吉清回忆说："一当走进草地，情况就完全变了。天空像用锅底黑刷过的一般，没有太阳；眼前是一望无边的茫茫草原，看不见一棵树木，更没有一间房屋。""如果一不留心，踏破了草皮，就会陷入如胶似漆的烂泥里，只要一陷进去，任你有天大的本事，也别想一个人拔出腿来。我因为性子急，走进草地不远就碰上了这种倒霉的事儿，幸好被主席那宽大有力的手一拉，才摆脱了危险。"一上来，主席就对大家打趣地说："别看他外表像个泥人，那泥里包着的可是钢铁！"

大草地渺无人烟,红军部队找不到吃的,先是断了盐,接着又断了粮。一次,部队吃青稞面混合着野芹、豌豆叶子熬成的汤。毛泽东吃着说:"你没听说上古的时候,神农氏炎帝为了给人治病,尝过百草吗?我们今天为了北上抗日,也得吃点苦。吃苦是光荣的事,没有今天的苦,就没有明天的胜利。当然,这种苦只有我们才能吃得下去,因为我们深信革命一定能够成功。"

　　一日,风雨交加,毛泽东和战士们身上都淋得透湿。到了宿营地,大家试着把一条被单绑在小树上,但由于风大雨急,试了几次都不行。毛泽东让战士们把他担架上遮风雨的油布拿下来,支起一个小油布篷。毛泽东走进里面看了看,感到很满意。他笑着对几个战士说:"来,咱们挤在一起睡吧!"

　　部队缺粮,不少伤病员病情更加恶化。毛泽东指示杀掉几匹马,把马肉分给伤病员吃,而他自己仍然坚持吃青稞野菜汤。杀马的悄悄地把一块巴掌大的马肉送到了警卫班,警卫员正想拿出马肉,混着野菜煮给毛泽东吃,可毛泽东叮嘱把这块马肉留给警卫员戴天福吃。戴天福在警卫班年龄最小,长征到达大渡河时得了疟疾,爬过雪山后,病情加重,现在跟在队伍后边。正在这时,一位警卫员气喘吁吁地跑过来,身后跟着两个担架员,毛泽东看他们的神情,预感到发生了不幸的事。果然,戴天福已经牺牲了。

人和企业都要有点精神

　　讲到长征,毛泽东在《论反对日本帝国主义的策略》一文中说:"长征是历史纪录上的第一次,长征是宣言书,长征是宣传队,长征是播种机。自从盘古开天地,三皇五帝到于今,历史上曾经有过我们这样的长征吗?12个月光阴中间,天上每日几十架飞机侦察轰炸,地下几十万大军围追堵截,路上遇着了说不尽的艰难险阻,我们却开动了每人的两只脚,长驱2万余里,纵横11个省。请问历史上有过我们这样的长征吗?没有,从来没有的。长征又是宣言书。它向全世界宣告,红军是英雄好汉,帝国主义者和他们的走狗蒋介石等辈则是完全无用的。长征宣告了帝国主义和蒋介石围追堵截的破产。长征又是宣传队。它向11

个省内大约2万万人民宣布，只有红军的道路，才是解放他们的道路。不因此一举，那么广大的民众怎会如此迅速地知道世界上还有红军这样一篇大道理呢？长征又是播种机。它散布了许多种子在11个省内，发芽、长叶、开花、结果，将来是会有收获的。总而言之，长征是以我们胜利、敌人失败的结果而告结束。谁使长征胜利的呢？是共产党。没有共产党，这样的长征是不可能设想的。中国共产党，它的领导机关，它的干部，它的党员，是不怕任何艰难困苦的。谁怀疑我们领导革命战争的能力，谁就会陷进机会主义的泥坑里去。长征一完结，新局面就开始。"

长征的胜利，是精神的胜利。以红军当时的条件，可以说是艰苦卓绝，能够走出征兵围堵的包围圈，靠的是顽强的精神意志，红军诠释了精神的力量和无敌，长征成了精神力量的象征。

毛泽东说："人，是要有一点精神的。精神是什么？它是一种思想信仰，是一种品格修养，是一种道德理念，是一种人生态度，是一种气概情怀，同时也是一种文化传承。"

现在很多企业也在讲企业精神，有各种各样的总结和概括，总的来说，企业精神应该是在物质因素客观条件不具备的时候，发挥精神的作用和力量，克敌制胜。

富士康成长为全球最大的代工企业，年销售收入过万亿，员工上百万，是人们无法理解和想象的。特别是近年来富士康接连遭遇"血汗工厂"风波、员工"跳楼危机"，还有全球经济危机以及中国制造业成本的上升等内外困局，但富士康却总是交出高速增长的亮丽成绩单，让唱衰者大跌眼镜。富士康的成功不只是战略和管理上的成功，还有它精神上的拼搏和奋斗。

企业精神如何归纳和体现？富士康就用多种象征来传神地表达企业和总裁郭台铭的精神：

狐：富士康英文FOXCONN，是富士康电脑连接器的商标。"FOX"即狐狸的意思。狐狸是智慧的象征，它聪明而行动敏捷，善于谋略，更懂得借力使力。

虎：郭台铭属虎，他在"台湾"土城的工厂取名为虎跃厂，富士康的英文说明书上,曾经画着一只西伯利亚虎。虎,生气勃勃、威风凛凛、林中之王、勇猛、矫健、勇往直前。

水牛:没有狐狸的聪明,没有老虎的威风,但它勤恳负重,任劳任怨地埋头农耕,春种秋收,象征富士康在制造和科技方面的埋头苦干、辛勤耕耘。

孤雁:凛凛寒风中,孤雁迎风飞来,身影孤独,但仍向着既定的目标,径直飞去,而其他鸟儿早已落后悲鸣,败下阵来。它成为经济萧条不景气环境中的富士康的象征,独自逆势飞扬,在逆境中快速成长。每当经济不景气,经济危机来临,富士康都能逆势成长。

大白鲸:性情温和、体积硕大,但能深潜海底,并且游得又快又远,比喻富士康规模大,但竞争力不弱。

蟑螂:郭台铭多次自喻为"打不死的蟑螂",用以说明相对于国有企业,民营企业的顽强生命力。

乌龟:最著名的是龟兔赛跑的故事。郭台铭说:"做乌龟的一定要懂得不把兔子吵醒。"富士康总能巧妙地隐蔽自己的产业意图,避开竞争对手,实现快步发展。

地瓜:郭台铭把一些政府扶持的"台湾"大厂称作苹果,漂亮好看,而把富士康比做地瓜,外表十分不好看,没有人关注,更没有人看好,没有人施肥浇水,在荒野中独自生长。然而,地瓜有极强的生命力,虽不漂亮、没人照看,却长得够大。郭台铭以"地瓜"来说明"台湾"民营小企业成长的恶劣环境。

神木:"阿里山上的神木之所以大,4000年前种子掉到土里时就决定了,绝不是4000年后才知道的。"郭台铭以神木比喻富士康成长壮大的历史机遇和运气,也表达自己做企业的天分与豪情。

葡萄藤:也是用来比喻民营企业的生命力所在的。酿最好葡萄酒的葡萄,生长的地方都是最贫瘠的。因为葡萄藤长在这贫瘠的沙土中,为了寻找水源,它的根就会一直生长,生命力就很旺盛,它可以伸长到地下12尺;其次,因为阳光不是很充足,所以它会尽量把它的枝丫伸直,叶子展开,好让每片叶子都接受阳光。

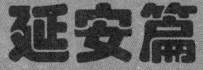

延安篇

领导团队整风

　　抗日战争时期，中国共产党在延安和各抗日根据地开展了整顿党的作风，进行马克思主义教育的运动。为了提高全党的马列主义水平，纠正党内的各种非无产阶级思想，毛泽东于1941年5月和1942年2月，分别作了《改造我们的学习》、《整顿党的作风》和《反对党八股》的报告，号召全党反对主观主义以整顿学风、反对宗派主义以整顿党风、反对党八股以整顿文风。同年6月，中共中央宣传部发出了《关于在全党进行整顿三风学习运动的指示》，从此开始了全党范围的整风运动，运动的宗旨是"惩前毖后，治病救人"。1945年4月，中共六届七中全会通过了《关于若干历史问题的决议》，对大革命失败后党内重大历史问题作出了系统总结。通过整风运动，提高了党员的马列主义理论水平，全党达到空前的团结和统一，为夺取抗日战争和民主革命的胜利奠定了思想基础。

　　今天，一些人对延安整风有一些非议。但仔细研究就会发现延安整风为解决党内斗争和矛盾找到了一条好的途径。延安整风对企业领导班子建设具有重要和现实的借鉴意义。

30. 赶毛驴上山

> 和平解决西安事变，体现的是毛泽东的大格局和大胸怀。蒋介石的剿杀，红军将士死伤几十万人，毛泽东祖坟被挖，妻子被杀。可为了联合抗日的大局，这些都释然了。大胸怀、大格局，才能成就大事业。

红一、二、四方面军胜利会师陕北，革命的根据地和大本营落脚陕北，实现了革命的战略大转折、大转变。接下来的西安事变，又是共产党和红军的天赐良机。

1936年12月12日凌晨，国民党爱国将领张学良和杨虎城采取果敢行动，率领东北军、西北军在西安实行兵谏，扣留了前来布置"剿共"的蒋介石及随行的十多名国民党军政要员，并通电全国，提出改组南京政府，停止内战，联共抗日，释放全国一切政治犯等八项主张。由于"三位一体"的西北民族统一战线的存在，张、杨两将军在西安事变爆发当天，联名致电毛泽东、周恩来说："吾等为中华民族及抗日前途利益计，不顾一切，今已将蒋及重要将领陈诚等扣留，迫其释放爱国分子，改组联合政府，兄等有何高见，速复。"稍后，张学良杨虎城再次联合致电，邀请中共中央派人来西安共商救国大计以及捉蒋的善后事宜。

此举在当时的中国无异丢下了一枚重磅炸弹。窑洞中的毛泽东，一遍又一遍读着电报，仔细琢磨。消息是令人振奋的。但毛泽东考虑更多的是下一步如何处理。他想到了去年召开的瓦窑堡会议，这次会议确定了抗日民族统一路线的策略方针。他心头一震，似乎感悟到了什么。难道这不是一个绝好的机会吗？他隐约感到中国革命实现转折的时刻到了。

当夜，周恩来、张闻天、博古、朱德、张国焘等聚集在毛泽东住的窑洞里，商量处理西安事变的方针政策。小小的保安城沸腾了，各个窑洞都亮起了灯光，人人心情激动，到处议论纷纷。有的说："这回抓住了蒋介石，非要整治整治他，他杀了我们那么多同志，我们要报这个仇！"

中共中央政治局会议，毛泽东首先发言："我们对这一事变的态度怎样？应该拥护，还是中立，或反对？应该明白确定，是不容犹豫的。"他断言："这次事变是有革命意义的，是抗日反卖国贼的。它的行动，它的纲领，都有积极的意义。"会议讨论热烈，毛泽东在作结论时说："我们现在处在一个历史事变的新阶段。在这个阶段，前面摆着许多通路，同时也有很多困难。敌人要争取很多人到他们方面去，我们也要争取很多人到我们这面来。我们又要反蒋，又不反蒋，不把反蒋与抗日并立。我们应以西安为中心来领导全国，控制南京，以西、北为抗日前线，影响全国，形成抗日战线的中心。"

会议确定由周恩来、叶剑英、博古组成代表团，前往西安和张学良、杨虎城协商，同蒋介石谈判。与此同时，毛泽东还决定红军开赴潼关、商洛一带，准备配合东北军、十七路军挫败国民党内亲日派的军事进攻。

17日晚，周恩来到达西安，立即与张学良面谈，并致电中共中央和毛泽东："为缓和蒋系进兵，便我集中，分化南京内部，推动全国运动，在策略上答应保蒋安全是可以的，但声明如南京进兵挑起内战，则蒋安全无望。"毛泽东同意周恩来的意见，并据此召开政治局会议，讨论改变对蒋政策，由罢蒋和平到保蒋和平。会议分析，这次发动事变是为了要抗日救国而产生的，是要以西北的抗日统一战线去推动全国抗日统一战线的开始。但因为事变采取了武力要求的方式，扣留了蒋介石及其一部分将领，使南京和西安处于公开的敌对地位，南京的一切注意力都集中在捉蒋介石问题上，动员一切力量来对付西安，把张杨一切抗日主张都置而不问，更动员所有部队讨伐张杨，这是西安事变发生后所引起的黑暗方面的表现，这对抗日是不利的。而蒋介石的实力并未受到任何打击，所以如果处理不妥，就有可能造成新的大规模的内战，妨碍全国抗日力量的团结。

张闻天在会上指出：事变的发展有两个前途，一是引起新的大规模内战，推迟抗战的发动，造成日本扩大侵略的顺利条件，另一是和平解决，结束内战，使全民族抗战早日实现。他的分析为大家所赞同。为了争取第二个前途，中国共产党确定了和平解决西安事变的方针策略，既坚决反对新的内战，主张南京政府和西安在团结抗日的基础上和平解决；用一切办法联合国民党左派，争取中间派、反对亲日派，推动南京政府走向抗日的道路；对于张学良、杨虎城给予同情和积极的实际援助，使之彻底实现其抗日主张。毛泽东提出："我们应该坚定地站在抗日的立场，对于好的方面发扬，对于黑暗方面给予打击。"他明确提出反对使内战扩大，争取西安事变和平解决的主张。

和平解决西安事变的方针确定以后，我党立即通电全国，表明态度和立场，以确保西安事变向有利于抗日的方向发展，促进抗日民族统一战线的建立。

抓住蒋介石又把他放了，许多人想不通，有情绪。这天，毛泽东来到保安东头寨子山下的窑洞前，向红军大学的学员作报告，听众一千余人。在报告中，毛泽东风趣地说："陕北的毛驴很多。让毛驴上山有三个办法：一拉，二推，三打。蒋介石是不愿意抗战的，我们就采取对付毛驴一样的办法，拉他，推他，再不干就打他。'西安事变'就是这样。当前，日本帝国主义和中华民族的矛盾是主要矛盾，我们党领导全国人民抗战是主要矛盾的主要方面。起决定作用的是我们，国共合作是大势所趋。但是，驴子是会踢人的，我们又要提防它。这就是又联合又斗争。"

由于中共中央的正确决策和毛泽东、周恩来的多方工作，终于使我党和平解决西安事变的方案得到各方面的理解和接受。毛泽东的良苦用心收到了特效。西安事变顺利实现和平解决。蒋介石被迫停止剿共，国共两党再次握手言和，共同抗日，革命的航船终于驶进全民抗战，争取民族解放斗争的汪洋大海。

与自己的仇敌结盟

电视剧《温州一家人》讲了一个温州小姑娘海外创业的故事。

周阿雨初中没毕业就被父亲送到意大利，她在一个叫普拉托的城市长大，她住在当地一家餐厅老板的家里，一边上学，一边在餐厅里打工。长大以后，她和一个叫林玉琪的温州女孩联合其他中国女孩，把制衣工厂丢弃的废布料加工成餐巾再推销出去，获利颇丰。但她们的行为惹来了制衣厂老板塞萨尔的不满。塞萨尔无法忍受这种被"占了便宜"的感觉，他先是停止把废弃的布料丢到厂外，接着又向警察举报她们没有合法身份。林玉琪被警察抓到，遣送回国。

林玉琪走后，阿雨掏出多年来藏在床柜里的钱，去了法国的马赛开始了艰苦的打工生涯，她白天在温州老乡小李哥和阿芸开的餐馆里帮忙，晚上还要赶去服装厂做女工，十分辛苦。不过幸运的是，阿雨在工厂重遇林玉琪，她们结伴回到了普拉托，又见到了她们的"老朋友"塞萨尔。塞萨尔对于阿雨的回来充满敌意，他想联合老伙伴路易，趁阿雨的事业刚刚起步时就赶紧出手，以免将来阿雨发展成心腹大患。

阿雨和玉琪合伙成立了雨琪公司，生产和销售服装，设计的服装销售很火。塞萨尔非常妒忌，他先是向警察举报制衣厂使用黑工，让阿雨和玉琪不得不支付一大笔的罚款。随后，他又在阿雨的衣服中发现了奥诺雷设计的痕迹，不怀好意的塞萨尔决定帮助奥诺雷起诉阿雨。阿雨再次陷入困境。在普拉托，阿雨一筹莫展时，塞萨尔又派人来商量收购阿雨公司的事，阿雨和玉琪非常愤怒，尝试和解，但被告知必须支付巨额赔偿金，阿雨根本无力支付。

开庭之日逼近，阿雨突然失踪，林玉琪急得如热锅蚂蚁，朋友相信阿雨为人，和林玉琪先行出庭。关键时刻，阿雨带着几天搜集来的资料，使用"天下文章一大抄"这一概念，成功驳倒奥诺雷公司的指控。官司结束后，阿雨去找奥诺雷。奥诺雷之前没见过阿雨本人，他和阿雨一见如故，甚至还愿意高薪聘请阿雨做自己的助手。在得知阿雨的身份后，奥诺雷非常吃惊，但经过阿雨一番真诚劝说后，奥诺雷终于答应和解合作。

塞萨尔得知此事后非常震惊，也因此更加记恨阿雨。有了之前的经验教训，阿雨和玉琪坚决雇佣合法劳工，她和奥诺雷的合作也越发有默契，前景一片光明。一切都似乎变得顺利起来，塞萨尔突然主动致电阿雨和玉琪，提出和她们冰释前嫌，并主动提供了合作机会。朋友研究了塞萨尔给出的合同，没有在其中发现问题，善良的阿雨和玉琪相信了伪善的塞萨尔，答应了塞萨尔提出的合作要求。经过塞萨尔的介绍，阿雨和玉琪接下了托蒂先生的一张大订单，阿雨和玉琪连夜赶工去完成这张订单。这时，由于塞萨尔临时拒绝了托蒂一笔2000套衣服的订单，托蒂想把这笔订单转交给玉琪公司。玉琪不想到嘴的肥肉溜走，她建议硬着头皮接下这笔订单，为了赶工，玉琪想再次雇佣黑工，但阿雨吃过多次亏，她坚持无论花多少钱，再也不能雇佣黑工。

离交货还有一个星期，噩耗传来，塞萨尔告诉阿雨，因为锁边的问题，她们之前生产的服装全部被退货。阿雨和玉琪经过沟通，突然明白她们上了塞萨尔的当。塞萨尔故意让玉琪误以为，她们可以采用新式锁边生产工艺来制衣，而等衣服真正做出来了，他却矢口否认曾经说过这样的话。玉琪对塞萨尔的所作所为无比愤怒，冲动之下，她开车去找塞萨尔算账，结果这一去，玉琪就再也没有回来，出车祸身亡。

在玉琪的墓前，阿雨默默发下誓言。她找到塞萨尔，冷静却又坚决地向塞萨尔下了战书，她总有一天会为玉琪报仇。阿雨来租仓库，她非常坚决地推翻了业主提出的先交付100万美金的提议，直接改为在合同中标明在一周内交付全部的700万美金，如果无法交付，她将另外支付30万的违约金。多疑的塞萨尔认为其中肯定有什么阴谋，他被猜疑冲昏头脑和阿雨哄抬仓库的租金，最后以950万美金的价格抢下了仓库的使用权。在即将签合同的一瞬间，塞萨尔清醒过来，他认定这是阿雨和亚利桑德罗合伙来骗他的伎俩。塞萨尔的临时毁约让仓库主非常愤怒，只好放低姿态找到阿雨，以670万的低价把仓库租给了阿雨。

让塞萨尔吃惊的是，阿雨的确是真心想要租这个仓库，而因为他的从中搅和，反而白白给阿雨节省了30万美金的租金。但他坚持认为，阿雨是不可能在约定的期限内交出670万美金的，冲动之下，他和阿雨立下赌约，如果阿雨能按时交付租金，他将支付阿雨30万美金的赌金。这个奇特的赌约立刻在普拉托城内引起热议，大家都翘首以待赌局的结果。

其实阿雨根本没有打算和塞萨尔过不去，她想租下这么大的仓库，是真的想把它作为普拉托最大的成衣批发商场，将没有足够资金的小成衣卖家都联合起来。只是塞萨尔以小人之心度君子之腹，阿雨就索性借助塞萨尔来降低租金成本。塞萨尔作茧自缚，平白无故地需要赔偿阿雨30万美金，而他因为毁了仓库主的约，在普拉托的声誉也大打折扣，四面楚歌。

服装城运作上了轨道后，阿雨的"复仇计划"才真正开始。她先是去各个濒临倒闭的工厂打探情况，让塞萨尔认定她想收购工厂，进军制衣业。而塞萨尔果然上钩，他以极高的价格来阻挠阿雨的收购计划。紧接着，阿雨得知塞萨尔将和德国最大成衣制造商席勒先生的合作，她说服席勒先生，和塞萨尔在同一时间以低价和席勒先生签下了订单合同，而在塞萨尔为了订单忙得焦头烂额的时候，阿雨却不慌不忙。她成功说服了席勒先生加盟到服装批发市场的经营中，将塞萨尔生产的货物直接发送到中国经销商手中。

塞萨尔非常愤怒，但他一筹莫展，如果他现在停止生产布料，那他就违反了和席勒先生的合约；如果他继续生产，那工厂送出去的货最后会流入阿雨的手中，帮助阿雨完成和席勒的订单——这两者都不是他所希望的。当然最致命的是，塞萨尔花巨额抢下了那些濒临倒闭的工厂，除了把自己所有的资金都套在其中外，一无是处。塞萨尔决定孤注一掷，联合普拉托所有失意的商人，组织驱逐温州人、保护本地商业的游行。这一行动也被阿雨成功化解。

最后，阿雨到塞萨尔的家中，以一份非常有诚意的合同，终于换来了和塞萨尔真正的冰释前嫌。在玉琪的墓前，塞萨尔真心诚意地向玉琪道歉，他终于被阿雨的善良和认真打动。多年的恩怨终于在这一刻一笔勾销。

31. 北上抗日

从"打土豪，分田地"到"北上抗日"，红军口号的转变，让红军取得了战略主动权，站到了道德和社会的高地。经营企业，也需要高尚的口号，让企业变得崇高伟大。而中国企业家似乎不善其道，中国的富豪形象不佳。

西安事变和平解决，根源是共产党的抗日主张。张学良的东北军是"9·18"事变后从东北撤到关内并被蒋介石安排到西北剿共。但他们认同共产党抗日主张，不满蒋的"攘外必先安内"，就策动了西安事变。

1931年，日本关东军发动"9·18"事变，第二年1月中旬的瑞金叶坪会议上，毛泽东就谈到"9·18"事变后的全国形势，日本帝国主义侵华势必引起全国的抗日高潮，国内阶级关系必将发生变化。而中央代表却指责日本占领东北主要是为了进攻苏联，必须提出武装保卫苏联，否则就是典型的右倾机会主义。

1932年1月28日，日军突然进攻上海，毛泽东抱病为中华苏维埃起草了《对日战争宣言》，正式宣布对日战争，领导全国工农红军和全国人民开展民族革命战争，将日本帝国主义驱逐出中国。因为宣言中没有"武装保卫苏联"的口号，被推迟到4月份才在《中华红色报》上发表。

1935年6月，一、四方面军会合。毛泽东在给第四方面军领导的电报中明确指出，今后的总方针应是"占领川、陕、甘三省"。并发文要求"在部队中宣传，反对日本"。过草地前，毛泽东明确提出了"北上抗日"的路线。

1935年，日本帝国主义继侵占我国东北后，又制造了"华北事变"，妄图把华北变成第二个"伪满洲国"。而国民党政府屈服于日本帝国主义的淫威，继续实行不抵抗政策，先后与日军签订了"秦土协定"和"何梅协定"，实际上把包括北平、天津在内的河北、察哈尔两省的大部分主权奉送给了日本。1935年8月1日，中共驻共产国际代表团起草了《为抗日救国告全体同胞书》（即《八一宣言》），10月1日正式以中华苏维埃中央政府和中共中央的名义公开发表。这个宣言是根据共产国际第七次代表大会关于建立反法西斯人民统一战线的精神提出的。宣言呼吁各党派各军队和各界同胞停止内战，集中力量一致抗日，并建议组成统一的国防政府和在国防政府领导下的抗日联军。在中国共产党的影响和领导下，1935年12月9日，北平学生爆发了"一二·九"运动，1万多名学生举行抗日示威游行，推动了全国抗日救亡运动的发展。在此期间，长征中的中国工农红军于1935年10月胜利到达陕北。11月下旬，中共驻共产国际代表团所派代表张浩（林育英）回到陕北，向中共中央传达了共产国际关于建立广泛的反法西斯统一战线的精神和八一宣言的内容。在中华民族危机日益严重，抗日救亡运动重新高涨的形势下，迫切要求对日本进攻以来的国内形势作一次正确的分析，制定党在新形势下的策略和政策，纠正严重存在的"左倾"关门主义。为此，根据共产国际七大的决议，中共中央于1935年12月17日至25日在陕北瓦窑堡召开了政治局扩大会议，即"瓦窑堡会议"。

会议主要分析了华北事变后国内阶级关系的新变化，讨论了关于建立抗日民族统一战线、建立抗日联军和国防政府等问题，批判了党内长期存在着的那种认为不可能争取民族资产阶级与中国工人、农民联合抗日的"左倾"关门主义的观点，决定了建立抗日民族统一战线的策略。

毛泽东在会上作了军事问题的报告，对于民族资产阶级的两面性和利用地主买办营垒内部矛盾的可能性问题，作了精辟的分析。他指出："国民党营垒中，在民族危机到了严重关头的时候，是要发生分裂的。"总之，"把这个阶级关系问题总起来说，就是：在日本帝国主义打进中国本部来了这一个基本的变化上面，变化了中国各阶级之间的相互关系，扩大了民族革命营垒的势力，减弱了民族反革命营垒的势力。"因此，党的基本策略任务，就是要建立广泛的民族革命统一战线，"组织千千万万的民众，调动浩浩荡荡的革命军，是今天的革命向反革命进攻的需要。"根据毛泽东的报告，会议通过《中央关于军事战略问题的决议》，提出红军行动的战略方针是：把国内战争同民族战争结合起来，准备直接对日作战力量和猛烈扩大红军。会后，毛泽东根据瓦窑堡会议决议精神，于12月27日在党的活动分子会议上作了《论反对日本帝国主义的策略》的报告，进一步从理论和实践上阐明了党的抗日民族统一战线策略方针。

瓦窑堡会议是从土地革命战争时期到抗日战争时期中国共产党召开的一次极为重要的会议，是遵义会议的继续和发展，遵义会议只对当时最迫切的军事问题和组织问题作出决议，而瓦窑堡会议则解决了政治路线问题。它总结了两次国内革命战争的基本经验，批评了"左倾"关门主义，解决了遵义会议没有来得及解决的党的政治策略问题，制定了抗日民族统一战线的策略路线，有力地推动了全国抗日民主运动的发展。

发展的口号好于发财

2008年胡润富豪榜1000人中东莞区域有21人，而更多隐形富豪还未被挖掘出来。坊间质疑："7个亿就能上榜？东莞超过10亿的多的是。"这些东莞富豪中不乏杰出的企业家，他们是东莞产业升级转型的希望。但部分莞商身上也积淀了一些陋习，成为产业转型的障碍。有人列出东莞富豪八大陋习：1. 没胆、怕苦、斗狠、包二奶；2. 靠发家门财不敢往外拼；3. 家族式管理，没胆量上市；4. 地产酒店热，怕苦不办厂；5. 暴富懒学习，创业无远虑；6. 缺社会责任，慈善甘后人；7. 好勇又斗狠，小事常化大；8. 财大却土气，拖鞋上剧院。东莞富翁被外界认为暴发户形象的一个生活细节是，他们普遍住在几百平方米的豪宅或者单幢别墅内，但来客惊叹于住宅豪华的同时，会因衣服乱挂、裤衩挡道的现象大倒胃口。三妻又四妾多奶同相处。富人包二奶似乎成了全国性的现象，但要说广东最突出并不过分。花都一包工头1979年就包二奶，1989年已"一妻六妾"12个小孩，彼此相安无事。据广东省21个市妇联信访反映，从1992年到1996年妇女投诉丈夫"二奶"案件有2万多宗，至于大量隐蔽性的"包二奶"案件则无从统计。指责"包二奶"的舆论矛头尤其指向东莞。另外，东莞坊间也盛传部分富豪妻妾成群的奇闻轶事。厚街镇某富豪盛传有一二十个老婆；一本土最大房地产公司之一的老板被指7个老婆，同住某豪宅楼盘；某上市公司风波不息，据说也和3个老婆各自在公司的势力之间内耗有关。

有人评论"莞商"危机。东莞富豪目前主要还是停留在地主、财主的低级层面，尚未达到投资、经营、管理等综合智能的商人层面。有钱只是资本，商业智慧才是真正的财富。因此，"莞商"的第一重危机也就在于，能不能孵化出具有现代意识的"莞商"，而不是穷得只剩下钱的土财主？

2012年12月18日，中国与全球化研究中心和北京理工大学法学院联合发布首部年度国际移民报告《中国国际移民报告（2012）》。报告显示，个人资产超过1亿元人民币的超高净值企业主中，有27%已移民，47%正在考虑移民，个人资产超过1千万人民币的高净值人群中，近60%的人士已完成投资移民或有关考虑。而近3年至少有170亿元资金流向国外。报告显示，有43%的富翁把保障财富安全作为投资移民考虑的第二大因素。很多中国富豪担心国家会对拥有非法私产的个人展开"秋后算账"，他们倾向于把财富转移到私人财产保护体系更完善的国家。

财富非法，来源不正，也是中国富豪多被诟病之处。

发财致富已经是中国响亮的口号，但发财的口号总没有发展的口号高尚。有中国首善之称的福耀玻璃工业集团董事长曹德旺被看做是中国企业家的另类。从修车黑手到玻璃大王的曹德旺，2012年以11亿美元身价进入《福布斯》2012年华人富豪榜；然而，身家惊人的曹德旺最为人津津乐道的，却是2011年展现魄力捐出约45亿元人民币，连续两年蝉联具官方色彩的"2012中国慈善排行榜"与"2012胡润慈善榜"冠军，荣登"中国最慷慨的慈善家"。做企业，曹德旺的观点是要有利于国家经济竞争力的提高，有利于人民生活水平和提高，有利于改善企业员工的生活福利。他不投资房地产，不搞以钱生钱的炒作，一心做实业，福耀玻璃成为全球最大的汽车玻璃公司，在汽车配套产业形成强大竞争力。曹德旺称，自己成功的秘诀是不贪，赚的每一分钱都光明正大。他大方回馈社会，认为钱乃身外之物，施比受更有福，供养客户、供养员工，他说："把钱看得很重，是活不明白！"

深圳有一家面点王公司，是做中式面点快餐连锁的，在深圳有120多家店，规模与麦当劳、肯德基相当。它的特点是汇集了中国各地最经典的面食产品，有100多种产品在店里经营，被称做中华面点饮食文化的博物馆。2013年，面点王主办了一份《面点视界》的杂志，主题介绍中华各地的面点产品、习俗和文化。有人评价，一份刊物，让面点王餐厅的产品注入了生命和灵魂，让品牌获得了价值，给文化以归宿，举起中华面点饮食文化的旗帜，面点王变得崇高起来，由一家经营不错的餐厅，一下子成为一家令人尊敬的伟大公司。

32. 建立敌后根据地

> "人民战争就是无敌的力量"，这是电影《地道战》歌曲中的歌词，它体现了毛泽东人民战争的思想。打仗依靠人民战争，搞经济建设能不发动群众？

1937年7月7日，日军发动卢沟桥事变，中国军队奋起反击，抗战全面爆发。第二天，毛泽东致电蒋介石，要求立即"实行全国总动员，保卫平津保卫华北，收复失地"，并通电全国。7月11日，毛泽东要求红军一部组成抗日先遣队先期赴河北抵抗日军。14日电令红军各将领"10天准备完毕，待命抗日"。在共产党和社会各界的推动下，7月17日，蒋介石在庐山发表谈话："如果战端一开，就是地无分南北，年无分老幼，无论何人，皆有守土抗战之责任。"但是，国共关于抗日的谈判并不顺利，摩擦还在继续。8月13日，日军进攻上海，淞沪抗战爆发，日军直接威胁国民党的心脏地区，谈判才出现转机。8月22日，蒋介石同意红军改编为国民革命军第八路军，25日，毛泽东、朱德、周恩来以中共中央军委主席和副主席的名义发布命令，宣布红军改名为国民革命军第八路军，朱德任总指挥，彭德怀任副总指挥，任弼时为政治部主任，邓小平为副主任，叶剑英为参谋长，左权为副参谋长。第八路军下辖三个师：第一一五师、第一二〇师、第一二九师。8月30日，红军主力师改编完毕，从9月2日起，陆续从山西开赴华北前线。

取道山西开赴抗日前线，是毛泽东在8月中旬已经确定下来的。为什么先开入山西？毛泽东有几方面的考虑：第一，山西是八路军开赴前线最便捷的地方，又是居高临下俯瞰河北平原的地方，可以有力地牵制华北日军的行进。凭借山西宽阔、险峻而复杂的地形，不仅有利于阻滞日军机械化部队的前进，而且有利于八路军开展山地游击战，消灭敌人。第二，山西是地方实力派首领阎锡山的统治地区。他同日本侵略者和蒋介石之间既有联系，又有错综复杂的矛盾。日本侵略军攻陷平津后向山西大举进攻，严重威胁了他在山西的统治地位。蒋介石的军队开入山西，又使他深恐自己的地盘将落入他人之手。因此，他做出一些开明的姿态，想拉中国共产党和八路军做他的暂时同盟者。第三，当时国民党企图将八路军"分割"使用，毛泽东敏锐地察觉"分路出动，使不集中，强使听命"，"包含着极大阴谋"。他提出"红军为安全计，为隐蔽计，为满足晋绥渴望计，决走韩城渡河，在侯马上车到大同集中，再转至怀来，蔚县，决不走平汉路"，把八路军3个师都放在山西，以利于统一领导，相互策应，避免因力量分散而遭遇不测。

八路军进入山西后，林彪率——五师取得了平型关大捷。根据毛泽东的部署，——五师迎着敌军疯狂的进攻进入恒山山脉。依托有利的地形条件和作战时机，集中兵力发动平型关战斗，取得了中国军队自抗战以来的首次大捷。歼敌1000余人，击毁汽车100多辆，打破了"皇军不可战胜"的神话，极大地鼓舞了全国人民的抗日斗志。

10月初，华北局势进一步恶化，国民党军队放弃雁门关至平型关的内长城防线，退守太原的北方门户忻口。根据毛泽东"向北突击，掏其空虚后方"的指示，八路军各主力在忻口战役期间有力地配合了友军的行动。第一二〇师一度收复雁门关，伏击日军辎重部队，截断了从大同经雁门关到忻口的交通。第一一五师主力夺回平型关，并收复涞源、定县等7座县城，切断了日军从张家口经平型关到忻口的交通线，忻口前线日军只能主要靠空运来维持给养。第一二九师陈锡联团又在10月19日乘黑夜袭击阳明堡日军机场，焚毁日机20余架。八路军各部队的行动，使日军的后方补给线陷于半停顿状态，对正面防守忻口的友军是有力的配合和援助。在东线，当娘子关告急时，八路军一二九师驰援娘子关，救出被日军包围的友军曾万钟部1000多人。七亘村重叠设伏，黄崖底、广阳山两次伏击，歼敌2000余人，娘子关日军的滞留，使日军截击太原国民党军队的计划破灭。忻口战役是抗战初期华北战场上作战规模最大、战斗最激烈的一次战役，将南下的日军主力挡住了21天。这次战役，也是抗战初期国共两党领导的军队密切配合作战最为成功的一次。由于国共双方在这次战役中诚意合作，取得了较好的战果。

从抗日战争一开始，毛泽东就制定了建立敌后根据地，积极开展山地游击战的战略策略。到1945年春天，全国已经建立起19个抗日根据地，也称解放区。即陕甘宁、晋察冀、晋冀豫、冀鲁豫、山东、晋绥、冀热、苏北、苏中、苏浙皖、浙东、淮北、淮南、皖中区、河南区、鄂豫皖区、湘鄂区、东江区、琼崖区。建有行政公署24个，专员公署104个，县政府678个。根据地总面积95万平方公里，人口9550余万，八路军、新四军和其他人民抗日武装发展到91万人，民兵220万人。北平、天津、太原及全国大多数中心城市、交通要道和大部分海岸线都处于共产党领导的人民军队的包围之中，解放区已成为最后打败日本侵略者的基本力量。在长达8年的战争中，八路军、新四军和其他人民抗日武装作战12.5万余次，消灭日伪军171.4万余人，其中日军52.7万余人。敌后战场消灭了敌人大量的有生力量，消耗了敌人的战争储备和战争能力，使之逐渐由强变弱。

经济建设也要打人民战争

毛泽东将中国人民的抗日战争称之为人民战争。在《论持久战》一文提出了"兵民是胜利之本"的思想。"战争伟力之最深厚的根源，存在于民众之中。""动员了全国的老百姓，就造成了陷敌于灭顶之灾的汪洋大海。""人民战争"的思想也可运用到经济建设当中。

在全国的城市，到处都看到"沙县小吃"招牌。1990年，沙县经历了最严重的"经济危机"——"崩会"。几百年来，标会和赌博原各不相干，但从1990年，一些赌徒开始进入标会，标会的性质开始改变。标来的钱，不再用于应急或做生意，而是被赌徒整麻袋整麻袋拿去赌博。赌输了，老传统"月月标"，发展成了"天天标"。直到资金彻底断了。1991年，沙县八大会头纷纷出逃。标会，瞬间崩溃。其中有人说参加的29个标会，全都出了问题。

欠下债的，在沙县待不下去，只好跑路。跑出去，怕被人找到，再说也没有多少钱，就只好藏到流动人口多的地方，租间房子住下来。住下来要生活，有人就想起了小吃，投资不大，开张也快。开张后，生意不错，这些人就在外面落住了脚。外逃的人往往是有联系的，他们先相互传播模仿，沙县小吃就这样在福州和厦门一间间地开起来。

从1995年起，这些外逃躲债的人基本还清了欠债，就陆续回到沙县，有的还回来买了房，发达了，原来就是做小吃。刚上任不久的县委书记到下面去调研，听着叮叮当当砸铁的声音，上前去问才知道这是在制作"鸳鸯锅"，沙县小吃的特色工具。一条街下去，声音不绝，生意好得很。也就在这一年，政府也开始筹备成立沙县小吃行业工会。

"想不想赚钱呢？种田不赚钱，想赚钱就去做小吃。"小吃办走街串巷地喊，还请那些成功者回来做经验介绍。前面有榜样的吸引，后面有政府助推。在其后的10年里，出去的人成群结队，是名副其实的"小吃大军"。现任沙县小吃办主任郑兴景说，出去做小吃的，1996年有1万多，1999年2万多，2002年达到3万多。现在已经突破了6万。

一个沙县总共不过24万人。劳动力不过12万，出去的6万人，全是劳动力。现在全国已经有沙县小吃3万家。这只是沙县人开的。邻县和外省人也已经加入到沙县小吃的大军中，全国挂沙县小吃牌子的小吃店不少于5万家。

每个店每年纯利润平均在10万元，3万家一年就是30亿元。沙县小吃富裕了农民，也带动了全县经济。农民出去做小吃，家里的地无人种，政府趁机将土地流转集中产业化。在别的地方这项工作很难，沙县就很容易。土地集中后，就开发出了林业、种植、养殖等多个农业化产业。农民赚了钱就回来买房，他们不愿再回到农村，就在县城买房，沙县新县城比旧县城扩大了一倍。政府财政税收增加，就扶持工业，沙县经济开发区已经是福建的省级开发区。特别是沙县社会稳定，群众上访之类的事很少。

福建山多地少，改革开放以来福建呈现出千军万马出闽经商的热潮，形成了许多在全国有影响的县域特色产业特色经济。周宁的钢贸垄断上海80%以上的市场，蒲田钢材、木材则占据北京。宁德蒲田县的白木耳则行销全国，以此为基础，不断产业升级。福清人则将超市开到全世界，美国、加拿大的华人超市多为福清人开设。美国的长途大巴车也多为福清人经营，在非洲，福清人则开出众多酒吧。一个泉州市，几乎县县成特色经济。惠安的石材、安溪的茶叶、晋江和石狮的服装、南安的水暖都在国内赫赫有名。而南安则盛产小老板，他们涌入珠三角、长三角，开设了数不清的家具、纺织、电子、塑胶、雨伞等小工厂，逐步发展壮大，成为中国产业界的重要企业队伍。

近些年来，福建经济已经继广东、浙江之后，形成异军突起之势。福建经济的发展不是靠大企业的带动，也不是靠外资企业的拉动，而是靠"人民战争"的力量。

33. 游击战

> 毛泽东不抗日，保存实力，是近年来一些人的非议。这些人不值得一驳，因为他们根本不懂毛泽东的战法，不知道"你打你的，我打我的"，以他们的观点，共产党、八路军早被消灭了。今天经济竞争中，有些人仍然不懂"你打你的，我打我的"，总是被人家牵着鼻子走。

洛川会议，毛泽东制定了八路军的基本任务。

此后，毛泽东一再强调八路军要准备打持久战，开展游击战。八路军在新的形势下，应该消除依赖国民党军队的思想，独立自主地放手发动群众，壮大自己的力量，在敌后广大乡村普遍建立起抗日游击根据地。徐向前回忆道："那时，有些同志对独立自主的游击战争方针，不甚了解，总想集中兵力打仗，不愿分兵发动群众。毛主席的这一部署十分及时，对我军坚持敌后游击战争，发展壮大自己，有重要指导意义。"

抗日游击战如何打？毛泽东在延安集中精力研究了从井冈山开始的军事斗争经验，写成了《中国革命战争的战略问题》一文，到抗大去演讲，并印发到部队。毛泽东回顾了10年内战中以"围剿"和反"围剿"为主要形式的战争的历史经验，并且就9个问题作了说明：积极防御和消极防御、反"围剿"的准备、战略退却、战略反攻、反攻开始问题、集中兵力问题、运动战、速决战、歼灭战。

在"积极防御和消极防御"中，他写道："积极防御，又叫攻势防御，又叫决战防御。消极防御，又叫专守防御，单纯防御。消极防御实际上是假防御，只有积极防御才是真防御，才是为了反攻和进攻的防御。"

在"战略退却"中，他写道："战略退却，是劣势军队处在优势军队进攻面前，因为考虑到不能迅速地击破其进攻，为了保存军力，待机破敌，而采取的一个有计划的战略步骤。可是，军事冒险主义者则坚决反对此种步骤，他们的主张是所谓'御敌于国门之外'。""谁人不知，两个拳师敌对，聪明的拳师往往退让一步，而蠢人则气势汹汹，劈头就使出全副本领，结果却往往被退让者打倒。"

在"集中兵力问题"中，他写道："集中兵力看来容易，实行颇难。人人皆知以多胜少是最好的办法，然而很多人不能做，相反地每每分散兵力，原因就在于指导者缺乏战略头脑，为复杂的环境所迷惑，因而被环境所支配，失掉自主能力，采取了应付主义。""无论处于怎样复杂、严重、惨苦的环境，军事指挥者首先需要的是独立自主地组织和使用自己的力量。被敌逼迫到被动地位的事是常有的，重要的是要迅速地恢复主动地位。如果不能恢复到这种地位，下场就是失败。""主动地位不是空想的，而是具体的，物质的。这里最重要的，是保存并集结最大而有活力的军队。"他还着重地指出："我们的战略是'以一当十'，我们的战术是'以十当一'，这是我们制胜敌人的根本法则之一。"

在"运动战"中，他写道："'打得赢就打，打不赢就走'，这就是今天我们的运动战的通俗的解释。""一切的'走'都是为着'打'。我们的一切战略战役方针都是建立在'打'的一个基本点上。然而在我们面前有几种不好打的情形：第一是当面的敌人多了不好打；第二是当面敌人虽不多，但它和邻近敌人过分密接，也有时不好打；第三，一般说来，凡不孤立而占有十分巩固阵地之敌都不好打；第四是打而不能解决战斗时，不好再继续打。以上这些时候，我们都是准备走的。这样的走是许可的，是必需的。因为我们承认必须得走，是在首先承认必须打的条件之下。红军的运动战的基本特点，就在这里。"

在论"歼灭战"中，他写道："'拼消耗'的主张，对于中国红军来说是不适时宜的。'比宝'不是龙王向龙王比，而是乞丐向龙王比，未免滑稽。对于几乎一切都取胜于敌方的红军，基本的方针是歼灭战。""击溃战，对于雄厚之敌不是基本上决定胜负的东西。歼灭战，则对任何敌人都立即起重大的影响。对于人，伤其十指不如断其一指；对于敌人，击溃其几个师不如歼灭其一个师。"

怎样才能学会正确地指导战争？毛泽东有一句名言："读书是学习，使用也是学习，而且是更重要的学习。从战争学习战争——这是我们的主要方法。"

你打你的，我打我的

保存实力，不抗日，是今天不少人对毛泽东抗日战略的负面评价。有人说："中国人在关于'抗日'时期的一段历史的描述，我们就已经明显地发现问题了。谁在主要抗日，谁在主要作壁上观，谁在积聚准备最后夺权的力量，谁居然还会感谢日本皇军的侵略，等等等等。"

其实，这些观点都非常幼稚可笑。八路军最初也就几万人，当然不可能像几百万大军的国民党军队那样打仗。特别是国民党的抗战打得的确太糟糕，没打过几个像样的胜仗。像国民党那样的败战，八路军打一个就可能打光，即使是共产党有几百万大军，又有那么好的装备，也不可像国民党那样打，一定会更漂亮，不会像国民党那样丢失这么多的国土。你怎么贬低八路军的抗战，也难以赞美国民党抗战的功绩。有一些基本的事实你无法否认。八路军的平型关大捷是中国抗日战争的第一个大胜仗。八路军是战斗在敌后，就是战斗在最前沿。而国民党从这些地区撤退了，留下的部队也多当了伪军，掉转枪口对准八路军。八路军根据地的建立、实力的扩张，都是在反抗日军的反复围剿中实现的。八路军、新四军就像钉在敌人后方的钉子，对日军造成极大威胁，对整个反法西斯战争都发挥了作用。

毛泽东说："学习战争全局的指导规律，是要用心去想一想才行的。因为这种全局性的东西，眼睛看不见，只能用心思去想一想才能懂得，不用心思去想，就不会懂得。"但他所说的"用心思去想"有一个前提，就是要和客观的实际情况相符合。他写道："为什么主观上会犯错误呢？就是因为战争或战斗的部署和指挥不适合当时当地的情况，主观的指导和客观的实际情况不相符合，不对头，或者叫做没有解决主观和客观之间的矛盾。""这里的关键，就在于把主观和客观二者之间好好地符合起来。"

非议者多是瞎说一气，根本不知道主客观的统一。即使是今天的经济发展，很多人仍然不明白"你打你的，我打我的"的简单道理，而总是被人家牵着鼻子走，按照人家的指挥棒转，失去发展的主动权。

美国经济危机之后，欧洲经济危机到来，法德英三国成为拯救欧洲的主力。英国不是欧元区成员国，法国最活跃，但是最温和淡定的是德国。我们都说经济危机是经济格局重建的机会。有衰落，就有兴起。这轮危机起自美国，波及欧洲。野心勃勃的萨科奇虽然想再现法国的领导地位，甚至主导发动对利比亚的战争，但法国经济危机也很严重，不断有罢工。英国也出现打砸骚乱，只有德国没有什么重大事件发生。各国经济正在恶化，但德国却出现转好的趋势。

危机最重要的指标是失业率。美国总统奥巴马最头疼的是失业率居高不下，超过9%。法国、英国年轻人走上街头抗议闹事，都是失业惹的祸。看起来是经济危机，大家没钱了，消费下降，产业和企业衰落，失业的人就多起来。但是大家都看到，德国的就业却好起来。自2008年经济危机以来，德国失业率由7.8%下降至7%，这是从上世纪90年代初以来，德国失业人口首次回归到300万以内。由于受新技术的影响，德国传统的第一、第二产业在经济危机之前曾有过艰难的转型，失业率一度高达9%。2008年经济危机时，德国经济增长1.7%，而英国、法国和美国分别增长1.1%、0.9%和1.4%，可以说，几个国家的经济状况差不多处于同一水平。而到了2010年就看出了差别：德国GDP增长3.6%，而英国只有1.3%、法国为1.5%。即使情况较好的美国，其经济增长率也仅为3.1%。

为什么经济危机成了德国人的机会？

首先，德国不玩房地产和金融，也就不被美国的金融危机拖下水。美国的经济危机起自房地产次贷，根源却是金融。玩金融玩过了火。而德国是不玩房地产的。德国对二套房交易征收世界上最高的交易所得税，税率80%，没有人去炒房，房地产就不是支柱产业。而爱尔兰危机就是房地产危机。德国人很会玩金融，比如瑞士银行业最具传统和优势，瑞士人就是德国人。但德国金融的地位远不如美国，也不及英国和法国。

其次，德国人最专心制造业。甚至美日英法都瞧不起德国的制造业，不把德国看成高科技国家。我们从来也没听德国人说他们的高科技。但德国制造业却是全球最响亮的品牌，全世界都以买德国产品为荣。看看中国马路上跑着多少奔驰、宝马、奥迪，就知道德国传统的汽车业并没有衰落，而是发展了。德国车数量比不过日本，但销售额远超日本。

再次，德国中小企业发达，成为带动德国经济的重要力量。在这些中小企业中，很多是"隐形冠军"，产品要么富有特色、质量过硬，要么拥有独一无二的先进技术。德国政府为减轻企业负担，对企业雇佣短工给予补贴。当雇主选择短时工作而非解雇人员时，雇员工资的60%（没有孩子）或67%（有一个孩子）由政府来支付。企业为雇员缴纳的社会保障费在前6个月的50%，以后的100%由国家来支付。雇佣关系从2009年开始的，上述补贴适用24个月，从2010年开始的，则适用18个月。2009年，德国劳动服务局共为短工补贴支付了50亿欧元，挽救30万个工作岗位，共有22%的企业使用了这项补贴。2010年为此的计划支出为47亿欧元，预计保住的工作岗位为53万。实际上会更多，2010年第一季度就有60000家企业的85万雇员使用了这项补贴。可以说这项政策用较小的成本，获取了很大的收益。

最后，德国花巨资补贴支持中小企业，政府却不搞大规模投资。为克服经济衰退，德国政府制订了两套振兴经济方案，计划投入财政资金1200亿欧元。但在2009年和2010年实际投入的资金仅为800亿欧元，而同时期美国财政投入的资金为5770亿欧元（7850亿美元），中国则为4300亿欧元（40000亿元人民币），其他欧盟小国投入的财政资金与其国力相比更有过之而无不及。

美国和欧洲经济危机为什么没有成为中国经济的机遇，反而也被拖进了危机之中。原因就是不知道"你打你的，我打我的"的道理。中国放弃了自己的优势制造业，去搞金融，比拼印货币，通货膨胀，玩房地产，搞政府投资，大搞基础设施和项目建设，随鸡起舞，自陷困境。

34. 论持久战

防御、相持、反攻，是抗日战争的三个阶段和过程。在过程中，要付出成本和代价，这不只是战争的战略，也是工业化的重要观念。办企业、做产品、搞产业、发展经济，都要有一个不断积累推进的过程，就像红军的万里长征，十分艰辛，有不少曲折弯路，但一步也不能少。春华秋实，春耕夏耘秋收冬藏，种瓜得瓜，种豆得豆，只有耕耘才有收获，任何所得都需要付出，获得利润要付出成本，一本万利是没有的。如果你不付出金钱获得财富，付出的代价将更昂贵，有可能是生命。

今天那些非议毛泽东不抗日的人不愿面对的是，蒋介石对毛泽东的抗日战略和策略大加赞扬。1938年6月，毛泽东发表《论持久战》一文，蒋介石推荐印发给国民党高级将领学习，国民党还邀请八路军去教授游击战。

当时抗战已经进行10个月，对抗战的前途有两种观点：一是亡国论。由于抗战初期国民党军队的连续溃败，这种"亡国论"影响了社会上某些阶层和部分人，使之对抗战前途产生了悲观情绪。台儿庄战役胜利后，国民党中一些人认为徐州会战是"准决战"，"是敌人的最后挣扎"，于是"速胜论"兴盛一时。在共产党内，"亡国论"一般是没有的，但有人有一种骄傲轻敌的思想，他们过于看重国民党有200万正规军的力量，因而以为抗战能够速胜。另外在共产党党内和党外都有人轻视抗日游击战争的战略地位，认为它起不了什么作用。为了进一步有力地驳斥错误论调，阐明中国共产党关于抗日战争的正确军事路线，指导全党全军和全国人民更好地坚持抗战。毛泽东于5月26日至6月3日，在延安抗日战争研究会上发表了著名的演讲《论持久战》，完整、深刻地论述了持久战的思想。

毛泽东对中日进行对比：

第一，日本是一个帝国主义的强国，它的军力、经济力和政治组织力在东方是第一等的；而中国是一个半殖民地半封建的弱国，军力、经济力和政治组织力各方面都不如敌人。

第二，日本发动的战争是侵略性的、退步的和野蛮的。日本虽是一个强国，但它已是一个趋于没落、灭亡的帝国主义国家；中国进行的战争是反侵略的正义战争，它必将唤起全国人民的觉悟和团结。更重要的是：这时的中国处于历史上进步的时代，它已经有了无产阶级，有了共产党，有了已经觉悟或正在觉悟的广大人民，有了政治上进步的军队，有了数十年的革命的传统经验，特别是中国共产党成立以来的17年的经验。

第三，日本是一个小国，先天不足，其人力、军力、财力、物力均感缺乏；中国是一个大国，地大、物博、人多、兵多。

第四，日本进行的侵略战争，遭受全世界爱好和平的人民的反对，它是失道寡助的；中国的反侵略战争得到全世界人民的同情和支援，是得道多助的。

中日战争互相矛盾着的这些基本特点，贯穿于中日双方一切大小问题和一切作战之中。这种特点在战争过程中将各依其本性发生变化，一切东西就都从这里生发出来。战争开始阶段敌我双方的力量强弱对比，规定了日本能够在中国有一定日期和一定程度的横行，得到一定程度的胜利，中国不可避免地要走一段艰难的路程，遭受一定程度的失败。但这只限于一定阶段内、一定程度上的胜与败，不能超过而至于全胜或失败。因为敌我本来是相对的强和弱，敌军力虽强，但将为其他不利的因素如野蛮退步、失道寡助、国小物匮及以小国凌大国等所减杀；我虽弱，但有其他有利因素如战争的正义进步性、国际社会的支援、地大物博、人多兵多等所补充，加之我坚持抗战和坚持抗日统一战线的努力，将更加不断地使敌强我弱的对比发生逆向变化。

因此，敌胜我败必然只限于一定阶段、一定程度，造成了持久的局面。随着战争的继续发展，敌我力量将消长变化，只要我能运用正确的政治、军事策略，竭尽最后努力，战争将越来越使敌国军民厌战、兵源枯竭、军费困难，经济危机加深，国际上愈孤立，由强而逐渐变弱，不断向下发展；战争越来越广泛地动员中国人民，军队日益壮大，敌人只能占领少数的点，我则控制广大的面，兵源物资丰富等有利条件日益发挥其作用，而且国际上也愈来愈多助，逐渐由弱变强，不断向上发展。敌我双方力量变化到一定新的阶段，将发生强弱程度上和优劣形势上的大变化，而达到敌败我胜的结果。

因此，抗日战争是长期的，最后的胜利是属于中国的。因而，"亡国论"和"速胜论"都是错误的。"亡国论"者夸大了敌强我弱这个矛盾，把它作为全部问题的论据，而忽视了其他的矛盾。"速胜论"者则相反，他们只记起了其他矛盾，而根本忘记了敌强我弱这个事实。两个相反的极端，都扭曲了客观事物的真相。

在《论持久战》中，毛泽东科学地预见了抗日战争将经历三个战略阶段。第一阶段，是敌之战略进攻，我之战略防御的时期。第二阶段，是整个战争的过渡阶段。相持阶段的时间将相当长，遇到的困难也将最多，然而它是整个战争转变的枢纽。第三阶段，是我之战略反攻阶段。中国方面经过第二阶段的长期艰苦斗争和准备，力量不断壮大，国际援助等有利因素更加增多，将使敌强我弱的形势发生根本变化，开始举行战略反攻，收复失地，取得自己的彻底解放，建立独立的民主国家，同时也就是帮助世界的反法西斯运动。

树立"过程"和成本观念

高速度往往会跌倒。中国企业吃高速度的亏已经不少。比如"跳高"和"跳远"，都是"超常规"和"跨越式"的。即使世界冠军，技术再高超，跳过去就是一个坑，也会跌倒。做企业也是这个道理。

在日常生活中，大家都喜欢买笨鸡笨猪，肉格外香，营养也好。因为机械化养的猪和鸡，生长太快，不香。有人愿意吃东北大米，因为一年一季，生长时间长，光合作用好，南方大米一年两季、三季，营养味道都不一样。还有树木，在南方的长得快，木质太松，不能做好家具，北方长白山、大兴安岭的木头就好，它生长几十年、几百年才成材，长得慢，但木质坚硬，用途广泛。

在中国做企业，"慢"比"快"难。

中国制造产品质量一直是一个问题。关于精密性，富士康有一个99.99的标准要求。

"99.99"就是质量要精确、精确、再精确。要像黄金的纯度一样，即使达不到100%，也必须达到99.99%。

郭台铭的弟弟郭台强有一次说，"4个9"讲的就是"精密"。简而言之，精密工业就是1个9，2个9，3个9，4个9……比方说，当夏天这个房间外面的温度是40摄氏度的时候，里面坐了2000人在开会，里面的室温就一定要控制在25摄氏度以下，这是第一个9的观念，给房子装上空调，就可以做到；第二个9的观念，在这2000人的房间里，空气中灰尘的粒度必须要控制在每立方米0.001克的范围里面，所以必须从空调的进气口到整个的周边窗台到地面的设施，包括你进来时脚底的灰尘，都要去设计，把灰尘拦在外面；第三个9的观念，规格更加严格，希望空气中没有任何的杂质，不管是头发里掉出来的，还是嘴巴、鼻孔里呼出来的，因此我们开始要求每一个人都要穿半导体制造专用的真空服装；第四个9的观念，你现在所设计的环境，必须是要完全没有细菌，没有病毒，所以不论是盖一座房子、做一个空调设备，还是设计一件衣服，你都要有"4个9"的观念，精密工业适合什么样的产品？适合所有的产品，主要看你的规格怎么定。因此要做精密工业，首先一定要先改变观念，观念改了以后，你就要自己去寻找方法。

山西晋城的干部到富士康学习，富士康的干部给他们出了一道数学题：如果每道工序，每个零件的合格率都是99%，那么10道工序，10种零部件组成的产品，其合格率约为90.4%。黄金纯度没有100%，产品质量必须是100%。美国波音公司生产的波音飞机，每架都有上万个零部件，哪个零部件的合格率都不允许是99.99%，人命关天，只能是100%。简单地讲，如果三条生产线上的零件合格率都是80%，80%×80%×80%=51.2%，那么其组成的产品不良率就达50%，若一条生产线有故障，就会有更高的不良率。不算不知道，一算吓一跳，细节决定成败，细节决定生存，细节关乎企业生命。

郭台铭这样解释：他说，我手里拿的是日本松下公司生产的白板笔，做得很精致，手感也很好，写出来的字非常流畅，假如富士康也要做白板笔，做到松下白板笔90%的精密度，可能只需要1年时间，但要做到99.99%，就要付出比一年长得多的时间。又比如中国制造的录像机、照相机与日本制造的相比，外观上相差不多，但功能上却相差很远，但要从90%提升到99%，就可能要5年的时间，从99%提升到99.9%，可能需要10年。从99.9%提升到99.99%，则需要再加一个10年，甚至更长的时间。这就是中国古人所说的"失之毫厘，谬以千里"。

制造是一个持续改进的过程。

35. 同王明的斗争

> 同王明在延安时期的斗争，毛泽东采取了不妥协的态度。正确的就
> 要坚持和争取，也应是企业家坚韧不拔的品格。

第一个公开批评毛泽东不抗日的是王明。毛泽东写《论持久战》之后，王明写了一首诗："四亿弗凭斗志衰，空谈持久力何来？一心坐待日苏战，阶段三分只遁牌。"在第三句下还特别加注说："此处指毛泽东假抗日，真反苏，坐待日苏战争。"

王明是1937年11月从莫斯科回国的。当时他的职务是中共驻共产国际的代表、共产国际执委等，他回国的任务是推动中共同国民党的抗日统一战线。根据共产国际的意见，王明回国后提出了"一切服从统一战线，一切通过统一战线"。在12月会议上，王明公开批评毛泽东的抗日和统一战线主张，提出："没有统一的国防军与统一的正规军是不能战胜日帝的，游击战不能战胜日本"；"我们对政权问题，不要提出改造政权机构，而是要统一的国防政府"，等等。

由于王明传达的是共产国际的意见，对与会者产生了很大影响。特别是王明一直是"左倾"路线的核心，是"左倾"路线的领袖，虽然"左倾"路线已经失败，但他的到来，还是产生了很大不安，有些人在会上检讨了洛川会议以来的统一战线策略。毛泽东在会上提出了不同的意见，坚持和陈述了自己的观点。

　　王明在12月会议结束后即前往武汉，因为蒋介石想了解共产国际对国民党的态度而特地邀请他去的。中共中央原来要王明见过蒋介石后很快就回延安，在中央工作。可是，王明离开莫斯科时就已把国民党看得比共产党更重要，把武汉看得比延安更重要，加之他历来害怕环境艰苦，因此到武汉后，他就留下来了，把中共中央代表团和长江局合并，由他担任长江局书记，周恩来为副书记。王明到武汉以后，不仅在政治上极力推行他的右倾投降主义，而且俨然以共产国际和中共中央的代表自居，把自己凌驾于中共中央之上，不经请示，即以中共中央名义发表宣言、发出指示，把持中共中央长江局另搞一套，在组织上闹独立性。

　　王明把持中共中央长江局破坏党的纪律和统一、反对毛泽东，连李德也看不下去，他在《中国纪事》中写道："我们把长江局叫做'第二政治局'。"

　　为什么在坚持抗日、坚持统一战线的共同主张下，毛泽东、王明之间会产生这么尖锐的分歧？王明为什么一直不顾中国的实际情况坚持他那些错误主张？毛泽东后来说过："王明问题的关键、症结之所在，就是他对自己的事考虑得太少了，对别人的事却操心太多了。"这真是一针见血的评论。王明考虑问题的基本出发点，就是不要得罪国民党，求得他们不脱离抗日阵营，以免苏联遭受两面作战的危险；至于中国人民的利益和中国的实际情况，却不是或很少在他考虑的范围之内。其实，放弃斗争，一味退让，不仅不利于中国人民的利益，而且也不可能使国共合作真正保持下去。

　　1938年3月，根据王明的提议，中央政治局派任弼时前往共产国际，不仅代表中共中央向共产国际递交了《中国抗日战争的形势与中国共产党的工作和任务》的书面报告大纲，并且向共产国际执委会作了详细的口头报告。他详细介绍了抗战以来中国国内的变化、抗日民族统一战线的状况、党的状况以及八路军的作战情况，包括国共合作以来的特点、困难和阻碍。他还单独向季米特洛夫作了报告。

　　1938年7月王稼祥从莫斯科回国，季米特洛夫已经较多地了解了中国抗战的情况和王明的另搞一套，在约见王稼祥和任弼时谈话时说："应该承认毛泽东同志是中国革命实际斗争中产生出来的领袖，请告诉王明，不要竞争了吧！"9月上旬，王稼祥一回到延安，就向毛泽东等中央领导同志汇报了情况。党中央决定9月下旬在延安举行扩大的六届六中全会，并将此决定及时地电告仍在武汉的王明等。

王明预感到共产国际新指示由王稼祥传达，于己不利，左思右想，想出一计，马上给中央发了一份电报，狂妄地提出要毛泽东等全体中央领导同志和中央委员都到武汉去举行六届六中全会。他借口自己是共产国际执委会委员和主席团成员，传达共产国际指示的会议应该由他来主持。这一无理要求，理所当然地受到了党中央和毛泽东等同志的拒绝。王明又生一计，立刻又给自己的安徽同乡和留苏同学王稼祥发了一份电报，要他迅速赶到武汉，与他这位共产国际主席团成员先行单独商谈传达共产国际指示的问题，被王稼祥拒绝。王明又生出第三计。他回电中共中央说准备回延安出席六届六中全会，不过政治报告要由他来作。一般来说，会议的政治报告谁作，就意味着谁是第一把手。王明很懂得这一套，也很会来事，非力争不可，这也充分暴露了王明极高的权力欲望。党中央电复王明：你来延安开会极好，报告的事到延安再定。

中共扩大的六届六中全会，传达了共产国际的指示，批准了以毛泽东为代表的中央政治局路线，巩固了毛泽东在党中央和军队中的领袖地位。尽管共产国际指示中共中央要以毛泽东为首，但毛泽东从全局考虑和有利于工作着想，不调整中央政治局，仍以张闻天负总责，自己仍任政治局常委。王明在会上表示同意共产国际和毛泽东的意见。

如果说，遵义会议独立自主地纠正和结束了王明"左倾"冒险主义路线，确立了毛泽东在党中央和红军中的领导地位，那么，中共六届六中扩大会议就是批评了王明"右倾"投降主义，在共产国际指示下巩固了毛泽东在党中央和军队中的领导地位。

从那时起，王明这株棵棵赫赫有名的牡丹花，也开始凋零了。但是王明并不甘心，还是小动作不断，完全清算王明的"左倾"机会主义路线，则是在两年后的延安整风。

正确的就要坚持和争取

国有企业改制是改革的重要途径，但阻力重重，越是知名企业，改制越难，很多企业家和企业都倒在改制的路上。而TCL是为数不多成功改制的案例，为此，李东生争取了7年。

1992年开始引进电视机，1997年做电脑，1999年做手机，TCL产业逐步扩展。上世纪90年代后期，在中国电子产业里面，TCL成为成长最快、最有竞争力企业之一。在企业扩展过程中，基本上都是靠企业自身的积累和在社会上筹集的资源，没有伸手向国家要过投资。最后，企业有了一个很好的回报。国家没有直接投资，并不等于没有利用政府的资源。主要资源是银行贷款，前10年TCL在政府银行借了很多钱。多年来，李东生一直在想，政府并没有给TCL集团作过投资，但却是百分之百的国有。多年来，TCL对政府财政税收贡献逐年增加，政府对企业多支持，不干预，但这只是政府领导和企业的一种临时性的默契，不是体制的契约和约束。从企业来说，民营企业最大的活力在于利益和责任的结合。只有设立一种机制让员工更加主动地把公司的利益和个人的回报结合起来，企业才能获得更大活力和动力。TCL要走出惠州，成为世界企业，就必须走改制之路。

国企改制并没有成功的案例借鉴，李东生通过多方研究，制定了一个改制方案，称作"阿波罗"计划。改制方案听取各方面意见，几易其稿。最后方案参照当时的政策法规，政策法规不能做的一定不做。改制方案有利于企业的发展，有利于各方利益的平衡。改制不动存量资产，这是改制经得起检验的一个基础。这意味着改制起步的时候国家虽然没给过投资，但这个资产是政府的。不动存量资产，改制形成后对新的资产进行重新定义，在法律上站得住脚。增量资产分配体现国家政府股东得大头。规定一个阶梯分配比例，回报率高，企业分配高，按环比计算，五年期。方案以回报率10%为起跳点，超过的部分按政府得大头分享。企业获得的部分，李东生拿三分之一，三分之二拿来激励团队。

这个方案提报给惠州市政府，很快获得通过。大家觉得所有企业都能够这么来做，对政府绝对是好的。而且也没有什么风险，因为存量资产没有动，增量资产政府也把基本的那部分先全都拿了，然后在超额那一部分也是拿大头。另外企业得到这些钱之后要转成公司的股份，等于你钱还是没拿走。

由于事情敏感，根据市政府要求计划悄悄实施，没有对外宣布，只有电视台拍了一些资料保存。从1997年开始，企业授权经营，实行增资减股的方案，使企业性质开始发生变化，从100%国有变成国有控股。到2002年，国有资本占60%，其他的股份占40%。2002年企业改制开始，这个阶段发展也非常快。除了业务上的拓展，产品门类的增加，规模的增加，企业业务也开始从国内走向国外。2002年TCL开始股份制改造，主要是引入外国战略投资。当年飞利浦、东芝、住友，还有香港的两家公司，从政府手上购买了一部分股权，企业变成了地方政府相对控股，地方政府股权转到地方政府下设的投资公司，整个企业结构规范化，变成了股权结构多元化的公司。接下来的改制，使企业管理团队成为了股东，虽然是小股东，但是改制激励作用非常大。企业在发展过程当中，实现快速发展，国有资产快速增值的同时，让管理团队也能够成为企业的股东，为企业的发展直接承担责任和风险。

市领导对李东生说："企业改制一定要培养一个老板。既然培养你当老板，你就要担责任，担责任不能凭口来讲，你得要有风险抵押金放进来。企业的其他人可以不拿，你李东生不拿不行。"风险金50万元，李东生拿不出这么多钱，七拼八凑，交了20万元现金，把自己和父亲的两套房子作抵押，才凑够数。这是李东生的全部资产。

1997年，李东生和团队获得了一些股权奖励，又转买成公司股份，税应该怎么缴，也没有前例可循。惠州市税务部门就向上请示，一直请示到税务总局，给出明确的答复。有几年，李东生在惠州市交个税最多。

2004年1月30日，停发3年的深交所发行第一只新股，TCL集团整体上市，TCL股票6.88元开盘，冲高到7.59元，最后以7.59元收盘，涨幅78.17%。据测算，TCL上市融资17亿元。

TCL整体上市，让实施7年的"阿波罗"企业改制计划全面实现。

36. 全党学理论

> 读书学习、思想教育，是共产党行之有效的传统。中国企业家热爱读书的人很多，有很多人攻读MBA。马克思主义是从西方来的，MBA也来自西方，但如何学习，毛泽东的方法仍有现实意义。

"要团结，不要分裂；要光明正大，不搞阴谋诡计；要搞马克思主义，不搞修正主义。"这是毛泽东总结党内路线斗争讲了很多年的话。学习马克思主义理论的传统始自延安。

王明回国来到延安，不只是要争党的领导权，而且是危害中共四年之久，丢失根据地，让红军损失惨重的"左倾"机会主义再一次回到党内。因为站在"左倾"机会主义的前台是博古等人，但幕后的核心人物是王明，博古等人都受王明的影响和操纵。

与王明的斗争焦点看起来是与国民党的关系问题，表现出来的是"一切服从国民党"的右倾，但根源是"左倾"机会主义。王明的到来为彻底清算"左倾"机会主义提供了契机，而长征后的环境也有了这样的条件。

王明等"左倾"机会主义代表的特点是以正宗的马克思主义和理论家自居，而毛泽东代表的正确路线则被他们讥讽为"山沟沟里的马克思主义"，是"农民意识"。毛泽东意识到必须从思想理论上才能彻底打倒"左倾"机会主义。

整风运动是从党中央一级的高级干部进行马克思主义理论的整风学习和

党的历史路线问题的研究开始的。对党的历史路线问题的研究，是在1941年秋毛泽东主持编辑《六大以来》的过程中进行的，但号召开展马克思主义理论的学习则可以追溯到1938年10月的六届六中全会。六届六中全会上，毛泽东专门论述了学习问题，强调"使马克思主义在中国具体化，使之在其每一表现中带着必须有的中国的特性，即是说，按照中国的特点去应用它，成为全党亟待了解并亟待解决的问题"。六中全会以后，毛泽东把加强马克思主义理论学习作为"有头等重要意义"的工作来抓，从1939年开始有组织地掀起了一个学习运动。2月，毛泽东号召全党同志研究学问，把全党变成一个大学校。在1940年这一年，中央关于干部教育先后发出了7个指示文件，初步建立和健全了一套干部理论学习的制度和方法。

但是，这两年的学习运动也有缺点，主要是存在理论脱离实际的倾向。尤其在国共两党关系日趋紧张的情况下，毛泽东深深感到，一些干部包括一些高级干部不会运用马列主义的立场与方法，来具体地分析和解决中国革命的问题。在1940年12月底的政治局会议上，毛泽东从打退第二次反共高潮的形势，检讨抗战以来党的方针政策。毛泽东认为苏维埃运动后期的"左"的政策使军队损失十分之九，苏区损失不止十分之九，所剩只有陕北苏区，实际上比立三路线时的损失还大。遵义会议的决议只说是军事上的错误，没有说是路线上的错误，实际上是路线上的错误，遵义会议的决议须有修改。毛泽东说，大革命末期陈独秀主张"联合一切"，苏维埃运动末期又走到"打倒一切"。"联合一切"、"打倒一切"都不是马列主义，而当时党的很多领导人都认为是马列主义。毛泽东接连采取了一些重要措施来解决理论教育如何联系中国社会和革命实际的问题。

1941年5月19日，毛泽东作《改造我们的学习》的报告。实际上，这是整风学习的动员。他在报告中说，研究理论有两种互相对立的态度：一种是马克思列宁主义的态度，就是有目的地去研究马克思列宁主义的理论，为解决中国革命的理论问题和策略问题而去从中找立场，找观点，找方法。另一种态度是主观主义的态度，就是抽象地无目的地去研究马克思列宁主义的理论，许多做研究工作的人对于研究今天的中国和昨天的中国一概没有兴趣，许多做实际工作的人往往单凭热情，把感想当政策。他们都凭主观，忽视客观实际事物的存在，夸夸其谈，自以为是。毛泽东说："这种作风，拿了律己，则害了自己；拿了教人，则害了别人；拿了指导革命，则害了革命。"

毛泽东在报告中突出地强调了"实事求是"的重要性。"'实事'就是客观存在着的一切事物，'是'就是客观事物的内部联系，即规律性，'求'就是我们去研究。我们要从国内外、省内外、县内外、区内外的实际情况出发，从其中引出其固有的而不是臆造的规律性，即找出周围事变的内部联系，作为我们行动的向导。而要这样做，就须不凭主观想象，不凭一时的热情，不凭死的书本，而凭客观存在的事实，详细地占有材料，在马克思列宁主义一般原理的指导下，从这些材料中引出正确的结论。这种结论，不是甲乙丙丁的现象罗列，也不是夸夸其谈的滥调文章，而是科学的结论。这种态度，有实事求是之意，无哗众取宠之心。这种态度，就是党性的表现，就是理论和实际统一的马克思列宁主义的作风。这是一个共产党员起码应该具备的态度。"

对中国企业界危害巨大的三本书

中国企业家爱学习。但学什么、怎么学，不少是囫囵吞枣。

2012年美国大选，奥巴马和罗姆尼比赛谁对中国更狠。三一重工收购美国企业被阻，华为中兴也成了目标。光伏等产业被美国严厉反倾销。中国企业感觉无辜无助，市场经济的民主国家美国为什么是这个样子，世界不是平等的吗？怎么堡垒这么强大？这让热读《世界是平的》的中国企业家们手足无措。

《世界是平的》、《蓝海战略》和《货币战争》是近些年对中国企业界危害至深的三本书。

《世界是平的》是美国记者托马斯·弗里德曼用了4年时间写成的一本重点论述"全球化"的专著。此书的论点是：全球化不只是一种现象，也不只是一种短暂的趋势。它是一种取代冷战体系的国际体系。全球化是资本、技术和信息超越国界的结合，这种结合创造了一个单一的全球市场，在某种程度上也可以说是一个全球村。《世界是平的》用一种无可置疑的口气宣称："世界是平的。"就像当年哥伦布航行至新大陆宣告"地球是圆的"一样。

中国企业在读《世界是平的》的时候，多有一种分享全球化的幸福感，看到了其中的机会。但是没有想到的是，2007年底开始的全球经济危机却让我们品尝到全球化的苦果，美国的次贷危机正是利用全球化快速蔓延到全世界。而这时，中国企业也发现平的世界里到处竖立着贸易壁垒，甚至连最开放的美国也喊出了"买美国货"的口号。美国对中国虽然有2万多亿美元的逆差，仍然对中国实施高科技封锁，不肯承认中国的市场经济地位，虽然对中国的敌意略有改变，但阻止中国崛起的战略并没有改变。在全球化的舞台上，中国仍然遭受重重阻击打压，这是中国企业家们所没有想到的。

《世界是平的》一书写得引人入胜，作者随处拈来的论据似乎也令人信服，但保罗·克鲁格曼的评论一针见血：令人信服的东西不一定是真实的。中国企业正是被假象所迷惑，去追逐世界潮流，而失去了自我的根基和竞争力。

对中国企业界危害至深的还有一本书《蓝海战略》。这本书在国外的情况不得而知，但是引入中国后成为国内最畅销的管理类书籍却是事实。盲目跟风是国内企业在学习当中的积弊，而蓝海战略在中国被追捧的热度大大超过了其在国外被认可的程度，是因为它正迎合了目前一些中国企业的心态。蓝海战略并非是一种全新的、突破性的理论。它只是提供了一些企业寻求差异化的方法。这本书之所以受到追捧，是这本书的机会主义理论迎合了一些国内企业家的心理。

中国企业经过改革开放20年的成长，大家突然发现以往的高速成长遇到了阻碍，以往每年30%、50%、100%的增长没有了，特别是一些大企业在规模做到百亿之后，差不多都遇到了成长的瓶颈，出现了"天花板"效应。大家左冲右突，价格战、多元化、国际化，十八般武艺都已用尽，甚至已经头破血流，感觉筋疲力尽。这时候大家特别怀念过去的日子，那是一个充满机会的年代，只要你有勇气，做啥啥顺，如鱼得水。现在是机会越来越少，竞争越来越大。大家都在寻找机会。"蓝海战略"就是迎合了这种心理，教给大家一个"红海"、"蓝海"的现实认知，鼓励大家摒弃竞争，驶向那片充满机会没有竞争的"蓝海"。其实，"蓝海"只是一种幻觉，只是海市蜃楼中的美景。在充分竞争的市场条件下，想做到人无我有，已经很难，只能做得比别人好。

《货币战争》这本书的危害也不小。2007年底开始暴发的美国金融危机让这本书着实火了一把。美国的货币战争、货币阴谋，让国人看透资本主义的实质，中国要出大金融家，要赢得货币战争的呼声此起彼伏。甚至有人惊叹，中国缺的就是金融家，而不是企业家。与金融战相比，制造业等简直就是小儿科。

对《货币战争》的误读，在于很多人不知道这是一本小说演义类的消遣性读物，而不是一本财经书。因为财经书可以有不同的观点和解读，但事实必须是真实的。而这本书看起来是写了一些真人真事，但很多离奇的内容、故事、情节是编造想象的，为文学类作品。即使是这本书的支持者，也承认这是本当做《三国演义》读的书，而不是《三国志》。

《货币战争》一书主要写历史。但是，它轻率地改写了人们早已广为接受的世界近代史，尤其是美国历史，使历史面目全非！简单得出格，歪曲得离谱，难免给人哗众取宠之嫌。有评论指出，《货币战争》一书主要写金融。由于文笔流畅，且引述了许多历史典故、传说、轶事、名人语录等，它引人入胜，勾起了一般读者对枯燥金融问题的兴趣，这是该书的一个贡献。但遗憾的是，该书对许多经济历史事件或人物的描述谬误甚多，断章取义、牵强附会、言过其实，或根本就是妄加猜测、肆意定论，给读者提供了错误的信息，并有可能误导政策制定者。像这样的书，在美国曾经出版过几本，由于美国人对金融比较熟悉，自然知道其中的演义不可信，也就不去在意。《货币战争》的内容就是从美国的那些读物中摘抄过来的，没想到在中国却火了一把。如果读者尤其是政府决策者把它视为一本真实与严谨的书籍，对书中所作结论或政策建议认真待之，那么我们就不能不表示惊讶，甚至不安。

中国的企业家都跃跃欲试，要参与到金融战之中。

37. 实践论

实践是检验真理的唯一标准，实践是理论的源泉。现在，人们回避矛盾，不敢读《矛盾论》，有人也轻视实践，不敢面对现实问题，就是不敢面对实践，就犯了这样那样的错误，走了不少弯路和遇到不少挫折，经济发展中付出的高代价，根源就在于此。

毛泽东号召全党学理论，他首先做出了表率。

在井冈山时期，从中央派来的代表们就讥笑"山沟沟里出不了马克思主义"。遵义会议博古的坚定支持者凯丰反对毛泽东重新出来指挥红军，说毛泽东没啥了不起，打仗就靠一本《孙子兵法》。毛泽东承认，那时候没有读过《孙子兵法》。

红军完成长征到达陕北后，有了一段较安定的环境，毛泽东开始从理论上系统总结井冈山以来军事斗争的经验教训，先后写下《论反对日本帝国主义的策略》、《中国革命战争的战略问题》。显然，毛泽东的军事理论和思想在马克思的著作里找不到，那么毛泽东的这些理论是从哪里来的呢？毛泽东又写了《实践论》和《矛盾论》，毛泽东是从战争中学习战争，理论是从实践中来的，这是马克思主义方法论和辩证法。

在北大图书馆当管理员时，毛泽东就读过《共产党宣言》等马克思的书。红军打下漳州后，毛泽东也找到了不少马克思的书。到了陕北，就从多种渠道搜集马克思和西方的一些哲学著作来读。美国记者斯诺曾写道，毛泽东得到了一些哲学书后，就通读几天几夜，推迟了他的采访。

1937年7、8月，毛泽东应红军大学的请求，向学员讲授唯物论和辩证法。总政治部把他讲课的记录稿整理出来，经他同意，打印若干份。以后，毛泽东把其中的两节，经过整理，收入《毛泽东选集》中的《实践论》和《矛盾论》。

《实践论》就是以认识与实践的正确关系为核心，全面而系统地阐述和发挥了辩证唯物主义认识论的基本原则。毛泽东从物质第一性、意识第二性这一唯物主义的根本原理出发，强调了认识对实践的依赖关系。"只有人们的社会实践，才是人们对于外界认识的真理性的标准。"社会实践是推动人们的认识由低级向高级、由浅入深、由片面到更多方面的动力，也是认识真理性的标准和认识的目的。因此，"实践的观点是辩证唯物论的认识论之第一的和基本的观点"。

那么，人的认识究竟怎样从实践出发，而又服务于实践呢？人的认识过程有感性认识和理性认识两个阶段。"人在实践过程中，开始只是看到过程中各个事物的现象方面，看到各个事物的片面，看到各个事物之间的外部联系。"这是认识的感性阶段。"社会实践的继续，使人们在实践中引起感觉和印象的东西反复了多次，于是在人们的脑子里生出了一个认识过程中的突变（即飞跃），产生了概念。概念这种东西已经不是事物的现象，不是事物的各个片面，不是它们的外部联系，而是抓着了事物的本质，事物的全体，事物的内部联系了。概念同感觉，不但是数量上的差别，而且有了性质上的差别。循此继进，使用判断和推理的方法，就可产生出合乎情理的结论来。"这是认识的理性阶段。前者只解决现象问题，后者才解决本质问题。

毛泽东指出：教条主义和经验主义，都是违背辩证唯物论的认识论的。教条主义者否认认识开始于实践，否认感性认识的必要性。他们总是从书本出发，忽视对实际情况的具体分析，生吞活剥地引证马克思列宁主义书本中的个别词句去指导革命。经验主义局限于一时一地的片面的感性认识，沾沾自喜于一得之功和一孔之见，而忽视理论的指导作用。他们在认识论的全体上都是错误的。

《实践论》提出：由感性认识进到理性认识，并不意味着认识过程的完结，它只说到问题的一半，而且是十分重要的那一半。"马克思主义的哲学认为，十分重要的问题，不在于懂得了客观世界的规律性，因而能够解释世界，而在于掌握这种对于客观世界规律性的认识去能动地改造世界。"理论之是否正确，是否符合客观世界的规律性，并不能由主观上觉得如何而定，而是要应用理论于实践，看它是否能够达到预想的结果，在实践中检验其真理性，纠正其不完全性和错误，实践是检验真理的标准。客观世界的运动变化永远没有完结，人们在实践中对于真理的认识也就永远没有完结。"马克思主义者承认，在绝对的总的宇宙发展过程中，各个具体过程的发展都是相对的，因而在绝对真理的长河中，人们对于在各个一定发展阶段上的具体过程的认识只具有相对的真理性。无数相对的真理之总和，就是绝对的真理。""马克思列宁主义并没有结束真理，而是在实践中不断地开辟认识真理的道路。"

毛泽东演讲《实践论》和《矛盾论》之后，再也没有人敢讲毛泽东不懂马克思主义理论了。毛泽东已经占据了马克思主义理论的制高点。

实践之道在现场

现在有一种倾向，不少人喜欢听大师演讲，要学大师的管理智慧和理念，看起来是很善于学习，但是，讲堂上找不到管理的答案，管理的答案仍在现场，企业的解决之道在现场。

广东冠华是一家纺织企业，它是港资企业，在香港业内能排进前五位。它的主要基地在广东佛山，看到它的工厂，你会摸不着头脑，感觉太不符合企业的经营之道，多元化到没有章法。有印染厂、有织布厂、有服装厂，还有热电厂、化工厂，工厂建得也有点偏僻。但是你听了冠华陈老板的介绍，你就明白原来里面有太多道道。

冠华原是香港的一家纺织印染厂，在香港最头痛的是污水处理，这不是钱能解决的事情，污水处理厂要建到八楼上。到内地投资，第一个想到的就是供水要充足，污水处理要做好。工厂就建在了珠江边的一个河汊上。水解决了，电也好解决，但热气却要自己配套，没有别人给你配。自己生产热气，不妨就建个热电厂，一厂多用，就不浪费。所以冠华就自建了热电厂，既供电又供气。

从香港的经验，陈老板体会到环保的重要性。电厂要烧无烟煤，他就到贵州去收购了一家无烟煤矿，为热电厂做原料。煤挖出来，汽车运输几十公里运到广西的港口，公司还有专门的运煤船，一路水运到工厂门口。水运的成本比陆路运输低了太多。工厂建了小码头，到别的地方装卸一吨煤价格五六十元，自己装卸，不到10块钱。煤炭从开采到运输，成本的降低是令人想象不到的。

为什么要建化工厂？第一，化工厂也是自我配套，可生产纺织印染用的助剂，还有其他产品，也是市场上紧缺的。他的老家福建就需要大量这种化工原料，技术、产品、市场都直接嫁接。建化工厂最难的是报批和配套，要建污水处理，要有锅炉。而这两项重大配套，冠华都有，从投资上来说，就比新建一个化工厂节省近一半。一个看起来不搭界的化工厂，原来关联性这么强。

冠华特别注意污水处理，巨额投资采用世界上最先进的纳米技术处理污水，70%的污水处理后可直接再回厂使用，只有30%的污水处理合格后排放。这实际上是节约了大量的水资源。污水处理后沉淀的污泥经过处理，送到热电厂燃烧做原料，燃烧值非常高，每天都能节省数吨煤。这就是利润啊。污水处理有一道生化工序，需要培养大量的微生物，冠华就自己养猪，粪便用来培养微生物，猪养大了就给员工改善生活，差不多每天都能杀头猪。

印染需要用水、用电和人工，这些年大多数时间泡在车间里，捉摸每一个设备，自己动手改造，车间的设备差不多被他改了一个遍，总节水超过50%，有的设备原来要8个人手工操作，现在一个人操作，还不用太辛苦。冠华的设备，是在外面买不到的。有一次为了改进设备，陈钻到设备里面，因为温度太高，在里面太久，他差点窒息在里面。

陈说，冠华的这套模式是根据资源利用延伸出来的，书本上没有，甚至是被批判的。但冠华就是从现场和实践中不断地发现问题,发现课题,不断地研究改进,才创出了自己的模式。同行业比,冠华的成本就少30%左右,这就是企业的竞争力。

对于企业来说,排在第一位的就是现场。"管理在现场"有什么好处?第一,能够发现问题;第二,能够找到解决办法;第三,也能很快解决问题;第四,可以使组织氛围更加贴近现场,干群关系更加融洽;第五,对上了年纪的人还有锻炼身体的好处。

怎么样做到"管理在现场"?首先要多去现场,并且要有明确的目的,带着问题去现场,列入每月的计划中;其次,落实"管理在现场",还要多开现场会,现场诊断问题、发现问题;再次,保证"管理在现场",最重要的还是授权,就是现场的问题要现场解决。

最重要的一条,老板第一个要出现在现场。

38. 整顿党风

延安整风也遭非议，把整风讲成整人。其实，整风就是要把问题亮出来，把话讲明白，把道理论清楚，讲完了，放下心里的包袱。也许只有毛泽东敢这样做，心底无私才这样做。企业整风也是一个有效的方法。因为矛盾是客观存在的，有矛盾就要解决，如果视而不见，让矛盾积累到一定程度，就发生冲突，给企业造成损失。敢于揭露矛盾的公司才是有力量的公司，掩盖矛盾的企业往往是将要出问题的企业。

延安期间，不但发生了王明的右倾机会主义，还发生了张国焘叛逃直接投靠国民党的事件。项英曾经是"左倾"路线的代表，抗战期间转右，在皖南事变当中担任新四军政委的项英不执行中央的电报指示，延误了新四军突破国民党军队包围圈的时机，造成重大损失，项英也在战斗中牺牲。这些都促使中央弄清土地革命战争时期以来的路线问题。1941年九月会议，拉开了中央整风的序幕，提出了批判宗派主义和主观主义。

在思想整风阶段，毛泽东在1942年2月1日和8日先后在中央党校开学典礼上作了《整顿党的作风》和在中央宣传部干部会议上作了《反对党八股》的整风动员报告。毛泽东全面论述了整风的任务、内容、办法和意义。"反对主观主义以整顿学风，反对宗派主义以整顿党风，反对党八股以整顿文风，这就是我们的任务。"他说：党内的主观主义有两种，一种是教条主义，一种是经验主义，"现在在我们党内还是教条主义更为危险"。这两种主观主义，都是理论与实际相脱离的。"马克思列宁主义理论和中国革命实际，怎样互相联系呢？拿一句通俗的话来讲，就是'有的放矢'。""马克思列宁主义之箭，必须用了去射中国革命之。这个问题不讲明白，我们党的理论水平永远不会提高，中国革命也永远不会胜利。"

关于宗派主义，毛泽东认为是主观主义在组织关系上的一种表现。他要求正确处理党内的各种相互关系，以达到队伍整齐、步调一致的目的。同时也要消灭党外关系上的宗派主义，"其理由就是：单是团结全党同志还不能战胜敌人，必须团结全国人民才能战胜敌人"。他着重地说："对于一切愿意同我们合作以及可能同我们合作的人，我们只有同他们合作的义务，绝无排斥他们的权利。"

关于党八股，毛泽东认为它是主观主义和宗派主义的宣传工具或表现形式。如果不把党八股除去，那么，生动活泼的革命精神就不能启发，拿不正确的态度对待马克思主义的恶习就不能肃清，真正的马克思主义就不能得到广泛的传播和发展。他说："主观主义、宗派主义和党八股，这三种东西，都是反马克思主义的，都不是无产阶级所需要的。……这些东西在我们党内，是小资产阶级思想的反映。"

关于整风的意义，毛泽东强调："只要我们党的作风完全正派了，全国人民就会跟我们学。党外有这种不良风气的人，只要他们是善良的，就会跟我们学，改正他们的错误，这样就会影响全民族。只要我们共产党的队伍是整齐的，步调是一致的，兵是精兵，武器是好武器，那么，任何强大的敌人都是能被我们打倒的。"

关于整风的方针和方法，毛泽东提出八个大字"惩前毖后，治病救人"作为整风的宗旨。具体讲就是："对以前的错误一定要揭发，不讲情面，要以科学的态度来分析批判过去的坏东西，以便使后来的工作慎重些，做得好一些。"但是我们揭发错误、批判缺点的目的，好像医生治病一样，完全是为了救人，而不是为了把人整死。毛泽东说："这个工作绝不是痛快一时，乱打一顿，所能奏效的。对待思想上的毛病和政治上的毛病，决不能采用鲁莽的态度。"他强调要好好地说理，说这个工作"做起来必须得当，就是说，要好好地说理。如果说理说得好，说得恰当，那是会有效力的"。

整风是如何进行的？毛泽东在1943年6月致彭德怀电中对整风运动各阶段的内容及各环节的相互关系作了一个简明的概括。他说："整风前一阶段注重学风是正确的，但后一阶段便应注重党风。因学风是思想方法问题，党风是实践问题，只有在后一时期注重党风，才能将思想方法应用于党性的实践，克服党性不纯现象。在党风学习中，自我批评应更重要，应发动各人写一次反省笔记。党风最后阶段还应发动各人写思想自传，可三番五次地写，以写好为度。最后则发动坦白运动，叫各人将一切对不住党的事通通讲出来。在此阶段内应着重提出反对自由主义错误，从思想上纠正党内自由主义。直待党风学完后才实行审查干部（主要是清查内奸）。如能真正做好整风，真正做好审查干部，就算是了不起的成绩，我党百年大计即已奠定。"

敢于揭露矛盾才有力量

中国很多成功企业都整风。华为任正非说：相互提意见时一定要和风细雨。我认为，批评别人应该是请客吃饭，应该是绘画、绣花，要温良恭让。一定不要把内部的民主生活会变成了有火药味的会议，高级干部尖锐一些，是他们素质高，越到基层应越温和。事情不能指望一次说完，一年不行，两年也可以，三年进步也不迟。我希望各级干部在组织自我批判的民主生活会议上，千万要把握尺度。我认为人是怕痛的，太痛了也不太好，像绘画、绣花一样，细细致致地帮人家分析他的缺点，提出改进措施来，和风细雨式最好。

任正非还说：在本职工作中，我们一定要敢于负责任，使流程速度加快，对明哲保身的人一定要清除。华为给了员工很好的利益，于是有人说千万不要丢了这个位子，千万不要丢掉这个利益。凡是要保自己利益的人，要免除他的职务，因他已经是变革的绊脚石。在去年的一年里，如果没有改进行为的，甚至一次错误也没犯过，工作也没有改进的，是不是可以就地免除他的职务。他的部门的人均效益没提高，他这个科长就不能当了。他说他也没有犯错啊，没犯错就可以当干部吗？有些人没犯过一次错误，因为他一件事情都没做。而有些人在工作中犯了一些错误，但他管理的部门人均效益提升很大，我认为这种干部就要用。对既没犯过错误，又没有改进的干部可以就地免职。

2006年下半年，TCL集团高管每人发到一本毛泽东的《论持久战》。市面上这本书已经很难找得到，有关人员还是尽力搜寻，给每个高管发了一本。

2004年TCL并购法国汤姆逊，提出18个月扭亏盈利的目标。但2005年TCL巨额亏损，2006年亏损局面仍然不能扭转，欧洲和美国业务都出现亏损。2007年必须扭亏，任务艰巨，否则公司连续三年亏损，就面临被ST的局面。

2003年初，法国汤姆逊公司上门洽谈。汤姆逊公司是彩电的鼻祖，全球拥有专利超过3.4万项，在欧洲、北美地区拥有成熟的销售网络，通过汤姆逊在北美、墨西哥、欧盟的市场，还可以避开欧美市场的贸易壁垒。TCL重金聘请波士顿投资、摩根士丹利和安永会计事务所进行投资审核和评估。2003年11月30日，TCL与法国汤姆逊公司签署合作意向书，创立年产1800万台的全球最大彩电企业。但在即将签约的10天前，TCL发现了对方一个3000万美元的财务缺口，李东生立即给对方发书面函，希望推迟签约。对方承诺给TCL一个额外的补偿。因为合作形式是股权置换，汤姆逊把资产放进来，TCL给它股权，意味着并购不但没花一分钱，反而还有一笔现金收入。2004年1月29日凌晨3点，经过艰难的谈判，李东生觉得自己从姆逊那里拿到的额外补偿基本达到了心理预期，合同签署。2004年8月，五星红旗在汤姆逊欧洲总部升起，全球最大的彩电企业TCL-汤姆逊合资公司成立。接着又成功并购阿尔卡特手机业务。TCL并购汤姆逊彩电，未掏一分现金，只是向合资公司转移全部电视及DVD业务和资产，甚至还拿回了一部分现金。并购阿尔卡特投入了5500万欧元现金。可以说这两个企业都没花钱，是合算的买卖。

但现在出现亏损，外界冷言冷语，内部出现争议。综合内外观点，无非是"必胜论"和"速胜论"两种。中国企业经历了20多年的高增长，TCL从来没亏损过，一下子出现巨额亏损，大家都接受不了。一亏损就出现悲观情绪，失去信心。

李东生坚定地认为，国际化没有错，要成为一个国际化公司，就必须走出去。走出去的时机和方法只是战术问题，不走出去，就不知道会遇到什么问题。走出去就是要探索出一条国际化道路。以日本、韩国企业国际化的历程来看，中国企业的国际化不可能轻易地一蹴而就，要打持久战。2005年下半年，李东生在集团经管会扩大会上讲话，指出TCL国际化三步走的策略，第一步扭亏，第二步健康，第三步成长。

实际上，2005年的亏损不只是国际化带来的。2005年TCL通讯亏损高达16.08亿港元，是国内业务的亏损。国际化走出去，不但遇到了国际化整合中的诸多困难，同时也暴露出来TCL集团自身的一些缺陷和问题。TCL在20多年的发展中，在企业文化方面积淀下不少精华，比如：企业家精神，勇于承担责任，扎硬营、打死仗，变革创新，速度、效率、成本等。但是这些年随着条件的好转，企业文化的基因发生变异，很多优良传统正在逐步丢失，许多管理干部没有了锐意变革的勇气和责任，远离了反省自躬的气度。只有解决企业自身的这些问题，弥补民营企业自身的缺陷，才有力量和能力克服国际化当中遇到的困难。

TCL决定进行一次文化创新和企业再造。活动之一是"延安行"。2006年7月14日至17日，TCL150名高管在延安进行了两天的户外拓展活动。"延安行"分为四个模块：黄陵祭祖、宝塔誓师、高原穿越、壶口放歌。其中"高原穿越"进行了近4个小时的高原野营拉练。

延安就是中国革命后期的转折点、重要的发源地，毛泽东很多重要的思想都是从这里出来的。《论持久战》就是在延安的窑洞里写成的。在延安，还举行了著名的延安整风运动，反对主观主义、反对宗派主义和反对党八股。TCL企业文化变革提出三个改造：改造我们的学习，改造我们的流程，改造我们的组织，就是受了延安整风的启示。

李东生在延安演讲说："我们必须明白，TCL目前面临的危机是深层次的原因，在于我们企业文化的某些方面发生了改变，在于我们未能将我们的核心价值观真正落实到位。我们必须像当年延安整风那样，勇敢地直面现实，痛下决心改变我们在过往所形成的一些恶劣的、阻碍我们企业发展的行为习惯和工作作风。我们必须下大力气变革TCL的企业文化和管理理念，使之成为我们TCL国际化事业的有力支持，而不是阻碍我们发展的瓶颈。"

2006年8月，李东生下定决心向欧洲公司动手：退出欧洲彩电销售，转向贴牌生产，450名员工将被解雇；阿尔卡特手机也做出相应调整。

2007年，TCL集团终于迎来国际化的曙光，集团整体扭亏为盈，盈利3.8亿元。可喜的是，TCL走过了沼泽与泥泞，在全球市场上站立起来，成为国内国际化程度最高的企业。

39. 批评与自我批评

> 一个敢于自我批评的人和组织，才是无私而强大的，是阳光的组织和阳光的人。现在批评与自我批评已经弥足珍贵。人们不喜表扬与自我表扬，甚至弄虚作假、违纪违规。

中央政治局在全党整风中起了表率作用。整风的方法是批评与自我批评。

毛泽东强调，斗争的性质是两条路线的斗争，错误路线以米夫、王明、博古为首。整风学习的目的是打碎两个宗派，教条宗派是头，经验宗派是脚。教条宗派是经验宗派的灵魂，故克服前者，后者再加马列，事情就差不多了。这些宗派也可以说无组织系统，但有思想方法、政治路线为纲领。我们打碎的方法，是改造思想，以马列为武器，批判自己，批判别人。书记处提议，在整风期间，凡参加学习者，人人有批评自由；对任何人、任何文件、任何问题都可以批评。我们希望各人扩大自己头脑中的马列根据地，缩小宗派的地盘，以灵魂与人相见，把一切不可告人之隐都坦白出来，不要像《西游记》中的鲤鱼精，吃了唐僧的经，打一下，吐一字。只有内力、外力合作，整风才会有成效。

毛泽东还讲了整风的两点意见。第一，团结问题。犯路线错误或犯个别错误的同志觉悟起来，弄清路线是非，是达到真正团结的基础。我们讲以斗争求团结，有这样几个范畴：一是无产阶级与地主资产阶级求团结，必须坚决与他们反共反人民的政策进行斗争；二是无产阶级与农民、小资产阶级求团结，必须与他们的落后性、狭隘性、动摇性作斗争；三是无产阶级本身的团结，也要与本阶级中的错误倾向作斗争才能达到；四是无产阶级先锋队内部的团结，要通过自我批评与思想斗争来实现。整风是一个大的自我批评，就是以斗争求团结。我们是要把党斗好，不是斗翻，只要不把党斗翻，言论一概自由。这样做的目的就是为了对付国民党。第二，党内斗争的方法。过去党内斗争有正确的与错误的两个传统。这次整风要避免党史上的错误斗争方法。过去党内斗争没有解决思想问题，这次整风继续贯彻以马列主义自我批评方法来惩前毖后，治病救人。毛泽东的这两条意见解除了一些同志的思想顾虑，使大家更加明确了中央整风的目的、要求、政策与方法。

六届六中扩大会议批评了王明右倾投降主义，王明表示服从，被中央留在延安，担任中央统战部长，但他不肯承认错误，写了一本《为中共更加布尔什维克化而斗争》的小册子，继续鼓吹机会主义。延安整风九月会议上，王明未作丝毫的自我批评。他表示同意毛泽东的报告，承认1932年到1935年的错误是路线错误，但是强调四中全会的路线是正确的，他对博古、张闻天在中央苏区的政策和做法是不同意的；还说博古是苏维埃运动后期最主要的错误负责者，与他没有关系。他在发言中谈论了到会的和未到会的、担任中央领导的与未任中央领导的、活着的与去世的约20人的这样那样的"错误"，唯独未说他自己有什么政治性错误。这无疑是在转移目标，把水搅浑来保护自己。整风开始后，王明又称病，不参加会议。

1942年10月14日，根据中央书记处会议精神，毛泽东在西北局高干会做报告时局与学习问题，第一次在比较大的范围公开点名批评王明路线。毛泽东在过去政治局会议发言的基础上，对抗战时期王明路线的特点作了初步概括，这就是：（1）以速胜论反对持久战；（2）以一切经过统一战线反对独立自主；（3）军事上反对游击战主张运动战；（4）在组织上闹独立性不服从中央，闹宗派主义。毛泽东还说，王明最近两年，一面养病，一面还做破坏活动，向一些同志讲怪话，批评中央不对。我们要有对付党可能发生破裂的准备。

中央领导层的整风便进入了第二个阶段。在11月13日的会上，毛泽东严厉地批评了王明宗派，指出：现在的中央并不是六大选的，而是四中全会、五中全会选的。王明宗派控制了中央码头。王明宗派下，最主要的人物，在政治上以"左倾"为外衣，用"国际"旗号，用马列招牌，欺骗了党十多年，现在要揭破这个大欺骗。遵义会议为什么不能提出路线问题？就是要分化他们这个宗派。这是我打祝家庄实行内部分化的一幕。当时仅仅反对军事上的机会主义，实际上解决了政治路线问题。因为领导军队的权拿过来了便是解决政治路线。如果当时提出政治路线，三人团便会分化。在前年"九月会议"前没有在党内讲王明路线错误，也是大多数人还不觉悟，等待一些同志是需要的。毛泽东还进一步评论了一些中央领导同志的功过，列举了大革命后期以来党史上一系列重大事件和重要关头时各中央领导同志的基本表现，认为有的是一贯犯错误的，有的只有个别错误；有的是不断犯错误又改正错误，有的则长期坚持错误；有的功大过小，有的有功有过，有的有过无功。

中央还从上海调来秘密档案，证明博古等在中央苏区的行动是受王明的指示，王明才承认"左倾"机会主义的错误。

1944年5月21日，中共扩大的六届七中全会审议七大的各项准备工作，其中包括关于党的几个历史问题的结论，全体一致通过了毛泽东代表政治局提出的关于党内历史问题的6项意见：1. 中央某些个别同志曾被其他一些同志怀疑为有党外问题，根据所有材料研究，认为他们不是党外问题，而是党内错误问题。2. 四中全会后1931年的上海临时中央及其它所召集的五中全会是合法的，因为当时得到共产国际的批准，但选举手续不完备，应做历史的教训。3. 对过去党的历史上的错误应该在思想上弄清楚，但其结论应力求宽大，以便团结全党共同奋斗。4. 自四中全会至遵义会议期间，党中央的领导路线是错误的，但尚有其正确的部分，应该进行适当的分析，不要否认一切。5. 六次大会虽有其缺点与错误，但其基本路线是正确的。6. 在党的历史上曾经存在过教条宗派与经验宗派，但自遵义会议以来，经过各种变化，作为政治纲领与组织形态的这两个宗派，现在已经不存在了，现在党内严重存在的是带着盲目性的山头主义倾向，应当进行切实的教育，克服此种倾向。

至此，从1941年9月政治局扩大会议开始，经1943年9月政治局扩大会议深入展开的中央领导层整风运动，历经两年八个月，最终以全党团结的形势结束了。

阳光经营

中国保险业一度经营混乱，为了规范和合规经营，大地保险对公司实行违规"双处罚"制度，有些人想不通。有人说，我们在市场上拼杀，受了伤，中了弹，单位不是让我们回后方疗伤休养，而是再补上一枪，太不近人情了。大地保险之所以这么做，加重处罚，就是表明合规经营的态度和原则，不能把为公司业务发展违规作为挡箭牌。双重处罚也意在警示大家，违规是一道红线，是不可逾越的底线。你违规操作，看起来是为了业务发展，但这样的业务不能要，它不但拖累了公司的经营利润，带来经营风险，而且可能给投保人带来危害。因此，这样的事坚决不能做，坚决处罚，不姑息迁就。

大地保险原董事长蒋明说，有人认为，公司的一些规章制度在束缚和制约业务的发展，对公司的管理要求存在畏难和抵触情绪，其实不然。细细想想会发现，各项规章制度的建立，不是凭空想象，而是在许许多多实际工作经验和教训中总结出来的。每次违法违规违纪的背后，都是由于平时对合规经营没有正确认识，认为一些违规行为是小事，是对制度的灵活掌握，是对业务的变通。"常在河边走，怎能不湿鞋"。在行业内一些因为不阳光、内部人操作造成的违规受到监管部门处罚的事例，都说明阳光经营是保险公司健康发展的前提。"千里之堤，溃以蚁穴"。只有时刻保持阳光的心态，贯彻阳光经营的理念，付诸阳光的行动，我们的工作才能赢得客户的信赖，得到公司的支持，经得住外部的检查，最终取得透明、公开、良好的经营成果。

大地保险坚持合规经营，倡导的是阳光经营，经营透明。阳光经营是一种境界。

有三种东西怕阳光。一是水，水怕阳光，阳光曝晒下，水蒸发掉了，不存在了，消失了。我们的经营者怕阳光，是因为经营有水分，数据不真实，经不起检查和考验。二是灰尘，灰尘怕阳光，阳光照射下，一点小小的灰尘都会原形毕露，无处藏身。经营者怕阳光，是因为经营不干净，有灰尘，经营业绩不是合法合规取得，而是靠歪门邪道取得的。撕单埋单、违规批退、做假赔案等违规行为也是行业内曾经比较普遍的做法。三是细菌，细菌怕阳光，大部分的细菌只能在黑暗里生长，在阳光下就会死亡。我们的经营者怕阳光，是因为经营行为有细菌，有细菌就有腐败，不排除一些管理干部在经营管理过程中管不住自己的手脚，有一些不廉政的行为。私设小金库、违规用工、搞小团体，甚至是贪污腐化等行为也都在系统内发生过。怕阳光，无非是这三怕，怕公司没有竞争力，怕业绩保不住，怕个人利益受损失。

阳光有三好。（一）阳光是最好的营养剂，阳光经营会推动企业实实在在地提高经营能力，提升经营绩效，阳光下的业绩是真实的，只有真实的业绩才是可持续的。（二）阳光是最好的消毒剂，阳光下的经营行为干净、健康，一个干净的企业才是一个有生命力的企业，才不会面临突然死亡的威胁。（三）阳光是最好的防腐剂，坚持阳光经营，可以有效预防腐败，在干部廉政上，通过阳光经营事前防范，不通过审计"死后验尸"，这是对干部最大的保护。

4月中旬，大地保险在三亚举行高峰会，董事长蒋明作《在阳光下稳健成长》的演讲。

蒋明指出，阳光的特质是透明、新鲜、温暖，给人一种很舒服的感觉。在企业经营中，"阳光"意味着开放、透明和制度化。大地公司要打造百年老店，必须建设一个开放的公司，在开放的基础上不断透明化、制度化。

阳光经营包括三个层面，一是阳光心态，二是阳光理念，三是阳光行为。要接受阳光经营就要有一个阳光的心态，要指导阳光经营就要有一个阳光的理念，要实践阳光经营就必须落脚在阳光行为上。

　　拥有阳光心态，首先要有一种开放的心态。开放就是要在认识和处理问题时，不局限于自身，而是敢于向外界敞开心胸，愿意与外界分享，乐于并善于向外界学习。要有一个阳光心态，首先就要开放自己，打开心窗，让阳光照进来；接受更多的阳光，自己也能更阳光。这跟我们常说的空杯心态很相似，如果我们总是觉得自己满满的，什么也装不下，不愿意开放自己，也就不可能获得什么。开放能使人进步，一个人，如果有一个开放的心态，就更容易融入周围的环境，从外界汲取营养，更容易被别人信任，获得更多的机会，从而更容易成功。对一个国家、企业来说，也是如此。其次，拥有阳光心态，要勇于自我否定。昨天正确的东西，今天不见得正确；过去行之有效的方法，现在不见得可行。否定自己是需要勇气的，要放下架子，撇开面子。自我否定还要摒弃盲目的经验主义。很多同志之所以心态摆不平，就是总认为过去的是正确的，总沉浸在自己的老经验里不能自拔，被框住了。想问题的时候，总是我以前怎么怎么样，过去的公司怎么怎么样，跳不出历史和行业，总在小圈子里打转转。做事情，没有经验会很困难，但被经验束缚住了，就干不成大事。经验很重要，但如果不能与时俱进，不能把过去的经验与社会的发展结合起来，不能做到自我否定，不能做到舍得，那些旧经验就会成为你前进的绊脚石。最后，拥有阳光心态，要有一种胸怀。胸怀是什么？雨果说，"这世上最辽阔的是大海，比大海更辽阔的是天空，比天空更辽阔的是人的胸怀"。胸怀就是宽容、体谅、淡定、达观。对一个领导者而言，有胸怀意味着更高的要求。领导者的胸怀要有一股用天下之材、尽天下之利的气度，有一种宰相肚里能撑船的气量，能够容得下不顺眼的人、听得进不顺耳的话、装得下不顺心的事。

　　阳光经营的理念，包含两个最基本的要素，一个是透明化，一个是制度化。对于一个企业领导者而言，工作中是否透明，透明程度有多高，是一个领导者信心的体现。有一些企业的领导，喜欢藏着掖着，韬光养晦，不愿以真面目示人，不愿说真话，对上虚与委蛇，文过饰非，过一关是一关；对下夸大其辞，言不由衷，哄一时是一时；做事情时喜欢说原则话，避重就轻，回避矛盾。说到根子上，就是不自信的表现。真正自信的领导者，敢于将自己的观点、自己的真实想法公布于众，敢于直面矛盾，不忽悠，不打太极。领导不愿意透明，不愿意讲真话，很重要的一个原因，是在考虑人际关系，怕得罪人，怕闹矛盾，怕群众不拥护，但靠欺瞒、靠忽悠得来的拥护有什么用呢，是真的拥护吗？我们反对这种表面和谐、假和谐的作风，面上风平浪静，地下暗流汹涌，矛盾不解决，就是定时炸弹，是对我们事业潜在的危害。

40. 一元化领导

> 企业要不要民主，如何民主？这是一个问题。党是一元化领导，企业更是总经理负责制。民主的原则如何产生"一元化"和总经理，而不是总经理事事都民主。

　　整风运动期间，中共中央为了加强党的一元化领导，在1943年春天对领导机构进行了调整，毛泽东担任政治局主席。

　　当时中央领导机构的成员，基本上还是1934年1月六届五中全会时所确定的人员构成，尽管以后情况发生了很大的变化，某些成员的地位和责任也有较大变动。在1935年1月遵义会议上毛泽东由政治局委员上升为政治局常委，即参加中央书记处，当时的书记处地位较高，其成员还有博古、张闻天、周恩来、项英。遵义会议确定张闻天代替博古在党中央负总责，张闻天没有答应，说要考虑一下。随后，红军一渡赤水河到了鸡鸣三省的地方，毛泽东又提议张闻天代替博古在党中央负总责。因为遵义会议还没有条件解决党的政治和组织路线，当务之急是解决军事路线。毛泽东回到红军的领导岗位，当时的决定是毛泽东协助周恩来负责军事领导，但军队实际领导权是毛泽东负责。二渡赤水后，毛泽东意识到政治路线和组织路线的重要性，因此提议张闻天在党中央负总责。

　　1935年3月二渡赤水河回到贵州后，当时的会议讨论一致通过了林彪、聂荣臻打打鼓新场的方案，只有毛泽东反对。过了一天，毛泽东找到周恩来，要求一定要撤消打打鼓新场的行动，并说军事指挥不能开会讨论，建议成立军事三人团负责军事指挥。三人团为周恩来、毛泽东、王稼祥，周恩来任团长。

井冈山时期，毛泽东就对军事民主化问题提出意见。八月失败，就是一些重大行动事项由士兵委员会讨论，从而不能制止29团回湖南老家，造成重大损失。古田会议之前，毛泽东离开红四军，毛泽东与朱德、陈毅等的争论，也是军事绝对民主化的问题，这是古田会议解决的一个问题。后来博古来到苏区，成立了博古、李德、周恩来三人团，指挥军事，给红军造成重大损失。但是，1935年3月，中共中央还是接受了毛泽东成立军事三人团的提议。

1937年12月的中央政治局扩大会议上，由于王明等人回国，中央书记处又增补王明、陈云、康生为书记。1938年10月六届六中全会虽然批评了王明的错误，共产国际也确认毛泽东中国共产党的领导地位，明确要求王明不要争领导地位，但中央最高层的人事并未作调整。这样，直到开展整风运动，中央领导机构的成员构成，政治局委员：毛泽东、张闻天、王明、周恩来、任弼时、博古、朱德、康生、陈云、项英、彭德怀；政治局候补委员：刘少奇、王稼祥、邓发、凯丰；书记处书记：毛泽东、王明、张闻天、博古、陈云、康生，还有在重庆的周恩来。

从组织上说，中央书记处由张闻天负责，但由于毛泽东的领袖地位在遵义会议，特别是六届六中全会后已得到全党公认，并且也为包括国民党在内的各界和国际舆论所确认，因此，在党的工作上，张闻天有事都征求毛泽东的意见，很少独自决定问题。中央书记处会议虽然由张闻天负责召集，但在党内分工方面，他主要管宣传、教育工作；全党的重大方针、政策，还是由毛泽东拿主意，作决定。

随着整风运动的开展，特别是1941年"九月会议"对苏维埃运动后期路线错误进行揭发和批判后，对这条错误路线负有较大责任的同志，很难在中央书记处继续工作。张闻天深感工作很不适应，主动要求到农村去作调查研究，1942年初就离开了延安，不再参加书记处和政治局的会议。博古早已不负主要责任而是分工主管《解放日报》。王明在1941年"九月会议"后一直称病，不参与任何工作，不出席任何会议。周恩来由于常驻重庆，中央的全盘工作很难参与，这种状况长期继续下去势必影响党的工作。因此，调整中共领导机构的问题被提上议事日程。

1943年3月16日，中央政治局召开会议，毛泽东作了关于时局与方针的讲话，随即由任弼时报告中央机构调整与精简方案。1940年3月下旬任弼时同周恩来从莫斯科回到延安以后就参与中央领导工作，筹备召开七大。1940年5、6月间，中央决定由任弼时担任七大筹委会的秘书长。之后由于发生皖南事变，七大的准备工作也就暂缓下来。这以后，在政治局内，任弼时主管党群口和情报工作，并协助毛泽东处理事情。1941年"九月会议"后期，中央政治局又决定任弼时兼任中央秘书长，实际上负责中央书记处的日常工作。1942年初，张闻天到基层作长期调查，所以中央书记处的日常工作就完全由任弼时负责了。基于以上原因，中央政治局决定由任弼时作中央机构调整方案的报告。

在报告中，任弼时说：现在中央机构比较分散，需要实行统一和集中，拟定在中央政治局下面分设组织和宣传两个委员会作为中央的助手。在中央苏区时，书记处在政治局之上，实际上等于政治局常委，不合适。这一时期多为书记处工作会议，实际上等于各部委联席会议，与政治局会议无多大区别。现在要确定书记处的性质与权力，使书记处成为政治局的办事机关，根据政治局的决议、方针，处理日常工作。

1943年3月20日，中央政治局会议通过了《关于中央机构调整及精简的决定》，重新明确了政治局和书记处，以及下属各机构的权限。在人事方面，与会者一致推选毛泽东为政治局主席；书记处进行改组，由毛泽东、刘少奇、任弼时组成，毛泽东为主席。书记处会议由主席召集，会议中所讨论的问题，主席有最后决定之权。这里所说的"最后决定之权"，是书记处处理日常工作的决定之权。政治局决定大政方针，并没有哪一个人有最后决定权的规定。

1945年5月的中共七大，毛泽东当选为中央委员会主席兼中央政治局、中央书记处主席。

学者高华写了一本《红太阳是怎样升起的》，以所谓真实的资料描写了延安整风这段历史。他说："从中共革命夺权、推翻国民党统治的角度观之，延安整风运动对于中共革命成功助力巨大，但是延安整风运动中的某些概念、范式以后又对中国的发展和进步产生若干消极作用，极左思想、权谋政治汇溪成流，终至酿成新中国成立后思想领域一系列过左的政治运动直至文革惨祸，真所谓'成也萧何，败也萧何'！"这本书迎合了不少人的狭隘心理，其最重要的缺陷是虽然描写了不少历史细节和资料，但却忽略了党内斗争不是发自毛泽东，都是血淋淋的，延安之前，毛泽东都是路线斗争受害者，"极左"路线让红军失去了中央根据地，红军损失十分之九这样的基本事实，如果记得这样的基本事实，对王明等人的同情就是不可理喻的。另一个基本事实是，王明"左倾"机会主义给中国革命带来灾难，千百万人牺牲，是毛泽东带领中国共产党和军队取得了全国胜利。这是中国革命历史的基本点，失去这个基本点的历史观就难说正确客观。

老板就应有霸气

"你们尿尿黄不黄啊？"如果回答"不黄"，他立即劈头痛批："你们工作还要努力！"甚至让你罚站。如果遇到这样蛮横的老板你会怎么样？这个霸气霸道的老板就是郭台铭。

郭台铭把富士康建成了一座"军营"。每一个进入富士康的基层员工，上岗前都必须接受为期5天的基本训练，包括稍息立正和整队行进等——这些以前只在部队里才会有。而对于高层主管，郭台铭的要求更为严格，他随时向他们提问，如果答不上来，骂人的话立刻脱口而出，这些千万富翁们，照样要在会议桌前罚站。郭台铭下达的命令，即使远在地球另一端，相关负责人也要在8小时内做出回应，没有时差的，必须在15分钟内答复。富士康的干部会议就像军官团开会。对那些专家，郭台铭的话更是刻薄。什么叫顾问，什么叫专家？"顾问是抓起你的手拿你的表来看几点钟，告诉你几点钟，然后向你收费的人。""专家，就是发生错误的时候，用美丽的辞藻和语言来解释错误不是他造成的人。""计划不如变化，变化不如一通电话。"富士康的这种快速变化，都因郭台铭而来，由郭台铭决定。富士康由郭台铭一个人说了算。郭台铭自己直言不讳地承认独裁，但他说"独裁为公"。他还有一套信誓旦旦的理由："民主是最没有效率的管理。民主是种气氛，让大家都能沟通。但是在成长快速的企业里，领袖应该带着霸气。"

冠华董事长陈天堆也反对企业民主化。他要求主管要有主见。"我要的是解决问题，而不是解释问题。"或许大家觉得我很霸道。其实，我提倡群策群力，反对霸道。民主是很重要的，只是太过民主就会像"与过路人商量建房子的事"一样，最后主人各方面的意见都听了：有向东的，有向西的，还有南和北，整个地基转了几个圈，房子的方向还是定不下来。为什么，原因是房子的主人没有主见，才将一个简单的问题复杂化了。你想提出意见和建议的人都是过路的人，对实际情况不了解，房屋与他们又没有实质的利害关系，他们提出的建议顶多只不过是根据自己的喜好而已，甚至是天马行空，恰恰又碰上主人没主见，那么这些意见和建议也就只能给他制造麻烦。因此，一个人要有主见，做事要心中有底，才能不被假象所迷惑；一个部门主管，同样要有自己的主见，要有自己的风格，办起事来才会得心应手，有条不紊。我是十分赞成大家虚心听取下属意见和建议的，但这并不是说我们一听到他们的意见和建议后，就一定要完全按照他们所说的去做。

作为一个部门主管，除了要有集思广益的思想，更要有明智的决断力。举一个例子，某部门做得不够理想，原因是什么？如果你深入实地调查，不认真加以分析就草率地做出决定——"加强"，成立一个专业的部门，来监管辅助，这样还不能达到目的，就又成立一个部门，这样就会出现婆婆多的尴尬局面。也就像我们某个车间打地平需要填土，按理应算出需要多少方土，每方土的价钱多少，再定好完工日期可以施工了，施工过程中有人监管直到完工，最后我们进行验收就行了。可我们的做法往往是叫人去记数，一车一车地记。机械性地记数也就不说了，有的却从中作乱，欺上瞒下，明明只用了30方土，却变成了80方，谈好了是用黄泥去填的，却用黑泥去填。直到出了问题，就又急忙再加一个人或一个部门去监控那个记数的。问题是找出来了，就是不想办法从根本上解决，总是头痛医头，脚痛医脚，于是一个问题变成了几个问题，一个简单的问题复杂化了。最后造成虎不行叫狼去看着，狼不行叫狗去看着。大家想一下，狗能看得住狼，狼又能看得住虎吗？一个部门主管若没有主见，常常会造成组织结构膨胀，机构重叠，人浮于事，从而形成官僚作风。而一旦养成官僚作风，执行力就会大打折扣。比如我们的跟单部有主管、组长、跟单员，而跟单员又分内跟单和外跟单，这么多的层次，如果下达一个指令或反馈一个信息，不知要等到什么时候，到时候发出和收回的信息也不可能准确。因为经过层层传递，难免因理解和传递偏差而致使信息出现错误，这样就大大影响效率。其次，由于层次过多，就会有很多人的工作形成重叠，而重叠的工作就不知由谁来做了，这样就会出现大量的事要人去做，而大把的人无所事事。一旦出现问题，似乎谁都没有责任，又谁都有责任，连责任都不知道由谁来负。

部门主管有了主见，就能将复杂的问题简单化。如果说每一个主管都有了自己的主见，公司的组织结构就会更优化，办事效率就会大大提高，各项工作才能高速运转。

永安保险公司总经理蒋明则反对中层管理人员民主竞聘。他说选你担任公司总经理，就是让你负责的，中层管理人员要你来确定，他们向你负责。如果要员工民主选举中层干部，看起来是尊重员工的民主权利，实际上是总经理在推卸管理责任。

41. 大生产运动

1938年，陕甘宁边区留守兵团的一部分部队在战斗和训练之余，从事农副业生产，种菜、养猪、打柴、做鞋袜等，从而改善了部队的生活。毛泽东要求推广到留守兵团的所有部队。但当时还只是出于改善部队生活的目的，并没有把这种农副业生产与解决经常性的财政供给问题联系起来。

抗日战争进入战略相持阶段，毛泽东就意识到："长期抗战中最困难问题之一，将是财政经济问题，这是全国抗战的困难问题，也是八路军的困难，应该提到认识的高度。"而这种困难只有靠自己的努力才能加以克服，他决定把边区部队以改善生活为目的局部性的农副业生产，发展为整个边区的以逐步实现经济自给为目的生产运动。

从1938年12月到1939年上半年，毛泽东反复讲述了必须通过"自己动手"来克服物质困难的道理。他说：武汉、广州失掉以后，敌人还要继续进攻。我们现在还有一点钱，还有小米饭，但以后会有那样一天，没有钱，吃粮食困难。那怎样办呢？第一个办法是饿死，第二个办法是解散回家，这两个办法是没有一个人赞成的；第三个方案，就是靠我们自己动手，党政军民学大家一齐动手，衣食住都由自己来解决。

毛泽东说，人类几千万年来都是自己搞饭吃，全中国的农民都是用自己的手来解决吃饭问题，我们同样是人，为什么不能靠自己的双手解决衣食住行问题呢？况且，就部队来说，全体都是劳动者，年富力强，怎么还会有饿饭的事情呢？留守兵团的农副业生产取得了成绩，既然部分的生产运动有成绩，为什么普遍的就不能搞呢？边区地广人稀，荒地很多，只要降一点雨下来，就可以耕种。他又对抗大的干部说："我们种田，生产粮食，是农民；做桌子，造房子，是工人；办合作社是商人；读书，研究学问，是学生；懂军事，会打仗，是军人。这就叫做农工商学兵一齐联合起来。"毛泽东在延安高级干部会议上作报告："一切可能地方，一切可能时机，一切可能种类，必须发展人民的与机关部队学校的农业、工业、合作社运动，用自己动手的方法，解决吃饭、穿衣、住屋、用品问题之全部或一部。"他还明确提出了"自力更生，克服困难"的方针。

在党中央、毛泽东的大力推动下，边区的生产运动很快开展起来，并取得成效。首先是农牧业生产有较大发展。1939年、1940年，全边区开荒170余万亩，粮食产量和牛、驴、羊数量都有较大幅度增长。1940年，部队已可自己解决一个半月的口粮，并解决了部分装备补充。机关学校也投入生产运动，从中央和边区领导人到勤务员和青年学生，全体动员上山种地，场面十分壮观。与农牧业发展的同时，边区的工业建设也迈出了最初的步伐。1938年3月，工业专家和技师沈鸿带着10部机器和7名工人来到延安，建立起边区机器厂。接着，恢复和创办石油厂、纺织厂、造纸厂、农具厂、皮革厂、化学厂、制药厂等。华寿俊在1940年用当地产的马兰草造纸试验成功，大大推动了边区造纸业的发展。

以公粮来说，1938年全边区只有1.7万石，1939年5万石，1940年9万石，分别占当时细粮（小米）产量的14%、2.8%、7.6%。到1940年秋，情况发生了变化。这时，国民党停发八路军军饷，并对抗日根据地实行经济封锁，边区的外援全部断绝。与此同时，边区内遭受了严重的旱、病、水、雹、风五大灾害的侵袭，灾情几乎波及每一个县。陕甘宁边区是一个地薄人稀的地区，只有140万老百姓，土地也比较贫瘠，要保证供给军队和机关学校人员的衣食需要是有困难的。

正是在这种情况下，毛泽东响亮地发出了"自己动手，丰衣足食"的号召。1941年是克服边区财政经济困难关键的一年。打退第二次反共高潮后，中共中央和毛泽东用了许多时间来研究和确定解决边区财政经济问题的方针和具体办法。毛泽东认为：就现实状态，即不发生大的突变来说，经济建设一项乃是其他各项的中心，有了吃穿住用，什么都活跃了，都好办了，并把解决财政经济问题看做是"学习治国"。

1941年、1942两年中，边区大生产运动进一步发展。首先是工业有较多的发展。1940年冬，各机关学校响应朱德的号召，掀起手播纺毛运动。接着各单位纷纷建立纺织、被服、制鞋、木工、造纸、榨油等工厂。1942年，边区政府提出"巩固现有公营工厂，发展农村纺织业"的方针，一方面对现有公营工厂进行调整合并，另一方面以投资和订货等办法，扶助私营工厂的发展。这一年，边区生产的布匹已能满足军民年需要的40%，接近了半自给，而公营纺织厂已能供给党政军学需要的70%。边区生产的纸张，已能自给。

经过两年时间的努力，1942年底，边区党政军学各部门经费自给率已达到一半以上，资产积蓄达5亿元左右，取之于己的部分已超过取之于民的部分，边区的财政难关已经渡过。对此，毛泽东说："这是中国历史上从来未有的奇迹，这是我们不可征服的物质基础。"

1944年，边区的经济状况进一步改观。由于部队机关学校自给率显著提高，边区财政收入中取之于民的部分只占31%，因此人民的负担大大减轻。1941年财政最困难时，征收公粮20万石，1945年减至12万石。

依赖外资帮助发展经济不牢靠

中日钓鱼岛之争，中国人民反日情绪高涨，拒买日货，日本经济很受伤，对中国经济的依赖是制衡中日关系的重要因素，看起来是好事，但也反映出中国经济还不能独立自主的问题。比如近些年消费最为强劲拉动经济最有力的汽车，中国已经是全世界第一消费大国，但中国企业还不能自主制造汽车，购买汽车第一位的是日本汽车。中国是日本汽车最大的市场，为此中国人付出的代价是买汽车比国外价高一倍多。

汽车是工业化时代最典型的产品，工业革命300年，中国还不能独立制造汽车，汽车产业多是国外汽车的合资厂、拼装厂。改革开放30年正是信息化时代，中国企业还不能独立制造电脑、手机等产品。中国是电脑、手机制造大国，但绝大多数是"台湾"企业在大陆设厂制造，台资企业仍属外资企业。打开一台电脑，主机板上集成成千上万的零组件，不只是芯片、硬盘之类不是中国企业生产，电容、电阻等普通元器件，也多是日本、韩国，以及我国"台湾"企业制造，大陆制造的电子零组件很少。代价是，在中国制造的苹果电脑手机，中国的售价要比美国高三分之一左右。从香港带过一台苹果手机，海关就收1000元人民币的税。

2012年国家调控房地产，力度稍大，地方政府就叫苦连天，地方政府财政吃紧了，国家发改委官员说，中国经济出现"真空"。没了房地产，国家经济就"真空"，岂不是怪事。可这是中国的现实和真实，很多地方，除了房地产就没有其他产业。

美国天气干旱，玉米等作物涨价，有人说，受影响最大的是中国。因为中国要进口大量美国玉米等粮食。

外资最近纷纷迁出中国，迁到劳动力成本更低的东南亚等。外资转移，工厂迁走，我们就没有工厂，没有产业了。原来，这些年我们的经济是外资帮我们发展的。

有人说制造业转移是一个必然趋势。上世纪五六十年代，制造业从美国迁到日本，六七十年代迁到中国"台湾"等亚洲四小龙，八九十年代迁到中国内地，现在又要从中国内地转移了。可我们感觉这次外资的转移有很大不同。从美国转移到日本，从日本转移到"台湾"亚洲等四小龙，从四小龙转移到中国内地，转移的不只是美国的企业，日本，以及我国"台湾"等产业和企业也在转移，同时它们本土也还有丰厚的产业。而中国这次转移，却少有中国本土企业和产业。改革开放30年，中国吸引外资过程中，并没有培育起自己的大企业和优势产业。有一些企业还停留在靠为国外企业加工的阶段，国外订单一少，企业就做不下去了。

如果有一家大企业，就成了全国地方政府抢夺的对象。一家富士康，全国的地方政府都来挖，使出各种优惠和手段，土地不要钱，还给你盖好厂房，买来设备，你安装上就能用。政府还帮你招工，有麻烦，政府为你解决。富士康说在你这里生产，出口物流成本太高，地方政府一拍胸脯，政府把物流全包了。

只要你来给我生产GDP，拉动我的政绩就行。

我们不禁要问：你们那里的企业到哪里去了？你这是搞经济还是花钱买GDP？别忘了，富士康也是外资企业。中国经济还要靠外资企业来拉动？

现在，我们对经济泡沫的危害已经非常清楚。中国的资产泡沫差不多是美国的三倍。如果把中国人的财富打回原型，如果跟美国的物价相同，中国人的财富将缩水三分之二。很多人接受不了。

财富缩水接受不了，是心理问题，因为你的财富就那么多。财富缩水了，物价相应降低，你的生活水平没受多大影响。你那套房从100万降到30万，还是那套房。只要你不是炒房者，没有损失。

产业空心化才是危害更大的东西。因为泡沫破了，就是财富回到应有的价值。但产业空心化，则是你已经丧失了财富生产的能力。

比如，我们最近常常把中国房地产泡沫等与日本相比。其实我们根本无法与日本相比。第一，日本的泡沫远没有中国这么严重；第二，日本企业和制造业非常强大，一个汽车制造业就能把中国经济压死。

而我们有什么呢？什么也没有。

如果产业强大，企业强大，制造业强大，泡沫破灭后，经济能迅速恢复发展。产业空心化，经济就没有起来的能力。这才是中国经济最可怕的地方。

当然产业空心化是经济泡沫的危害之一。但中国经济泡沫化对产业的绞杀最为严重，已经绞杀出产业"真空"。我们还不反省。地方政府还要继续推高房价，继续掠夺。因为没了房地产，地方政府就没了财政，就活不下去。这也是产业空心化的症结之一。

中国政府要准备过一段苦日子，彻底调整产业结构，从零起步打造中国的产业基础，这需要另一个30年。

西柏坡篇

如何成为百年企业？

西柏坡是河北省石家庄市平山县一个普通山村，1948年5月，中共中央、中国人民解放军总部移驻这里并召开了具有伟大历史意义的七届二中全会，这个山村成为中国共产党领导全国人民和解放军与国民党进行战略大决战，创建新中国的指挥中心；1949年3月23日，中共中央、中央军委和中国人民解放军总部从西柏坡迁入北平。

西柏坡是夺取全国胜利大决战的转折点，在七届二中全会上，毛泽东提出著名的"两个务必"，对于企业做大做强做百年企业具有重要的指导意义。

42. 愚公移山

毛泽东"老三篇"被看做是全民道德教育的范本。而企业家则把它们看做员工职业教育的教材。企业的每一个岗位，不论职位高低，都是"为人民服务"的岗位，都要像白求恩那样对工作"精益求精"，不"见异思迁"和"鄙薄技术工作"，做"一个有益于人民的人"。工作会面临很多困难，就要发扬"愚公移山"的精神，"下定决心，不怕牺牲，排除万难，去争取胜利"。

1945年5月中共七大召开的时候，抗日战争还没有结束，但是毛泽东已经决定了党的路线："放手发动群众，壮大人民力量，在我党的领导下，打败日本侵略者，解放全国人民，建立一个新民主主义的中国。"

在七大闭幕式上毛泽东讲话："我们宣传大会的路线，就是要使全党和全国人民建立起一个信心，即革命一定要胜利。首先要使先锋队觉悟，下定决心，不怕牺牲，排除万难，去争取胜利。但这还不够，还必须使全国广大人民群众觉悟，甘心情愿和我们一起奋斗，去争取胜利。要使全国人民有这样的信心：中国是中国人民的，不是反动派的。中国古代有个寓言，叫做'愚公移山'。说的是古代有一位老人，住在华北，名叫北山愚公。他的家门南面有两座大山挡住他家的出路，一座叫做太行山，一座叫做王屋山。愚公下决心率领他的儿子们要用锄头挖去这两座大山。有个老头子名叫智叟的看了发笑，说是你们这样干未免太愚蠢了，你们父子数人要挖掉这样两座大山是完全不可能的。愚公回答说：我死了以后有我的儿子，儿子死了，又有孙子，子子孙孙是没有穷尽的。这两座山虽然很高，却是不会再增高了，挖一点就会少一点，为什么挖不平呢？愚公批驳了智叟的错误思想，毫不动摇，每天挖山不止。这件事感动了上帝，他就派了两个神仙下凡，把两座山背走了。现在也有两座压在中国人民头上的大山，一座叫做帝国主义，一座叫做封建主义。中国共产党早就下了决心，要挖掉这两座山。我们一定要坚持下去，一定要不断地工作，我们也会感动上帝的。这个上帝不是别人，就是全中国的人民大众。全国人民大众一齐起来和我们一道挖这两座山，有什么挖不平呢？"

《愚公移山》和《纪念白求恩》、《为人民服务》被奉为国民教育的"老三篇"，在一个时期，中国几乎每个人都能背诵"老三篇"。

诺尔曼·白求恩，加拿大共产党党员，著名的医生。1937年中国的抗日战争爆发，他率领加拿大美国医疗队，于1938年初来中国，3月底到达延安，受到毛泽东接见，不久赴晋察冀边区，在那里工作了一年多。由于在一次为伤员施行急救手术时受感染，1939年11月12日在河北省唐县逝世。1939年12月21日，毛泽东写了《纪念白求恩》一文。毛泽东说："一个外国人，毫无利己的动机，把中国人民的解放事业当做他自己的事业，这是什么精神？这是国际主义的精神，这是共产主义的精神，每一个中国共产党党员都要学习这种精神。""白求恩同志毫不利己专门利人的精神，表现在他对工作的极端的负责任，对同志对人民的极端的热忱。每个共产党员都要学习他。不少的人对工作不负责任，拈轻怕重，把重担子推给人家，自己挑轻的。一事当前，先替自己打算，然后再替别人打算。出了一点力就觉得了不起，喜欢自吹，生怕人家不知道。对同志对人民不是满腔热忱，而是冷冷清清，漠不关心，麻木不仁。这种人其实不是共产党员，至少不能算一个纯粹的共产党员。""白求恩同志是个医生，他以医疗为职业，对技术精益求精；在整个八路军医务系统中，他的医术是很高明的。这对于一班见异思迁的人，对于一班鄙薄技术工作以为不足道、以为无出路的人，也是一个极好的教训。"

"我们大家要学习他毫无自私自利之心的精神。从这点出发，就可以变为有利于人民的人。一个人能力有大小，但只要有这点精神，就是一个高尚的人，一个纯粹的人，一个有道德的人，一个脱离了低级趣味的人，一个有益于人民的人。"

《为人民服务》则是毛泽东为一个普通战士张思德写的悼词。张思德，四川仪陇人，中央警备团的战士。他在1933年参加红军，经历长征，负过伤，是一个忠实为人民服务的共产党员。1944年9月5日在陕北安塞县山中烧炭，因炭窑崩塌而牺牲。毛泽东写道："我们的共产党和共产党所领导的八路军、新四军，是革命的队伍。我们这个队伍完全是为着解放人民的，是彻底地为人民的利益工作的。张思德同志就是我们这个队伍中的一个同志。人总是要死的，但死的意义有不同。中国古时候有个文学家叫做司马迁的说过：'人固有一死，或重于泰山，或轻于鸿毛。'为人民利益而死，就比泰山还重；替法西斯卖力，替剥削人民和压迫人民的人去死，就比鸿毛还轻。张思德同志是为人民利益而死的，他的死是比泰山还要重的。因为我们是为人民服务的，所以，我们如果有缺点，就不怕别人批评指出。不管是什么人，谁向我们指出都行。只要你说得对，我们就改正。你说的办法对人民有好处，我们就照你的办。""我们都是来自五湖四海，为了一个共同的革命目标，走到一起来了。""要奋斗就会有牺牲，死人的事是经常发生的。但是我们想到人民的利益，想到大多数人民的痛苦，我们为人民而死，就是死得其所。不过，我们应当尽量地减少那些不必要的牺牲。我们的干部要关心每一个战士，一切革命队伍的人都要互相关心，互相爱护，互相帮助。"

职业化

2000年春节过后，大地保险在河北西柏坡召开第五届中心支公司发展峰会。2009年8月，大地保险在井冈山召开了半年经营形势分析会。从井冈山到西柏坡，5年的时间，大地保险从创业起步，开始进入调整提高的战略转型。有人评价，5年前的大地保险是打游击战，现在已经变成兵强马壮的正规军，从农村包围城市，走向全国胜利。5年前，大地保险穿草鞋长征，爬雪山过草地，现在要穿着皮鞋西装进城。

西柏坡会议上，总经理蒋明一改以前一本正经地作工作报告，而是站到台上意气风发地发表关于职业精神的演讲。大地保险创业征程，可谓历尽艰辛，风雨兼程。决定公司未来发展的因素很多，如市场环境、政策支持、企业文化、发展战略、销售渠道、队伍建设、客户服务等，这些都非常重要，不可或缺。但决定公司未来发展的根本性因素还在于人。人总是要有点精神的，大地保险人的职业精神，特别是各级管理者的职业精神，是决定性因素！如果把企业的绩效当做一个函数，员工的能力是企业绩效的一个变量，那么影响员工能力的最重要、最直接的因素，就是员工的职业精神。一个人职业生涯的成败，很大程度上取决于他的职业精神。一个从业人员，如果没有良好的职业精神，那必将会是一事无成，也更谈不上什么职业价值了。

蒋明把大地保险职业精神的内涵归结为负责任的精神，重点是价值观、良好的执行力、用心做事的敬业精神、不断学习的进取精神等。只有那些有责任心、会负责、敢负责的人，才有可能被赋予更多的使命。创业既是一种磨炼，更是大家负责任精神的体现。

来到大地保险，如何评价自己？最根本的在于是否给公司创造了价值？如果在岗位上没有什么成绩、公司经营没有什么起色，资历再老、排队时间再长，也很难被委以重任。还有个别同志一味地强调个人的价值，想着靠跳槽来提升个人价值。这也是片面的观点。皮之不存，毛将焉附，没有为公司创造价值，如何体现个人的价值？价值观的力量在于谁让别人赢，谁就能让自己赢。

疾风知劲草，路遥知马力！对保险职业人来说，敬业精神尤为重要。保险属于金融服务业，业务员在展业过程中，吃"闭门羹"，受人家的"白眼"、冷嘲热讽，可以说是常有的事情。如果没有一定的敬业精神，是很难坚持下去的。大地保险成立时间不长，很多方面还很脆弱，敬业精神对公司发展至关重要。

万事开头难。初创期，没有家底，没有积累，更没有"上帝"的施舍，与一些老牌主体相比，新公司面临的困难更多，也更大。敬业，会使员工具有勇于面对困难的决心和品质。正规军必须是一支具有职业精神的队伍。穿上了皮鞋和西装，精神面貌也要焕然一新。

华孚董事长孙伟挺则把良好的心态、掌握一门绝活、很好的为人处世方法，归纳为职业化三要素。

遇到问题，你怎么想。心态就是你的理念、你脑子里的游戏规则、你的思维方式。比如说，你的领导批评你，你的质量为什么那么糟糕，一般非职业的行为是什么呢？逃避责任。这跟我没关系，这不是我的问题，敌人太强大，所以我拿不到订单；困难太多了，所以质量做不好。职业化的思维应该完全不一样：我为什么做不到？我为什么会是这样？尽管订单很多，尽管现在人员流动很大，但我有能力、有办法把它做好，在一定的时间一定的投入下把它做好。你如果是这样想的，问题的解决会很快，这就是职业的心态。要练就轻松的工作，就要练就一个非常好的心态。

所谓的职业化，一定是以专业化为基础的，所以大家都要学一门绝活。搞技术的，就要学技术的绝活；搞管理的，就要学管理的绝活。打个比方，假如你没有统计的概念，面对错综复杂的社会现象，很多数据你要看得透、看得简单，是不可能的。统计是管理的参谋，大家如果想在管理上有什么长进，第一课要去学统计。你一定要把社会现象通过这种方法把它看透，如果看不透，就无法制定相关的措施，你就会很辛苦。

要有一套职业化的处世方式。一个人的成功最后会归结到为人处世。对于李嘉诚，你也可以说他机遇好，实际上在上世纪六七十年代的香港，他是从做塑料开始的，有了一定的实业积累之后，就去做房地产，有了房地产之后，再去做资本运作，在香港这样做的当然不止他一个，那为什么他成功了？因为他有他的一套为人处世方式，很朴素，但都很有哲理。企业越大，为人处世就越规范，为什么？因为人群越大，他的游戏规则越简单。上次，我们制订了询单时间，但实际操作中，你又不按照这个去做，那你做它干吗？这是人为造成的复杂化。其实要改变也很简单，我们就是要按照标准复制模式去做，如果标准复制模式有问题，就修改它，这样你就会变得很轻松。

43. 深入虎穴

> 毛泽东的人格魅力展现在国家民族命运的关键时候，不顾个人安危，去争取国家的前途命运。也展现在生死存亡的危难时刻，以革命者的大智大勇临危不惧化解危机。企业家的人格魅力可能不是表现在生死关口的考验，但人格魅力依然是带领企业发展壮大的重要因素。

　　1945年8月15日，日本帝国主义宣布无条件投降。然而，人们脸上喜悦的泪水还未擦干，内战的阴影就笼罩在中国上空。日本投降的那一天，蒋介石向延安发出第一封电报，邀请毛泽东到重庆会谈，共商国是。16日，毛泽东回电说，只有等到蒋介石答复了朱德总司令关于八路军参加受降问题的电报之后才考虑与他会面。20日，蒋介石发来第二封电报，再次邀请毛泽东赴渝。22日毛泽东复电蒋介石：兹为团结大计，特先派恩来同志赴渝。23日，蒋介石第三次来电相邀。24日，毛泽东回电表示，准备随即赴渝，与蒋介石会面，商讨和平建国大计。

　　就在党中央召开政治局扩大会议，蒋介石发出第三封邀请电的同日，驻华美军司令魏德迈也通过美军观察组转来一封邀请电。当天，毛泽东便起草了复魏德迈电，表示：为谋中国团结，远东和平，亟愿至渝与蒋委员长共商大计，先派周恩来赴渝接洽。25日，魏德迈再次致电毛泽东。毛泽东回电说："鄙人承蒋委员长三电相邀，赫尔利大使两次表示愿望来延，此种诚意，极为心感。兹特奉达，欢迎赫尔利大使来延面叙，鄙人及周恩来将军可以偕赫尔利大使同机飞渝，往应蒋委员长之约，以期早日协商一切大计。"鉴于局势的迅速发展，当晚，中央政治局的7位委员与25日从重庆回到延安的中共驻重庆代表王若飞一起，彻夜讨论，反复权衡利弊，最后做出了同意毛泽东与周恩来、王若飞一起动身，立即前往重庆的决定。

26日，在枣园召开的政治局扩大会议上，毛泽东向中央高级干部宣布了这一决定。他说，"我去重庆的问题，现决心答复魏德迈的电报——去！这样可以取得全部主动权。要充分估计到城下之盟的可能性，但签字之手在我。自然必须作一定的让步，在不伤害双方根本利益的条件下才能得到妥协。我们让步的第一批资本是广东至河南；第二批资本是江南；第三批是江北。这就需要看看，在有利条件下有些是可以考虑让步的。如果我们做了这些让步还不行，那么就城下不盟，准备坐板房。"针对党内许多同志的担心，毛泽东说，我党的历史上还没有随便缴枪的事，所以决不怕；如果要软禁，那更不怕。国际压力是不利于蒋介石独裁的。将来，中外的注意力集中于上海、南京，正是要在那里办点事情。将来，还可能有多一些的同志到外面去工作，领导核心还在延安。延安不要轻易搬家；因为有了里面的中心，外面的中心才能保住。

1945年8月27日，国民政府军事委员会政治部部长张治中和美国驻华大使赫尔利飞抵延安。28日清晨，毛泽东和周恩来、王若飞由他们陪同乘机前往重庆。随行人员在飞行途中问毛泽东："我们能不能回来？"毛泽东说："不管他，很可能是不了之局。"他所谓的"不了之局"就是：你想要我们交出军队和解放区，不可能；你想消灭我们，也不可能。你要谈判，我来了；你不要和平，那是你的事。毛泽东一开始就下了两个决心：达成协议，照协定办就停战，就和平；不要和平，要打，我也奉陪到底。

下午3时37分，飞机抵达重庆九龙坡机场。29日开始，毛泽东和中共代表团就投入到紧张的谈判中。这次谈判从开始到最后达成协议历时43天，经过了三个阶段：从8月29日至9月3日为普遍交换意见阶段；9月4日至21日为就实质性问题进行商谈的阶段；以后，谈判停顿5天，从9月27日至10月

10日为最后达成协议阶段。谈判在两个层次上进行：一个是两党最高领导人毛泽东和蒋介石直接交换意见；另一个是两党谈判代表周恩来、王若飞与张群、邵力子、张治中等人之间的磋商。在渝期间，毛泽东与蒋介石共会面11次，大多是在公开场合，但两人几次重要的会谈都是秘密的，有时甚至没有任何人在场。

通过在重庆的一段接触，毛泽东对蒋介石加深了了解：我看蒋介石凶得很，又怕事得很。他没有重心——民主或独裁，和或战。最近几个月，我看他没有路线了。只有我们有路线，我们清楚地表示要和平。但他们不能这样讲。这些话，大后方听得进去，要和之心厉害得很。但他们给不出和平，他们的方针不能明确。我们是路线清楚而调子很低，并没有马上推翻一党专政。我看，现在是有蒋以来，从未有之弱。兵散了，新闻检查取消了，这是8年来未有之事。说他坚决反革命，不见得。那时的毛泽东确实有一种乐观情绪。

在谈判期间，尽管处处潜伏危险，但毛泽东始终从容镇定。他为和平而来，他相信在人民强大的力量面前，蒋介石不敢把他怎么样。有好心的爱国民主人士暗示毛泽东说："重庆气候不好，易患感冒，你还是早点回延安吧。"还有一位朋友写给毛泽东一张条子，上书"三十六计，走为上计"。陕北的人们更是无时无刻不在惦念、担心，每天都有络绎不绝的老乡们，到中央警卫团打听毛泽东的消息："毛主席什么时候回来？有没有危险……"他们天天盼望着毛泽东早日回到延安。

10月11日下午9时45分，毛泽东偕王若飞在张治中陪同下离开重庆。下午抵达延安时，受到党政军民两万多人的热烈欢迎。延安人民焦急期待盼望了43天的毛泽东终于安全回来了。

毛泽东再一次身临险境是1947年2月，蒋介石命令胡宗南率领23万重兵进攻延安。大兵压境，毛泽东说："延安，是要保的，我们在延安住了13年，挖了窑洞，吃了小米，学了马列主义，培养了干部指导了中国革命，全中国都知道有个延安，延安不能不保。"但他又说："存人失地，人地皆存，存地失人，人地皆失啊。"我们要"拿一个延安换一个中国"，"告诉大家，少则一年，多则两年，我们还要回到延安来"。当毛泽东和大家告别握手时，毛泽东说："我们下次在哪里见面呢？可能不是在延安，也许是在南京、上海，或者是北平吧！"

蒋军逼近延安，飞机在空中盘旋，已经听得见枪声，在部队、机关和群众完全撤离之后，毛泽东才最后撤离。他对警卫员说："把房子打扫干净，把桌子放端正，把茶壶茶碗摆整齐，让胡宗南知道，延安是我们的，我们还要回来。"

从撤离延安时，周恩来、朱德等都从保证党中央、毛泽东的安全考虑，再三提请毛泽东率领党中央转移到黄河以东的解放区去。毛泽东说："我不能走，党中央最好也不走。我走了，党中央走了，蒋介石就会把胡宗南部投入到其他战场，增加其他战场的压力。我留在陕北，拖住胡宗南，别的地方就能好好地打胜仗。"留在陕北的中央机关、解放军总部工作人员及警卫部队共800人组成4个大队，统归"直属司令部"指挥，代号"九支队"。毛泽东化名李德胜。毛泽东先后在青阳岔、靖边县王家湾、小河村、佳县神家堡、米脂县杨家堡等地驻扎，指挥部队运用"蘑菇战术"与蒋军周旋，先后发起青化砭、羊马河、蟠龙、沙家店等战役，还指挥了全国各个解放区的一系列战役，粉碎了国民党的重点进攻。

转战陕北一年，1948年3月，各个解放区战场的形势已经起了根本变化，陕北、晋察冀、晋冀鲁豫、东北、华东各地已陆续转入战略进攻。中央机关已胜利完成留守陕北的任务，毛泽东决定东渡黄河，中央机关进驻河北平山县西柏坡村。3月21日，毛泽东离开杨家沟，他对送行的群众说："陕北的小米，我吃了13年，实在不愿意离开这个地方。但是为了全国的解放，我们又不得不离开。"23日，毛泽东率中央机关从吴堡县川口村渡口东渡黄河。

人格魅力

由于高房价得罪老百姓，房地产领域的老板如果太招摇就会招人骂。万科是中国和全球最大的房地产公司，董事长王石很招摇，却成了公众明星级人物。王石的办法是远离房地产，他驾车穿越丝绸之路，去航海，玩跳伞，去美国游学，探险北极和南极，更多的经历是去爬山，玩的就是心跳。从1999年开始，王石用五年的时间几乎攀登了世界最高峰珠穆朗玛峰在内的世界最著名的雪山高峰。王石的自传《道路与梦想》序章，就是王石攀登科修斯科峰，登顶之后，王石写道："登山活动是项最讲团队协作的极限运动。一个初学登山者的攀登能力和心理承受力是极其有限的，但在队友的帮助下实现了似乎不可能的攀登，突破了自我极限。团队精神不仅实现新老队员一起登顶的愿望，还灌注了相互体谅、友谊关爱和谦虚奉献。这些才是登山活动的意义所在。就这样，结束了我攀登七大洲最高峰的历程。正是登山，告诉我该如何珍惜生命，如何担负起生命的责任，而这历程，却开始于少年时代爬上的那座小山……"王石在总结自己的登山经历时说："登山既是人生的浓缩，也是人生的延长。登山是艰难的，登山者可能随时都有放弃的念头，我并不是很勇敢，意志也不很坚强，也曾想到放弃，但终究坚持到最后登顶成功，有时，自己也奇怪：'我竟然能上来了？'然而，正是因为一步步的攀登，人们才能顺利登顶。我们的生活何尝不是如此？很多事情就是因为放弃才没有成功。在生活中总结出一些道理往往需要10年、20年，等你懂得之时，很多东西可能已来不及改正。但在登山过程中，一个星期就可以让人们懂得很多，这是人生的浓缩。所谓人生的延长，是因为人可以在很短的时间内总结经验，很多你想做的事就可以去体验实施。回到现实生活中，遇到坚持不下想放弃的事情，我就会想到登山的体会：世界上没有什么诀窍，只不过是坚持、再坚持一下。登山之前，我认为一生能做成一件事已很不容易，人生简短几十年，能把万科做好已很不简单。但在登山之后，我感觉到人无限的潜力，仅把万科做好是不够的。人的生命只有一次，我们不能让自己在将要离开世界时，才遗憾本来还可以做更多的事情，可以体验人生更多的乐趣……登山，特别是攀登雪山，面对紫外线的直射、恶劣多变的天气……需要的是以耐心、毅力对抗单调和枯燥，坚韧地一步一步向上攀爬。对于有的人而言，或许，登山这一行为确有作秀的嫌疑，但是，当巍巍的珠穆朗玛要求人们用整个生命面对她的时候，登山就变得纯净无比。这复杂而简单的攀登开始关乎人性、自我、勇气和尊严，并直指生命的源头和内涵。"

王石将自己的行为归结为"野性的精神"："我出生在一个军人家庭，父亲从军队转业后在郑州铁路局工作。母亲是位受过良好教育的锡伯族妇女。锡伯族在历史上是一个游牧民族，能征善战，曾为保护西北边疆立下赫赫战功。某种意义上，我身上也延续了这种野性的精神和对生命的强烈热爱。"

同样是军人企业家，华为总裁任正非就低调到不见任何媒体记者，不在公共场合露面。他军事科研出身，曾是中国最年轻的全国党代表，也是出席第一届全国科技代表大会的最年轻的科技代表，他创办了中国最成功的科技公司，带领公司南征北战，成为中国最国际化的企业。神秘就成了任正非的个人魅力。

深圳另一位神秘的企业家是平安保险董事长马明哲，他也几乎不在媒体和公众场合露面。他没有任正非那样显赫的成长背景，出身低微，没有良好的教育和职业背景，就是一个司机，但他却把一个公司的保险单位创办成了列入世界500强的民营保险公司。人们不明白马明哲和平安保险成长的力量所在。马明哲魅力就是学习。据说马明哲根据不同阶段，聘请国际化的私人教练，从穿衣、走路、讲话学起，不但修完了MBA教材和系统的保险专业业务，英语也达到很高的水平，能与外国顾问用英语流利对话，成为一个令人尊敬的企业家。

44. 一切反动派都是纸老虎

> 毛泽东为什么敢于深入虎穴赴重庆谈判？为什么敢于反击蒋介石的反共内战？当然面对着极大风险。企业界有"喝头啖汤"和做"第一个吃螃蟹的人"的说法，敢于尝试和冒险，分享更大的利润。有的甚至把冒险看做是赌博。但毛泽东则是战略上蔑视敌人，战术上重视敌人，制定正确的战略战术，力求每战必胜，不打无把握之仗。

　　1946年6月底，蒋介石不顾全国人民的和平愿望，悍然撕毁停战协定和政协决议，以大举围攻中原解放区为起点，发动了对解放区的全面进攻，挑起全面内战。蒋介石之所以敢这样做，主要是自恃其拥有远较共产党强大的军事力量和经济力量，加之美国给予的援助，他相信凭借这些可以完成"统一中国"的大任。

　　当时，国民党军队总兵力约430万人，其中正规军86个整编师（军）约200万人。由于接收了日本侵华军队100万人的全部装备，并得到美国的大量军事和财政援助，其装备有很大加强，86个整编师中，有22个师为美械、半美械装备。而人民解放军总兵力约127万人，其中野战军61万人。与国民党军相比，解放军的数量处于劣势，而且装备基本上还是"小米加步枪"和为数很少的火炮。

　　蒋介石控制着全国几乎所有的大城市和主要交通干线，控制着全国76%的土地和71%的人口，控制着几乎全部的现代工业，军火工业也有相当规模。而中国共产党方面，却只有全国土地的24%和全国人口的29%，除哈尔滨外没有一个大城市，经济上主要依靠农业和手工业生产，交通运输只靠肩挑、背扛、大车拉、小车推，军工生产基础极为薄弱，只能制造远不能满足作战需要的机步枪弹、手榴弹、炸药以及极少数量的迫击炮。

美国政府对蒋介石的大力援助，也是蒋介石敢于发动这场大规模战争的重要原因之一。据统计，仅国共停战的1946年上半年，美国政府就向国民党政府提供了价值13.5亿美元的各种物资。美国前后为国民党军队训练了各种技术军官15万人，重新装备了45个陆军师（旅），为空军配备了各类飞机936架，其中大部分是在抗战胜利后移交给国民党军队的。在全面内战爆发后，美国政府又向国民党军移交了舰艇131艘。从日本投降到1946年6月，由美国海、空军帮助输送到内战前线的国民党军队达54万人。

在1946年6月的一次会议上，蒋介石告诉他的部下："我们军队的长处是什么呢？就是我们有特种兵以及空军、海军，而共产党没有这些兵种。"因此"我们就一定能速战速决，把奸匪消灭"。

战争是敌对双方实力的竞赛。面对国共双方这样悬殊的力量对比，中国人民解放军能不能战胜蒋介石军队的大规模进攻？这是作为中共中央主席的毛泽东首先需要向全党全军和全国人民做出回答的问题。1946年9月，毛泽东给中共中央宣传部部长陆定一的信中，明确地指出："在解放区军民中目前的中心问题不是对美蒋的幻想问题，存在这种幻想的时期已经过去了；向军民描写美蒋怎么厉害，怎么凶，这在七月以前是必要的，七月以后则不但不必要，且有副作用了。目前解放区军民心目中的中心问题是能否胜利与如何取得胜利。"

毛泽东充分看到蒋介石在军事、经济力量方面所占有的优势，尤其是美国大力支持这个优势，但他坚持对事物采取分析的态度，另一方面也清晰地看到蒋介石存在的种种弱点和自己的种种优势，尤其是革命力量在8年抗战中取得的巨大发展，已远非土地革命战争时期可比。正是根据对双方力量对比的清醒的认识，1946年7月20日，他做出明确的回答："我党我军正准备一切，粉碎蒋介石的进攻，借此以争取和平。蒋介石虽有美国援助，但是人心不顺，士气不高，经济困难。我们虽无外国援助，但是人心归向，士气高涨，经济亦有办法。因此我们是能够战胜蒋介石的。全党对此应当有充分的信心。"

国际上也有很多人担忧中国内战的前景。1946年8月6日，毛泽东在枣园会见了前来采访的美国记者斯特朗，他用诗的语言和比喻向斯特朗说明他对帝国主义的看法，他说，包括美国和蒋介石在内的反动派都是纸老虎，看样子比较可怕，但一下雨就完了。为了避免把纸老虎的含意弄混，毛泽东特地指出纸老虎不是插在一块田里的死东西，它吓唬的是孩子而不是乌鸦。人们把它做得像只危险的猛兽，但实际上只是用纸压出来的，一遇潮就软了。毛泽东接着解释说，俄国二月革命以前，沙皇看上去强大而可怕，但是一阵二月的雨就把他冲跑了。希特勒也被历史的暴风雨冲走了。日本帝国主义也是如此，他们都是纸老虎。蒋介石也是纸老虎。

毛泽东说，我们已经打了20年仗，如果需要，我们能再打20年。推翻蒋介石并不太困难，难的是在蒋介石背后有许多外国势力的支持，这些势力一直在阻止中国的独立。帝国主义有力量，往往在人民没有觉悟的时候。主要的问题是人民的觉悟。共产党之所以有力量是因为他们唤醒了人民的觉悟。在中国，共产党只有小米加步枪。但最后将证明，我们的小米加步枪要比蒋介石的飞机加大炮还要强些。

毛泽东还回答了斯特朗提出的关于原子弹的问题，指出：原子弹估计难以再次用于战争。它在广岛的大爆炸毁灭了自己。世界人民都反对它。归根到底，不是原子弹毁灭人民，而是人民毁灭原子弹。

毛泽东的这次谈话，是在世界刚刚进入"核时代"的背景下进行的。中国共产党的领袖向外界发表自己对帝国主义、战争与和平等重大问题的根本观点，是独树一帜的，令全世界耳目一新。"一切反动派都是纸老虎"，是毛泽东的带根本性的战略思想。对于帝国主义和一切反动派，即使有原子弹，都是"纸老虎"的论点，不管如何理解，人们都不能漠视它，而只能正视它，在此后相当长的时间一直影响着人们的观念和认识。

几年后，中国抗美援朝打败美国，以实际行动证明美国也是纸老虎。

冒险精神

企业界有"喝头啖汤"和做"第一个吃螃蟹的人"的说法，这就是敢于尝试和冒险，分享更大的利润。有的甚至把冒险看做是赌博。毛泽东"一切反动派都是纸老虎"是一种冒险，但毛泽东则是战略上藐视敌人，战术上重视敌人，制定正确的战略战术，力求每战必胜，不打无把握之仗。

在中国产业和企业改革中，四川长虹在价格竞争中的突破就起到了冒险探索的作用，让其获得了先发优势，在市场竞争中占尽先机。

上世纪80年代，中国彩电业处在价格"双轨制"时期，凭票才能买到彩电。彩电是专控商品，凭票购买，没有票只能买到高价彩电，谁能搞到平价彩电，谁就能发大财。坐小车的，骑单车的，供水、供电的都伸手要平价彩电，如果不给就给你好看。厂长不敢在厂里办公开会，不敢在厂里露面。厂长日子不好过，财大气不粗。意见最大的是消费者。尽管那个时候人们的维权意识还不太高，但1988年，各省、市消费者协会收到的关于彩电的投诉就已经有上万件。投诉的意见集中在以下几个方面：价格过高，硬性搭配，假冒名牌。彩电厂家意见最大的是价格不合理。1987年，全国59个电视机厂中，已经有15个亏损。由于彩电价格控制得过死，工厂不得不用彩电串换平价材料，以保本盈利。在当时的"双轨制"下，超高价位的彩电却不能给企业带来好处，国家绝不允许企业擅自改变产品出厂价格，一分一毫也不允许，否则严惩不贷。要改变这种现状，冲破这种体制的羁绊，非要有一种战场上滚地雷的勇气。

1988年，长虹悄悄做了两件于无声处听惊雷般地冲破旧体制的大事。第一次机会来自于银行。当时，为了抑制由抢购风带来的过热的消费势头，给畸形的市场降温，平抑物价，国家陆续出台了一些新的政策，提高银行存储利率，吸收储蓄，加快货币回笼。各地银行都采取了一些相应的鼓励手段，其中很广泛的一条就是有奖储蓄。有奖储蓄需要奖品，需要使百姓眼前一亮的奖品，而当时最能让百姓眼前一亮的东西，排在第一位的就是彩电。但是，银行得不到国家计划内的彩电，即使得到了，也不会以国家规定牌价来计算奖值，因为中奖的百姓不会以国家牌价来计算奖品价值。实际上，当时彩电真实价值的标准只有一个，即黑市价格。银行可以以黑市价格计算彩电奖值，百姓也认可并接受，银行只是借彩电来提高自己的吸储能力，而不以彩电的赢利为主要目的，所以银行能接受略低于黑市的价格；银行和长虹厂关于彩电的供求关系，不属于正常的商业供销关系，而在国家销售计划之外，这个办法确实能激励人们储蓄的积极性。长虹把这个主意向四川工商银行一说，一拍即合。又到省物价局办理批文，理由冠冕堂皇，办得也很顺。长虹以高于国家牌价低于黑市的价格卖给工商银行8英寸的彩电，长虹如此截留下来的资金总数达一个多亿。

中国企业的"直销"也是由长虹开创的。1988年12月，彩电抢购风在一个晚上突然冷却下来，全国的大小商场像听到了一声号令，突然全部停止进货，所有彩电厂的厂长都目瞪口呆了。这可是春节前彩电销售最旺的时候。原来，国家发布了一个征收彩电消费税的消息，但并没公布实施的时间，商业流通部门怕因为进了大批的彩电，特别消费税的征收落到他们头上，因此，不进货了。那时候彩电等产品必须通过商业部门销售，企业根本无权销售产品。被逼无奈，长虹就抛开商业部门自己做销售了。长虹从党政工团各系统中紧急抽调几十人，组成若干个销售突击队，紧急开赴重庆、成都、攀枝花等地，执行最新的销售方案。这些人专往人数集中的大企业里钻，而且根据自己党政工团的特殊身份，直奔对方企业里和自己对口的部门："想要彩电，什么手续什么都不要，只要带上票子和车，直接去绵阳，去我们长虹厂就行了。"紧张地忙了半个月，1989年新年钟声敲响的时候，长虹库存的彩电已经销售一空，进账1.5亿元。

以上这两件事，现在看来都不是什么大事，但在当时的环境下，却是石破天惊的大事，意义重大。第一件事，打破了"价格双轨制"对企业的束缚；第二件事，堪称中国市场经济史的第一次直销方式。这两件事，对中国市场经济改革都具有开创性的作用。

中国第一场价格战也是长虹发动的。1988年12月开始，中国的彩电市场出现大滞销，彩电从紧俏变成了无人理睬。各地都出现了产品积压，彩电销售告急。这种局面拐过年来一直延续到秋天。因为每台彩电600元的消费税已经征收，而消费者拒绝接受。到夏天，长虹彩电积压总值达3.2亿元，银行存款只剩下1000元。1989年8月9日，长虹断然做出了一项惊世骇俗的决定：长虹彩电在全国范围内全面降价，率先向消费者让利，每台让利幅度为350元，同时保证国家的税收一分不少。长虹销售处电告和自己有业务关系的全国24个省市自治区的销售联络员：从速通知全国各地的长虹销售商，按照新的价格订货销售。短短两天时间，长虹销售报表上箭头终于艰难地启动了，而且一发而不可收。

如果说，1988年长虹借和工商银行合作搞有奖储蓄，心有余悸地提了一次价，只是从被价格软禁的围城里探了一下头的话，那么，长虹这次的公开降价，则是鼓足勇气，打开了一直紧闭甚至锈死的价格城门，大摇大摆地走了出来。在那样一个僵化的时代，任何一次超越常规的尝试，哪怕只是一点小小的与众不同，都会带来千夫所指的麻烦，甚至是灭顶之灾。长虹降价，彩电卖火了，其他厂家就更卖不动了。全国的彩电厂家愤怒了。大家纷纷向北京告状，其义愤填膺之状难以言表。至于状词，其实只有一个：长虹严重违反国家物价政策，强烈要求上级主管部门给予严厉制裁！

长虹的这次降价过于敏感，连媒体都不知如何应对，因此并没有媒体对此进行报道。但长虹发动的中国第一次降价引起了全社会的激烈论战，其实质的争论焦点在于：国有企业应不应该按市场价格规律办事，有没有权自行决定自己产品的价格？这场争论持续了两年多时间，1991年，媒体才公开对长虹降价公开讨论。激烈的论战内容最后被简单而精确地归结为两句话："不让你涨价你涨价，不让你降价你降价。"围绕着这个核心性的问题，正反两种意见论战激烈。

45. 布局东北

> 预见性是一种战略眼光，看得长远，看几步棋，提前看到了，提前布局，就占有全局的主动性，而事物的变化发展往往是从一个点开始的。企业家需要预见性的能力，对人和事都能预见。

抗战胜利后，国共较力是从东北开始的，共产党的大反攻也是从东北开始的。

第一次正式提出东北问题，是在1945年的七大上。毛泽东表示：我觉得这次要有东北人当选才好。从我们党，从中国革命将来的前途看，东北是特别重要的。如果我们把现有的一切根据地都丢了，只要我们有了东北，那么中国革命就有巩固的基础。在这里，毛泽东进一步强调了东北问题的作用，这说明毛在深入考虑抗战胜利后的战略格局问题了。

东北，东、北、西三面同朝鲜、苏联、蒙古接壤；南面，陆上同华北地区衔接，海上隔渤海同山东半岛相望，人口三千余万，资源丰富，重工业比较发达，是亚洲除日本之外工业最发达的地区，战略地位十分重要。

为了尽快结束二次世界大战，美国希望苏联出兵东北，苏联借机提出条件，欲将东北划入自己的势力范围，美国以苏联不支持中国共产党与蒋介石的内战为条件，提出中共和国民党都不出兵东北。苏联红军进入东北后，根据延安总部的命令，冀热辽军区就近组织部队挺进辽宁，配合苏联红军作战。中共中央还决定以晋绥军区政治委员林枫率千余干部先行进入东北，抓紧时机开展工作；命令原属东北军的山东军区万毅支队等向热河急进，待查明情况后准备进入东北。在1945年8月15日日本宣布投降，8月23日、26日的两次中央政治局会议上，毛泽东都谈了东北问题。他说：限于中苏条约，苏联不能直接援助我们。我们先派干部去是确定的，是大有文章可做的。军队去不去，还不一定。

1945年8月24日，林彪从延安启程，目的地是山东，去接替他的老搭档罗荣桓。罗荣桓身体一直不好，中央决定让他回延安治病。林彪、萧劲光、江华、邓华、李天佑、聂鹤亭等人，乘坐一架美国运输机到太行山，然后骑马、步行，到达河南濮阳，接到中央"万万火急"电报，让林彪一行原定去山东的人，立即转道赶赴东北。山东115师的罗荣桓和苏北的部分新四军，也接到命令，分别从烟台海路和陆路也去东北，总计10万人。由于是去东北接收，那里有的是武器弹药，有的部队出发时连武器都没有带。陆上部队走到山海关，国民党的部队就跟到屁股后面了，要打仗了，有的战士却没有武器。

共产党最初的计划是独占东北，制定了"向北发展，向南防御"的策略，把国民党军队堵在关内。蒋介石对东北晚了一步，但他同样十分重视东北。通过《中苏友好同照条约》，他取得了接收东北的法定身份。8月31日，他明令将东北三省划分为9省3市，任命熊式辉为东北行辕主任，准备进入东北，从苏军手中接收政权。他在驻华美军帮助下，经海上运送军队登陆秦皇岛，向东北挺进，并任命杜聿明为东北保安司令长官。他还收编了伪满军及日军共20余万人及大批土匪武装。蒋介石对他的部下说："东北不是中国革命的策源地，而是中国革命的归宿地。经过本党这30年来不断的奋斗，我们中国的革命已经快得到归宿了。希望各位在这最后成功的时候，格外奋起，格外努力，完此一篑，以竟全功。"

1945年冬，苏方多次表示要将中长路及其沿线各大中城市移交给国民党政府，并要求中共领导下的部队迅速撤离这些地区，苏联的条件是与蒋介石经济协议，独占东北经济利益。12月28日，病休中的毛泽东为中共中央起草了《建立巩固的东北根据地》的指示，指出：我党现时在东北的任务，是建立根据地，是在东满、北满、西满建立巩固的军事政治的根据地。建立这种根据地必须经过艰苦奋斗。在国民党已占或将占东北的大城市和交通干线的情况下，这种根据地应建立在"距离国民党占领中心较远的城市和广大乡村"。

1946年1月国共在关内实现停战后，蒋介石一面要求苏军暂缓自东北撤军，一面要求美方加大海运能力，加速运兵东北。到1946年3、4月间，包括热河方向在内，已有7个军约25万人的正规军进入东北，占领了沈阳以及鞍山、营口等城市，企图利用关内停战的机会，在关外大举进攻，力争消灭中共领导的部队，或把他们压缩到僻远山区，处于不利地位，再通过谈判解决东北问题。

在强敌进逼之下，林彪率领部队"让开大道，占领两厢"，部队一直撤到松花江才站稳脚跟。乘苏军已从中长铁路撤军而国民党军队还滞留于西满的有利时机，林彪率部队在3月中旬攻占四平，4月中、下旬先后攻占长春、哈尔滨、齐齐哈尔等重要城市，歼灭国民党及伪满军和土匪武装3万余人。至此，中长铁路的开原以北段已全部处于东北民主联军控制之下，形成了背靠北满、依托内线迎击大举北上的国民党军队的有利战略态势。

将东北军政大权集于林彪一身，也是毛泽东的正确决定。林彪出关时任冀热辽军区司令员。10月31日，中央决定成立东北人民自治军，任命林彪为总司令。此时，我党赴东北的中央委员和候补委员达20人，其中彭真、陈云、高岗、张闻天为中央政治局委员，林彪是中央委员。东北局成立时，彭真为东北局书记，并任东北人民自治军第一政委。也就是说，在当时的东北，林彪是军事工作的第一把手，彭真则是党政第一把手。1946年6月16日，中共中央做出决定，以林彪为东北局书记、东北民主联军总司令兼政委，集所有正职于一身，彭真则退任东北局副书记、民主联军副政委。

1947年7月7日哈尔滨东北局会议决议号召："跑出城市，丢掉汽车，脱下皮鞋，换上农民衣服，不分文武，不分男女，不分资格，一切可以下乡的干部统统到农村去……"接下来，就是艰苦卓绝的"三下江南，四保临江"，是攻势凌厉的夏季攻势、秋季攻势、冬季攻势，是三大战役中的第一个战役——辽沈战役。

那时的林彪被形容"全力以赴在战争的轮子上飞转"。只要醒着，林彪脑子里的那个车辘辘，就没有闲着的时候。有人统计，1948年1月5日这一天，林彪一天发出了30份电报，接下来的3天，分别是28封、27封、19封，同年5月24日的电报，竟达39封。"一点两面"、"三三制"、"三猛战术"、"三种情况三种打法"、"四快一慢"、"四组一队"，林彪平日除了口述电报不怎么说话，可与一口气能口述几封电报媲美的，是林彪讲起战术问题上的婆婆嘴，生怕别人听不明白。

刚出关时，部队零零散散，有的还在路上，已经闯进关东的则散在各地，疲惫不堪，一些部队还没带武器。就是这些有武器、没武器的部队，许多还联系不上，有电台，无密本，彼此收到的电报成了"天书"，干着急上火。然而不到两年，国民党就惊叹东北共军战术水平高。对辽沈战役的评价则是："对兵力之分配，完全符合节约与集中之原则"，"对大兵团之运用，时空力之分配，缓急先后，悉合机宜，绝非幸致"。

1945年9月出关时，部队仅10万。1948年12月，林彪率部进关，已是浩浩荡荡百万大军。

预见性是最重要的能力

共产党在东北获得先机，是因为毛泽东早早预见到了抗战胜利后东北的重要性和东北将要发生的对抗，因此早早布局，并且选对了处理东北局势的领导人。共产党进入东北的计划是重庆谈判期间经毛泽东同意由刘少奇制定的，最早的一把手是彭真，刘少奇也提出选一名军事指挥员出关负责军事，拟定的人选是陈毅或者徐向前，而毛泽东则选定了林彪，并让他党政军一把手一肩挑。当蒋介石得知林彪去了东北，曾感叹说："东北再无宁日。"

这些都表明毛泽东有高超的预见性。这种预见性也是企业家所需要的能力。什么是预见性？很难说得清道得明，预见性是种天赋，是种能力。富士康总裁郭台铭说过一句话："什么样的人才是企业家？能够拿出和部署企业的战略，规划未来，促进企业发展的是企业家？不是。懂技术、懂管理、懂市场，又勤勉有加，将各项计划付诸行动、业绩显著的是企业家？也不是。这些都是很多人能够做到的，所以，仅有这些还不能称为企业家。我认为企业家应该有灵敏的直觉和嗅觉，在没有任何现象和先兆的情况下，能感知和触摸到即将发生的变化，特别是能捕捉到即将来临的风险，及早判断和预防，尽管他不知道风险会来自哪里，是什么样的风险，什么时候发生。这是一种天赋，只有少数人有。因此，德鲁克说："管理者面临的问题不是企业明天应该做什么，而是今天必须为未来做哪些准备工作。"

进一步解释预见性，郭台铭说："拥有资源，并不代表你能赢。取得资源很容易，但如何把资源运用好，分配好，就需要好的策略。策略就是方向、时机和程度。方向不对，即使再能干，再强大，也永远不能达到目的。""南辕北辙"就是讲的这样的例子。就像本来从昆山去上海，车子上高速公路却去了反方向，而且是加速度，即使你有能力一日过长江，两日过黄河，你离上海这个目的地还是会越来越远，方向不对，你有再多再好的关键性人才，也无法达到你的目的。成吉思汗就是抓住了方向和时机，看太阳往哪能下山，成吉思汗就往哪里打：冬天往西边靠南打，因为北边雪灾厉害，夏天往西边靠北打，因为南边沙漠地区酷热难耐。所以成吉思汗才可以一直往西横扫，直捣欧洲心脏，把当时已知世界的80%的土地纳入蒙古帝国版图。成吉思汗赢，是赢在方向，赢在策略，还有时机和程度。这些都不是一上来就完全掌握好的，而是预见到的，就朝着那个方向奔，时机和程度也就逐步感知了。当然成功在"策略"之后，还取决于"决心"和"方法"。策略就是选对的事情来做，决心就是毫不动摇，方法就是把事情做对。

企业的策略是没有人告诉你的，书本上也没有，全靠企业家的预见性。

46. 与林彪的两次争议

> 如果你是一家做全国市场的企业，是各个分市场分公司相对独立，还是总公司、总经理掌控全局？毛泽东的做法是全国一盘棋，坐镇中央，亲自指挥，全盘掌控。

在东北战场上，毛泽东和林彪配合默契，重大战役指挥权是毛泽东亲自把握，林彪则积极服从毛泽东的战略和指挥，主要在战术上加以发挥落实，但是也有过两次比较大的争议。

第一次争议是四平保卫战。

1946年3月中旬，在中共谈判代表团的力争下，东北停战问题列入军事三人小组谈判的议事日程。但蒋介石不想在东北实行停战，坚持必须占领哈尔滨、长春、四平并控制中长铁路后，才能谈停战问题。为了实现这个目的，他一面指令杜聿明指挥新一军和七十一军从沈阳地区北进，限令在4月2日前占领四平，再向长、哈、齐推进，一面请求美国再协助运送5万兵力进入东北。

毛泽东认为：苏军将于4月完成撤军。蒋介石必将部署部队自沈阳北进和我争夺长春、哈尔滨。不给向北进攻解放区的国民党军队以有力打击，东北是不可能实现真正的停战的，东北解放区后方也难以巩固。他指示："不惜重大伤亡（例如1万至2万人）"阻滞国民党军队北进，以争取在东北实现停战。

4月中旬，国民党军队逼近四平市区，毛泽东致电林彪、彭真："望加强四平守备兵力，鼓励坚守，挫敌锐气，争取时间。"后又多次致电林彪，在停战前国民党军队可能继续发动几次猛烈的进攻，我军必须"死守四平，寸土必争"。根据毛泽东的指示，东北民主联军加强四平守备力量，在东起火石岭、西至八面城的百里战线上，同国民党军队对峙。5月14日，国民党的增援部队新六军等也到达四平前线，并在第二天开始集中10个师兵力，采取正面进攻和两翼迂回相结合的战法，对四平发起总攻。参加这次总攻的，都是国民党的精锐部队。东北民主联军防守四平的部队虽经顽强抗击，仍不能挡住国民党军的猛烈攻势。

在战斗之前，林彪就认为城市防御是我军的弱项，缺乏经验，但仍然执行毛泽东的部署。战斗中伤亡巨大，黄克诚曾多次要求撤出四平，林彪都不表态，黄克诚甚至直接向中央发电报要求撤出四平。四平守军鏖战一个多月，毙敌1万多人，我军也伤亡8000多人，并且多是进关时的主力，疲惫困乏，难以再战，加上防线左翼被突破，退路受到严重威胁。紧急情况下，林彪于5月18日致电中央，陈述理由，并于当日午夜组织部队撤出四平，分别向南满、东满、西满转移。19日，毛泽东复电同意林彪的意见，这时我军已经撤出四平。

国民党军队占领四平后，马不停蹄地继续向北推进，先后占领公主岭、长春、德惠，直抵松花江南岸。林彪一路撤退，已经准备放弃哈尔滨。而这时敌军已成强弩之末，无力再向北渡江进占哈尔滨。在这种相持不下的情况下，国共双方经过紧张谈判，达成东北休战15天以便继续进行和平谈判，东北出现了暂时休战的局面。

在舒兰的一次会议上，林彪说，有人骂我丢的地方太多，而我认为丢得太少了。敌强我弱，我是一个拳头，敌人是几个拳头，怎么办，硬拼是拼不过的，那就把城市都丢给他们，让他们把拳头伸开，成为手掌，我们就一个手指一个手指地把他们吃掉。

也就在这个时候，东北的党政军大权全集中到林彪手里，发动干部深入广大的农村，土地改革，发动群众，建立根据地，壮大军队，聚集起全面反攻的力量。

第二次争议是打锦州。

1948年上半年，东北局势发生了根本性变化。从兵力对比上看，东北野战军占绝对优势，正规军70万人，地方军30万人，总兵力达100万人，而且拥有炮兵纵队和铁道兵纵队。东北解放区军民经过三年多的奋战，完成了土地改革，将解放区连成一片，解放军的后方异常巩固，并控制了2000多里的铁路线。国民党军的正规军为48万人，非正规军7万人，共55万人，被迫收缩在长春、沈阳、锦州三个孤立的城市，不能互相呼应，态势突出，所占地区狭小，补给非常困难，而且长春被围困，无法救援。

根据毛泽东的战略部署，东北野战军于1948年9月12日至11月2日进行了战略决战的第一个战役——辽沈战役。根据东北敌军分别收缩于长春、沈阳、锦州及其锦州的重要战略地位，毛泽东确定了首战锦州，关门打"狗"的作战方针。锦州是东北敌军的要害处，攻占锦州，可切断东北敌军与华北敌军的联系，关上东北大门。而且锦州守敌多为杂牌军，战斗力较弱，孤立分散，易于歼灭。同时在北宁线上作战，可以吸引长春、沈阳之敌增援，相机将其歼灭。因此，攻克锦州，形成关门打"狗"之势，实现将蒋军封闭于东北予以歼灭的战略目的。

林彪最初的计划是先打长春，担心部队长途南下打锦州，后勤补给被切断，锦州打成胶着战，反而处于被动。但经过一段犹豫之后，他同意了毛泽东的计划，率军南下包围了锦州。锦州被围后，蒋介石极为恐慌，飞临北平、沈阳亲自督战，决定以锦西、葫芦岛的4个师及从华北、山东抽调的7个师，由锦西向北增援锦州，由侯镜如统一指挥。沈阳地区的11个师、3个骑兵旅组成"西进兵团"，进占彰武，企图威胁东北野战军的后方，由廖耀湘统一指挥。当林彪获悉葫芦岛又增重兵的情报时，感到敌情严重，立即向中央军委提出了回师攻打长春的建议。毛泽东接到电报后，于10月3日发了两封电报，重申攻打锦州的方针，分析了回师打长春的种种不利因素，要求东北野战军集中精力，力争于10天内攻取锦州，指出只要打下锦州就可以获得战役上的主动权。

在罗荣桓、刘亚楼等人的说服下，林彪坚定了攻打锦州的决心，并调整了作战部署。毛泽东得知林彪坚定了攻打锦州的决心并调整了作战部署后，复电指出，"你们决心攻锦州，甚好，甚慰；调整了作战部署，才算把作战重点放在锦州、锦西方向，希望大胆放手，首先攻克锦州，时间愈快愈好。"

10月9日，东北野战军开始了锦州外围战。次日，毛泽东致电林彪等，要求东北野战军坚决攻击锦州："你们的中心注意力必须放在锦州作战方面，求得尽可能迅速地攻克该城"，"只要攻克了锦州，你们就有了主动权，就是一个伟大的胜利"。遵照毛泽东的指示，东北野战军经过5昼夜激战，扫清外围据点，14日发起总攻，经过31小时激战，攻克锦州城，生俘东北"剿总"副司令范汉杰等10万余人。17日长春守敌第六十军军长曾泽生率部起义，东北"剿总"副司令郑洞国于19日率部投降。锦州、长春解放后，蒋介石令廖耀湘兵团与葫芦岛的国民党军东西对进，企图夺回锦州。东北野战军做出了全歼廖耀湘兵团的战斗计划。毛泽东接到电报后，更改了原来打锦西、葫芦岛的设想，指出，"如果你们在长春事件之后，蒋介石、卫立煌仍不变更锦葫、沈阳两路向你们寻战的方针，那就是很有利的。在此种情形下，你们采取诱敌深入，打大歼灭战的方针，甚为正确。"根据毛泽东的指示，东北野战军于26日将廖耀湘兵团包围在黑山、大虎山、新民地区。经过两天一夜的激战，28日全歼该敌10余万人，生俘廖耀湘等国民党高级军官。11月2日解放沈阳、营口，歼敌14.9万人。11月8日，锦西、葫芦岛之敌逃跑。至此，东北全境解放。辽沈战役历时52天，歼敌共47万人。它的巨大胜利，完全证明了毛泽东制定的作战方针的正确性，使中国军事形势到达了一个新的转折点。

做全国市场要把握全局

全国解放战争是在全国范围内多个战区广泛的领域展开的，毛泽东对各个战区的每一次战役都掌握指挥权，调兵遣将，具体部署和指挥。毛泽东和蒋介石不同之处在于，蒋介石常常亲临前线，直接指挥，而毛泽东则身在深山，洞悉前线的情况，靠发电报指挥前线。有时候前线指挥员想不到的情况，远在千里之外的毛泽东却能想得到，及时电报应对。

企业刚开始做市场的时候，往往用代理来做，因为自己的能力不够。企业发展到一定程度，就要在各地设立分公司，做区域市场。规模大了，能力强了要做全国市场，甚至要做全球市场，就要把市场渠道和销售掌握在自己手里，自己建渠道，自己做销售，而公司的主要负责人，一定要牢牢把握完整的销售渠道和销售，市场和渠道是企业的命脉。

董事长、总裁如何把握全国市场的全局，指挥调度全国市场？采访多家企业，他们的一些做法值得借鉴。

IT集中化。全国布局，地域辽阔，机构庞大，靠人为的管理肯定不行，一定要借先进的IT技术，通过IT进行大集中，高度控制，然后分级授权，加强管理。过去不能集中是技术上没有能力，现在IT技术已经能做到全国集中，就一定要集中。新创立公司，一定要考虑IT系统的建设。从一开始就研究新技术的发展，站到信息技术领先的制高点上，并预留提升的空间，这样才能一步到位并保持先进。否则，建成以后通过"打补丁"来追赶就很麻烦，不只是资金的浪费，还会影响业务的发展，甚至影响公司正常经营管理，想再改变不容易。

总成本控制过程化。总成本控制是大多数公司考核分支机构的办法。但是，总成本控制简单化，就成了总承包。企业承包制的问题就非常多，承包几年，大干快上，承包过后，一堆烂账，很多企业给包垮了。问题就出在承包制缺乏过程化管理，一包就灵，一包到底，没有及时地监督和管控，承包到期，烂账败露。有的分公司总经理说："给我们一个利润考核指标，费用到位，总公司就不用管了。一定把业务做上去。"业务是做上去了，看起来红红火火，但分公司总经理离任一审计，应收保费一大堆，几年都抹不平。必须承认，创业初期，总成本控制调动了基层的积极性，但经验告诉我们，成本控制不能大撒把，如果只是到年底算总账就晚了，就容易失控。总成本控制不只是总公司管控，分公司也要管住，并且要过程化管控，还要管得住，发现问题能够及时调整。集中化管理就要推进精细化管理，从考核体系的建立，到预算的实施，再到费用的分类管理，月度、季度的监控，将财务的过程化管控落到了实处。

集中化管理要把人财物都管住，不只是把机构的成本算清楚，甚至把每个人的成本都算清楚。总成本预算管理有一个重要任务就是成本管理的精细化。精细化体现在三个方面：一是项目明细化、标准化。差旅费、会议费、车辆运行费、物业费、水电费、燃油费、电话费等都一一明细。二是过程化控制。成本费用不是年度一次结算，而是按月、按周结算，及时掌握成本费用情况。三是把每个人的成本都算清楚了。有的还为每个员工都建立起一个报销系统，通过报销系统，每个人的成本费用都清晰呈现。特别是如果把这些数据链接起来做对比分析，就非常有价值，能准确找到节省成本、优化成本的有效途径，找到降低成本的关键所在。因此，大地保险的报销系统不只是堵塞财务漏洞，还是财务数据分析系统，通过其中详实的数据，可以透视经营成本等方面的信息。

让基层机构专心做市场。传统的观念是一级机构一级权力。集中管理，实质上是一个职能的调整，看起来是三、四级机构失去了一些权力，失去了一些管理资源，但从另一个角度考虑，基层机构也相应卸掉了很多管理的包袱，腾出更多的时间和精力，全力以赴开拓市场和业务。这样就能更多地提升业务量，收入也就相应增加，这对公司上下都是好事情。这是集中化管理应该达到的效果。集中管理还可以看做是一个资源优化配置的过程。集中管理，有利于实现资源的精准配置，把有限的资源用在最有效率的地方，提高整体效能。基层是市场开拓的最前沿和生力军，让他们专心做市场和业务，也是资源的有效配置。我们可以更开放地理解总、分公司的关系。总公司和下属机构的利益是一致的，虽然利益分配上有不同的想法，但只有蛋糕做大，大家才能分享到更多的利益。

给下属机构创造发挥的空间。集中化管理要注意差异化授权，对分公司的分级分类管理，就是差异化管理的有效形式。分级管理是扶优扶强，让优质机构攀更高目标，发展不好的机构有追赶的方向。搭建了集中化的管理平台，要实施垂直化管理和扁平化考核。分公司的基础、条件、能力有很大差别，任务、目标、措施也应该有所不同，管理不能开一个药方，一刀切。给机构设置不同的任务目标，提供差异化的条件和措施，集中优势资源，做大做强优质公司，树立标杆榜样。同时，设置阶梯性目标，给分公司和下属机构更大的创造发挥空间，激发机构和全体员工的积极性和创造性，鼓励比、学、赶、超，形成内部的竞争机制，从而提高公司的整体竞争力。集中化管理要有一个重要的理念，对下属机构不是控制而是培育价值。传统国有企业习惯于把管理当成一种控制的手段，其实这是一个误区，对下属机构控制欲太强，往往发展不好。管理最主要的是调动基层的积极性和主观能动性。

集中化管理一定要解决好差异化问题，集中化与差异化是一对矛盾。全国市场，千差万别，千变万化，想由电脑发一个指令解决全国所有的问题，当然是荒谬的。其实，集中化和差异化不是完全对立的，靠电脑也不是不能差异化，只是一定要有差异化的意识，就能把差异化渗透到集中化管理中。IT技术也能通过规则引擎来实现差异化。不同的地区、不同的机构、不同的产品，在这里亏损的业务，在那里可能是赢利的业务，这里没有的业务，另一个地区可能是大业务。当然规则、条件、价格的设置也是有区别的。差异化就要让基层的同志参与决策，因为他们最了解市场的情况，信息化也为他们及时、实时反馈信息提供了便利。畅通渠道，反馈最前沿的市场信息，就是差异化决策的依据。

站到第一线，强化执行力。现代管理手段能在办公室掌控全局，但总裁还是要深入到能听到炮声的前沿一线。一个优秀的领导往往是个优秀的战略家，或者战术家，但很少会有优秀的执行者，执行者必须有优秀的组织能力和实践经验，必须是个实干家。因此，一个公司的执行力就体现在总经理的行动上。总经理的工作作风，代表着公司的执行力。执行力有时候就差那么一点点，领导推动一下，就上去了。每天推动一点，日积月累进步就了不起，就走在了前面。

每天拖后一点，天长地久，差距就越拉越大。特别是在遇到困难的时候，总经理站到那里，为大家鼓劲打气，士气就上去了，坚持下去，就挺过去了。

总经理要会抓小事。企业没有那么多战略和宏观大事，会讲战略的总经理不一定是好总经理。企业需要的是会做事的总经理，特别是要会做小事情。因为大的战略就包含在每一件小事中，日积月累做好小事，企业也就朝着正确的方向进步发展，战略也就实现了。中国企业讲战略的人太多，而缺少的是做事的人。特别是创办企业，一定要找一个会做小事的总经理，而不是找一个夸夸其谈讲战略的人。总经理不但要抓大事，也要抓"小事"。其实有些事看起来是小事，但在某个时候，这件事就是大事，是关键事。有的事是大事，像公司的战略，但当公司的业务处于下滑的时候，业务发展就是大事，每天的保费对公司经营来讲就是大事，我就会很关心。当赔付率走高时，堵住理赔各个环节的跑冒滴漏就是大事，或许大家觉得这些细节是小事。

要让基层的声音及时传上来。执行力有两个方面：一是让指令下达的渠道畅通快捷，二是建立起下情上传的渠道，让基层的声音特别是意见及时传导上来。中国这么大，区域这么广，经济发展很不平衡，社会文化各不相同，可谓千差万别，市场又千变万化，没有一个领导敢说自己都想到了，都是正确的。领导的决策，在绝大多数地方是正确的，是行之有效的，但可能就在某些地方不适合，个别地方甚至是错误的，这就要求领导要善于听各方面的意见，并对自己的决策进行修正。

47. 战将粟裕

> 毛泽东不只是善于用兵，更善于用人。企业家把握全局，不只要战略策略正确，更要选好人用好人，做全国市场，选取好用的分公司经理尤为重要。

　　远在千里之外，毛泽东要掌握每个战区每次战役的决定和指挥权。当东北野战军兵临锦州，林彪犹豫要回撤打长春的时候，毛泽东生气地说，要林彪回总部指挥，他到前线去。毛泽东坚持自己的作战方针和战役计划，但也不是完全固执己见，而是善于听取前线指挥员的意见。淮海战役，毛泽东就听取了华东野战军代司令员粟裕的意见。

　　粟裕在后来的传记中曾写到酝酿淮海战役的过程。在豫东战役之前，1947年第四季度，我三支大军已经在中原成品字形，完成了战略展开。但蒋介石在中原还能集中较大的机动兵力。敌人利用优越的运输条件，又常临机变动建制，采取避实击虚的战法，以集中或分散对付我军。我兵力分散时则集中进犯，我兵力集中时则后缩，我兵力相当时则与我纠缠。一段时间里敌我形成拉锯状态。为改变中原战局，发展战略进攻，粟裕反复考虑了我军的作战方针，认为面对敌人的新情况，我军必须把歼灭战发展到更大规模。如果我军不能集中更大兵力，打更大规模的歼灭战，而是打中、小规模的歼灭战，战机就很难寻找。当时三支大军各自对付当面敌人均显不足。从华野外线兵团的兵力来看，彻底歼灭敌人一路的力量是够的，但必须邻区协助打援或牵制。粟裕估计，只要我军能打两三个大歼灭战，形势必将改观。为此，粟裕于1948年1月22日向中央军委建议，三支大军采取忽集忽分的作战方针，以集中更大兵力，寻歼敌人重兵集团，兼顾开辟新区工作。

1948年4月，中央曾有过华野过江作战的想法。18日，粟裕向中央建议华野一、四、六纵队暂不渡江，会同三、八、十等纵队，并在中原野战军配合下，集中于黄淮地区打大歼灭战。豫东战役歼敌9万多人，证明打大歼灭战的想法符合实际。解放战争以来，随着敌我力量的消长和战略战术的变化，我军歼灭战不断向更大规模发展是个客观规律。这种大歼灭战发展下去，势将成为同敌人的战略决战。而要进行这种大规模的决战，必须考虑时机，还要考虑战场条件和后勤供应条件。对于战场和后勤供应条件，粟裕考虑在长江以北决战比在长江以南决战有利得多，而在长江以北决战，又以在徐蚌地区为最有利。因为徐蚌地区不仅地形宽阔，通道多，适宜于大兵团运动；而且大部地区是老解放区和半老解放区，群众条件好，背靠山东和冀鲁豫老根据地，地处华东、中原接合部，距华北也不远，能得到各方面的人力、物力支援。还可以利用蒋桂之间的矛盾，集中兵力打蒋系的徐州集团。如兵出中原，我军将处于白崇禧的武汉集团与刘峙的徐州集团之间，桂系可能参战。

为此，在济南战役前，粟裕就考虑到打下济南以后华野向何处出动？1948年8月23日在上报军委的一个电报中提出："两个月以后，我们即可举全力沿运河及津浦南下，以一个兵团攻占两淮及高邮、宝应，则苏北局势即可大大开展。"当时就是想以这一作战行动为下一个作战和渡江创造条件。济南战役敌人援兵没有来，我们有必要，也有足够的力量，同敌人在江北再作大的较量。所以，粟裕在济南战役即将结束时，1948年9月24日早晨向中央军委提出举行淮海战役的建议。

1948年9月25日，中央军委复示："我们认为举行淮海战役甚为必要。"

在粟裕提出暂不过江，在江北打大仗之后，毛泽东曾经电令粟裕到中央总部专门听取他的意见。

在解放军的将领当中，林彪功勋卓著，他率领东北野战军从北到南，一直打到海南岛，横扫全国。但是论歼敌数量，华东野战军最多。虽然陈毅是华东野战军司令员兼政委，淮海战役又有刘邓中原野战军的配合，在淮海战役前敌委员会中，粟裕的位置也排在刘陈邓之后，但是谁都承认粟裕才是战场真正的指挥员。因此，粟裕也就成了解放战争中歼敌数量最多的解放军将领。据说，林彪很少跟其他人谈论军事，但跟粟裕谈论起军事就滔滔不绝。

新中国成立后受勋十大元帅，粟裕没有列入，至今有人为其鸣不平。但对粟裕的使用正是体现了毛泽东知人善任的高明之处。

粟裕，湘西人，参加过北伐，南昌起义时任班长，朱毛井冈山会师时，他和林彪都是连长。林彪很快被毛泽东提拔为28团一营营长，而粟裕则任三营一连连长。八月失败时，三营营长袁崇全企图拉部队投靠国民党，粟裕及时发现并报告朱德和陈毅，才制止了这次叛乱。井冈山时期，林彪一路上升，升任红一军团团长，被称做毛泽东最会打仗的三大将领之一，实际上成了朱毛秋收起义和南昌起义部队的最高指挥员，因为这时候朱德是红军总司令，而毛泽东是总政委。当时林彪的位置比红三军团的彭德怀还要重。但是，粟裕在井冈山时期四次负伤，最高职务是红七军团参谋长兼师长，所辖部队四五千人。第五次反"围剿"失利，中央为了吸引敌人转向外围，红七军团改编为北上抗日先遣队跳到外围作战，进入安徽。由于受"左倾"机会主义干扰，北上抗日先遣队没有起到调动敌人的作用，遭受重大挫折。1935年1月底，粟裕带部队突围进入浙南，部队整编为挺进师，粟裕任师长，在浙南开展三年游击战争。1938年抗战爆发，共产党领导的江南游击队整编为新四军挺进抗日前线，粟裕率浙南部队行军一个月，到达安徽歙县岩寺，加入了新四军的战斗行列，整编为新四军第二支队第四团第三营，任第二支队副司令员，后任司令员。1940年7月，陈毅、粟裕率新四军七千多人，挺进苏北。9月，创建了以黄桥为中心的苏北抗日根据地，粟裕任副总指挥。1941年1月"皖南事变"后，粟裕任新四军第一师师长。1944年3月，粟裕指挥的车桥战役，歼灭日军三泽大佐以下官兵460余人、伪军480余人，摧毁敌碉堡50

座。当捷报传到延安窑洞，毛泽东当场说了一句极有预言性的话："这个从士兵成长起来的人，将来可以指挥四五十万军队。"抗战胜利后，1946年7月起，已任华中军区司令员的粟裕指挥华中野战军主力3万余人和10余万地武民兵，与12万美械装备的国民党军作战，一个半月七战七捷，歼敌5.3万余人，受到毛泽东的嘉奖。1947年1月，粟裕任华东野战军副司令员，陈毅为司令员兼政委。华东野战军先后发起了宿北战役、鲁南战役、莱芜战役、泰蒙战役、孟良崮战役等，共歼敌7个军（整编师）和1个快速纵队。粟裕的军事指挥才能得到淋漓尽致的发挥。1948年1月、4月，粟裕向中央提议3个纵队暂缓渡江南进，集中兵力在黄淮地区打大歼灭战的建议，1948年5月前往陈南庄向中共中央书记处汇报此战略构想，为中共中央采纳，在豫东战役中毛泽东复电完全同意粟裕的意见，并指出："这是目前情况下的正确方针。"并无比信任地指示粟裕："情况紧张时独立处置，不必请示。"

毛泽东对淮海战役有一句精辟的概括：一锅夹生饭，硬是被你们一口一口地吃下去了。又说："淮海战役，粟裕同志立了第一功。"

粟裕在解放战争中展示军事才能，胜利指挥包括淮海战役在内的多场著名战役，与华东野战军搭配班子有重要关系。中央接受粟裕淮海战役的计划后，曾任命他为华东野战军司令兼政委，在其推辞后任代司令兼代政委，仍然保留陈毅的司令员兼政委职务。南昌起义后，一直到井冈山会师，南昌起义部队的领导人是朱德和陈毅。井冈山时期，陈毅也一直是红军的主要领导人。红军长征以后，陈毅留守根据地开展游击战争，粟裕北上抗日先遣军失利突围进入浙南打游击之后，隶属于南方游击队的一部分，领导人仍然是陈毅。南方游击队改编为新四军北上抗日之后，陈毅是新四军主要领导人，皖南事变，军长叶挺被俘，政委项英牺牲，陈毅担任了新四军军长。在新四军的战斗中，粟裕的军事才能获得了陈毅的认可，重大战役都是粟裕指挥，到了解放战争，战役指挥实际上已经是粟裕，陈毅主要担负战役决心，粟裕和陈毅的关系及渊源，也是粟裕建功立业的原因之一。陈粟配也出自毛泽东的用人之道。

选好用好分公司经理

毛泽东不只是善于用兵，更善于用人。以解放战争时期的四大野战军来讲，西北野战军是井冈山时期的嫡系，在林彪派往东北战场以后，保卫党中央的任务就自然落在了彭德怀身上。红一方面军两大主力，红一军团司令员是林彪，红三军团司令员是彭德怀，彭德怀是毛泽东不出30里路的湖南老乡，西北国民党胡宗南是悍将，彭德怀更是猛将；另外党中央身边还有一个独立的杨罗耿兵团，规格低于野战军，但归毛泽东直接指挥，杨得志、罗瑞卿、耿飚，都是红军的主力团长，战功赫赫，都是危难时刻担当大任者。东北野战军占据战略要地时，红军的主力组成，林彪不说，罗荣桓是秋收起义时毛泽东最信任的指挥员，秋收起义的部队，罗荣桓职位最高，林罗配是一文一武，毛泽东最为放心；中原野战军刘伯承和邓小平是四川老乡，关系甚笃。当时中原野战军中红四方面军的部队较多，战士多出自四川，而刘邓在红一方面军没有担任过部队的主官，没有"山头"，就更有利于团结部队。解放战争中，刘邓大军从华北渡黄河挺进大别山，也因为部队中红四方面军是从大别山起家的。这些都体现毛泽东用兵用将的高明之处。

做全国市场，选好用好分公司经理尤为重要。公司创业，资金很重要，但人才更重要。找到合适的人和你一起创业，是第一位的事情。一个人强，公司强，一个人弱，公司弱。选对一个人成就一个分公司，一个分公司经理就是一面旗帜。团队负责人选好了，就会带动整个公司发展好。如果选到了一个有影响、有口碑的负责人，就会一呼百应，许多人愿意跟他一起来创业，聚集到你的阵营里面，甚至可以说胜负都在一个人。

用人之道各有妙招：

用熟悉的人。拉什么人一起创业？应不避讳用你熟悉的人，中国讲任人唯贤，也讲举贤不避亲。敢用熟悉的人也是胆量和担当。用熟悉的人就要多担一份责任，多一份勇气和坦荡。创业初期，找人的渠道少，没有办法，只能用熟悉的人，用身边的人，用亲戚朋友。关键是事业发展后，用人的视野要开阔，不能老是守住你熟悉的人，更不能武大郎开店。要在实践中不断发现人才、筛选人才、使用人才，其中最重要的一点就是，要坚持英雄不问出处，以业绩论英雄，根据事业发展的需要招揽人才。公司一定要建立起一套公平公开的用人机制，让大家都在机制中运行，不能有人出格出位。

空降兵一定要精兵强将。全国市场布局，在各省成立分公司，选业内专业人士最合适。因为他们熟悉市场，熟悉业务，马上就能开展业务。每个省、每个地区，业内都有一些精英人才，在当地有一定影响力，如果找到这些人加盟，创业就事半功倍了。开拓市场就像列兵布阵、调兵遣将，也要出奇兵，有的时候，有的地方，在当地找不到合适的人，就得用空降兵。提高使用"空降兵"的成功率，要考虑三方面因素，一是个人能力，二是要有对地域文化差异的敏感性，三要对自己的行为方式做刻意改变。这个过程是非常寂寞、艰苦的。"空降兵"有时候容易急功近利，为了满足领导的期望值，他们会尽快做事来证明自己，恨不得一两年就树一个里程碑。但"空降兵"的特点，又要求他们不能操之过急。这个平衡把握关键在于理念，既要正确理解领导的决策，与上级保持一致，又要善于创造性地工作。比如说，总公司反复强调要效益、风险控制，你却在冲规模，忽视风险，这就有问题。你提出来搞项目创新，而总公司却认为公司没到那个水平，需要夯实管理基础。要知道什么最重要，在这个前提下，你做得成功了，就会得到应得的部分。

行外人也能打开局面。全国设立分公司，布局市场，招聘经理人，业内精英是重要的对象和力量，但业外的优秀人才，也是一种选择。有的保险公司在招聘时就专门找那些没有保险经历的人，有一定道理。一张白纸好画最新最美的图画。俗话说隔行如隔山，一个人不论能力大小，进入一个新行业，都需要一个熟悉了解的过程。对于一个新创业的公司来说，决策层就没有允许熟悉和了解情况的空间，需要马上做决策，因而，就需要一个内行人，避免出现偏差。而在执行层级就可以用业外人士，只要有上级公司的正确引导，他们就能落实得很好，特别是把其他行业一些优秀经验带过来，执行可能会做得更好。

用有潜力的人。公司创业，人才是第一位的。这时候你会发现身边熟悉能用的人不够了，去找其他公司相当级别资历的人，人家可能不愿来，或者来的条件开得也比较高。这时候不妨用一些资历比较浅但有潜力的年轻人。什么是年轻人的潜力？年轻，有知识，在一线业务中表现出了能力，品德不错，就是好苗子。你给他平台，让他有表现和成长的机会，他就会积极努力上进。另外，这些年轻人少世故，更少条条框框的束缚，工作上可能更有创造性。而新公司人际关系单纯，少些论资排辈，年轻人成长的环境更好，更容易做出成绩。

48. 三张桌子上的三大战役

> 机构叠床架屋，公司人浮于事，管理链条过长，成本加大，内耗严重，效率低下，这是典型的大企业病，必须坚决割除。

1948年5月26日，毛泽东一行到达西柏坡。这是一个位于河北平山县境内滹沱河北岸的仅有七八十户人家的偏僻山村，西靠太行山，东接华北大平原。1947年6月，朱德和刘少奇率领中央工委先来到这里，1948年4月，周恩来和任弼时率中央机关部分人员先期抵达，毛泽东来到，中央书记处5位书记齐聚西柏坡。西柏坡被称为"中国黎明前的红色首都"。

这时候，解放战争已经进入第三个年头，国共双方的军事力量发生了显著变化。1948年秋，解放军已达280万人，正规军149万人。解放区面积已经扩大到235万平方公里，占全国面积的四分之一，人口占全国的三分之一，而国民党军队由战争前的430万人减少到365万人，用于一线作战的兵力只有170万人。从1948年8月起，国民党不得不采用"重点防御"方针，而解放军实施了战略大反攻。著名的三大战役，毛泽东就是在西柏坡指挥实施的。

1948年9、10月间的辽沈战役历时52天，歼敌47万人，解放东北全境。1948年11月14日，毛泽东满怀胜利信心地说："现在看来，只需从现时起，再用一年左右的时间，就可能将国民党反动派政府从根本上打倒了。"

根据中共中央的部署，东北野战军主力在辽沈战役结束后不久，从1948年11月23日起，就提前结束休整，取捷径隐蔽地挥师入关。入关的东北野战军和华东军区第二、第三兵团一道，以神速动作，先用"围而不打"或"隔而不围"的办法，完成对北平、天津、张家口之敌的战略包围和战役分割，截断了他们南逃西窜的通路，并调动原驻天津、塘沽的国民党军队第九十二、九十四、一〇五军进到北平地区。随后按"先打两头、后取中间"的顺序发起攻击。在12月下旬连克西头的新保安、张家口。在新保安歼灭傅作义嫡系主力第三十五军16000人，在张家口歼敌第十一兵团部和第一〇五军5.4万余人。1949年1月10日，中共中央决定成立由林彪、罗荣桓、聂荣臻3人组成的平津前线总前委。当东头的天津守敌拒绝接受和平改编后，1月14日，解放军以强大兵力发起对天津的总攻，东北野战军集中5个纵队22个师34万人在刘亚楼指挥下，经过29个小时激战，攻克了这座坚固设防和重兵守备的大城市，天津国民党守军10个师13万人全部被歼，天津警备司令陈长捷被俘。天津解放后，塘沽守敌乘船南逃。为了使北平这座举世闻名的古都免遭破坏，解放军在围城后，派出代表同傅作义接触。由于解放军力量的强大和作战部署的迅速完成，由于中共的耐心工作和各界人士的敦促，傅作义终于决心顺应人民的意旨，命令所部出城听候改编。1949年1月，傅部移动完毕，解放军进入北平。北平宣告和平解放。平津战役历时64天，共歼灭和改编国民党军队52万余人，基本上解放了华北全境。

　　淮海战役部署早于平津战役，但为了稳定华北敌人，不使其南逃，淮海战役就延迟了一段时间。淮海战役是解放战争时期中国人民解放军华东、中原野战军在以徐州为中心，东起海州，西迄商丘，北起临城，南达淮河的广大地区，对国民党军进行的第二个战略性进攻战役。根据中央军委的部署，战役自1948年11月6日开始，至1949年1月10日结束，共分三个阶段。第一阶段，1948年11月6日，华东野战军分路南下。8日，国民党军何基沣、张克侠率部2万余人战场起义。10日，我军把黄伯韬兵团分割包围于徐州以东的碾庄地区。经过10天逐村恶战，至22日全歼敌军10万余人，并击毙了敌兵团司令黄伯韬。同时，中原野战军为配合作战，出击徐（州）蚌（埠）线。11月16日，攻克宿县，完成对徐州的战略包围。这时，中共中央军委决定由刘伯承、陈毅、邓小平、粟裕、谭震林组成总前委，邓小平为书记，统一指挥淮海战役。第二阶段，11月23日，中原野战军在宿县西南的双堆集地区，包围了从华中赶来增援的黄维兵团12个师。28日，蒋介石被迫决定徐州守军作战略退却。徐州"剿总"总司令刘峙撤至蚌埠，副总司令杜聿明留在徐州指挥。12月1日，敌弃徐州向西南逃窜。4日，华东野战军追击部队将徐州逃敌包围。6日，敌孙元良兵团妄图突围，即被歼灭，孙元良只身潜逃。同日中原野战军和华东野战军集中9个纵队的优势兵力，对黄维兵团发起总攻。经过激战，至15日全歼敌12万余人，生俘黄维。此后，为配合平津战役，按照中共中央军委的统一部署，部队进行了20天休整。第三阶段，1949年1月6日至10日，华东野战军对被包围的杜聿明集团发起总攻，经过4天战斗，全歼邱清泉、李弥两个兵团共30万人，俘获杜聿明，击毙邱清泉，李弥逃脱。这次战役，我军参战部队60万人，敌军先后出动兵力80万人，历时65天，共歼敌55.5万余人，使蒋介石在南线战场上的精锐部队被消灭干净，基本上解放了长江以北的华东和中原广大地区，使国民党反动统治中心南京处于中国人民解放军的直接威胁之下。

辽沈、平津、淮海三大战役胜利之速，规模之大，歼敌之多，不仅在中国战争史上是空前的，在世界战争史上也是罕见的。三大战役共歼敌154万人，国民党赖以发动内战的精锐主力部队几乎丧失殆尽，全国已处在革命胜利的前夜。毛泽东在指挥这场震撼世界的大决战中，其高超的指挥艺术达到了炉火纯青的地步，毛泽东军事思想得到了充分体现和进一步发展，极大地丰富了马克思主义的军事理论宝库。

今天的人们到西柏坡参观，三大战役的硝烟早已散去，人们惊叹，在这个几十户人家的小山村里，毛泽东是如何指挥震惊世界的三大战役的？

西柏坡三大战役指挥部是一间20多平方米的平房，房里的墙上挂着当年留下的两张军事地图，房间里摆着三张长条桌，一张是作战科，一张是情报科，一张是军事资料科，每张桌子能围六七个人，指挥员和参谋人员，全都是站着的，没有椅子。

举世闻名的三大战役就是在这么简陋的条件下指挥并取得胜利的。可以说新中国是从这三张桌子上站起来的。

精兵简政才有战斗力

到西柏坡参观，人们试图探究中国革命的原因何在？在三大战役指挥部前，人们会想，打那么大的战役，夺取全国胜利，就靠这三张桌子，就这么几个人，干部和指挥机关的精干精炼让人无法想象。你不到现场看看，根本不会相信。看看西柏坡，当今中国肯定不需要现在这么多官员。如果当时共产党有现在这么多官员，早就垮了。

中国共产党在西柏坡做的另一件重大事情就是制定《土地法大纲》，在解放区大规模进行土地改革，让广大农民争得土地，经济上得解放，共产党获得了广大农民的拥护和支持，纷纷送子弟参军上前线，保卫胜利果实。而共产党精兵简政，人民在支援前线的时候，不用拿出更多的钱财去养官，让人民获得利益，减轻了负担。这也是共产党获得拥护支持的原因，也是国民党迅速垮台的根源。

共产党靠土地改革和精兵简政让广大人民获得了利益，也就获得了人民的巨大支持。

从井冈山时期，毛泽东就提出"贪污和浪费是极大的犯罪"，要求节省政府开支。在延安时期，共产党不但搞大生产运动，自己解决财政难题，更响应李鼎铭先生的提议，实施精兵简政，保持了强大的军队，但政府官员却很少。精兵简政是共产党克敌制胜的法宝。

对比共产党精兵简政的传统，现在中国的政府实在太大，官员实在太多。正如有人大代表所说："老百姓再勤劳，也养不起这么多官员。"有数据称，中国的厅局级官员是美国的500倍。中国人口是美国的4倍，以人口对比，中国官员也是美国的120多倍，养这么多官员，国家人民如何承受，经济发展和经济竞争力从何而来，挣的钱都被官员吃光了，优秀人才都进了官场，谁来搞企业，谁来发展经济赚钱？

中国的企业也往往机构臃肿，国有企业和事业单位，也是官场的延续，有话说：当不了省长、市长就当董事长，中国的学校都是按行政级别排位的，企业和单位都是官员一大堆，还有一大堆助理之类的官员。国有企业和事业单位改革，职工打掉铁饭碗，工人可以下岗，但领导人由政府委派这一条不会改变，官员们坐的是铁椅子，端的是金饭碗。民营企业也常常出现人浮于事的状况。劲霸是福建发展起来的一家民营服装企业，劲霸男装是中国知名品牌。但是2012年却出现了史上最严重的销售下滑。2008年6月，劲霸男装确定将公司包括研发设计、市场营销和经营管理等各个中心职能部门在内的营销总部移师上海。其意欲借助上海这个窗口与国际品牌同台竞技，完成国际化战略的前期准备和平台搭建。搬迁总部之前，劲霸走的是粗放型模式，而在转移至上海后，为了组织架构与人才储备适应公司的持续扩张。于是，劲霸开始按照国际大牌的架构对内部原有架构进行调整。劲霸将原先散乱、粗放的部门设置重新分割。在新架构的基础上，劲霸调整了组织内的授权体系与工作流程，希望由粗放式的管理模式向高效、精细化的运营体系转型。但有人直接批评，劲霸听信罗兰贝格的建议后，人员过度扩张，部门设置臃肿，效率更是低下。当初从福建搬至上海时，公司只有100多人，后来迅速扩张到1000多人。劲霸扩张进来的人员很多都是"空降兵"。他们为极力证明自己的能力，往往对原有的公司运营模式横加指责，老员工却认为"空降兵"华而不实，下车伊始就指手画脚，为自己的切身利益只有反击。由此，便带来了内斗。

企业发展是不是就一定要扩张机构和人员？富士康已经是年销售收入超过万亿人民币的巨无霸企业，员工120万人，仅国内的生产基地就有30多处。但富士康似乎难以说得出有什么总部。总部龙华也没有办公大楼，董事长、总裁郭台铭就在1996年建设龙华工厂时的铁皮房里办公，两张用了十几年的电脑台和一张铁椅子，还有一张单人铁床，有时候就在这里午休和晚上睡觉。进入郭台铭的办公室也很简单，前台有工作人员接待，直接引导你到办事会见的地方。整个办公室，除了郭台铭还有分管财务的副总裁。其他副总裁都是各个事业部的总经理，在这里没有办公室。在这里办公的部门，还有财务部、法务部和投资部，机构就这么简单。

精兵简政不但是中国政府需要改革解决的最大难题，也应该是企业严格遵循的重要原则。

49. 两个"务必"

官商一体，官商勾结，权钱交易，是中国当今社会最突出的腐败特征，官员腐败、政府腐败，毁党毁国。而企业家的权力寻租，巴结官员也是腐败的重要现象。企业家能不能出污泥而不染，正当经营？腐败也是企业的重大风险，好多企业和企业家倒在腐败上。

三大战役之后，国民党在军事上、政治上、经济上全面陷入严重危机。美国看到蒋介石已经完全丧失人心，彻底失败的命运已经无法挽回，遂以李宗仁代替蒋介石，企图以"和谈"阻止解放军向长江以南进军。与此同时，一些民族资产阶级的右翼分子害怕革命进一步发展将会触犯自己的利益，积极配合美蒋反动派的"和平攻势"，向中国共产党"呼吁和平"。他们说："同一祖宗之孙，穷兵黩武总要不得，总不应该"，劝中共把战争"立即停下来"，为国家"保留一点元气"，说什么诉诸武力是"不仁也不智的冒险"。有些人幻想依靠美国支持，趁机在东南发展军事力量，企图造成国共二分天下的局面。苏联也流露出"停止内战"，以长江为界与国民党南北分治的意向，担心再打下去美国会卷入进来。

在中国革命的紧要关头，是干净全部彻底地消灭敌人，将革命进行到底，还是接受美蒋反动派的"和平"建议，使革命半途而废，毛泽东号召全党将革命进行到底，彻底粉碎反动派"分江而治"的阴谋。1948年12月30日，毛泽东为新华社写了《将革命进行到底》的新年献词。他指出"敌人是不会自行消灭的。无论是中国的反动派，或是美国帝国主义在中国的侵略势力，都不会自行退出历史舞台，只有彻底地消灭一切反动势力，在全国范围内建立人民民主专政的共和国，才可以使中华民族来一个大翻身，由半殖民地变为真正的独立国，使中国人民来一个大解放。将自己头上的封建的压迫和官僚资本的压迫一起掀掉，并由此造成统一的民主的和平局面，造成由农业国变为工业国的先决条件，造成由人剥削人的社会向着社会主义社会发展的可能性。如果要使革命半途而废，那就是违背人民的意志，接受外国侵略者和中国反动派的意志，使民党赢得养好创伤的机会，然后在一个早上猛扑过来，将革命扼死，使全国回到黑暗世界"。毛泽东用农夫与蛇的寓言，深刻地告诉全党，对美蒋的"和谈"阴谋不能抱任何幻想，必须准备斗争，"只有彻底地消灭了中国反动派，驱逐了美国帝国主义的侵略势力出中国，中国才能有独立，才能有民主，才能有和平"。

为了制定夺取全国胜利和胜利后的各项方针政策，中国共产党于1949年3月5日到13日，在西柏坡召开了七届二中全会。毛泽东在会上报告和总结，提出了党的工作重心由乡村移到城市的问题。他说，从1927年到现在，我们的工作重点是在乡村，在乡村聚集力量，用乡村包围城市，然后取得城市。采取这样一种工作方式的时期已经完结。"从现在起，开始了由城市到乡村并由城市领导乡村的时期"，当然，城乡必须兼顾，绝不可能丢掉乡村，仅顾城市。但是党和军队的工作重心必须放在城市，必须用极大的努力去学会管理城市和建设城市。在城市斗争中，必须全心全意地依靠工人阶级、团结其他劳动群众，争取知识分子，争取尽可能多地能够同共产党合作的民族资产阶级分子及其代表人物，以便向帝国主义者、国民党、官僚资产阶级作坚决的斗争。城市中的其他工作，都必须围绕着生产建设这个中心工作并为这个中心工作服务。

毛泽东响亮地提出："召集政治协商会议和成立民主联合政府的一切条件，均已成熟。一切民主党派、人民团体和无党派民主人士都站在我们方面。我们希望四月或五月占领南京，然后在北平召集政治协商会议，成立联合政府，并定都北平。"我们要建立一个"无产阶级领导的以工农联盟为基础的人民民主专政"的国家。

报告的最后部分，毛泽东在热情洋溢地指出国家革命胜利的巨大意义后，提醒全党要防止因胜利而骄傲、以功臣自居、停顿起来不求进步、贪图享乐不愿再过艰苦生活等情绪的滋长，要警惕别人用糖衣裹着的炮弹的攻击。"可能有这样一些共产党人，他们是不曾被拿枪的敌人征服过的，他们在这些敌人面前不愧英雄的称号，但是经不起人们用糖衣裹着的炮弹的攻击，他们在糖弹面前要打败仗。"他说了一句名言："夺取全国胜利，这只是万里长征走完了第一步。"革命以后的路程更长，工作更伟大、更艰苦。他告诫全党："务必使同志们继续地保持谦虚、谨慎、不骄、不躁的作风，务必使同志们继续地保持艰苦奋斗的作风。""我们不但善于破坏一个旧世界，我们还将善于建设一个新世界。"

1949年3月23日，中央机关要离开西柏坡进北京城了。早晨起来，毛泽东对大家说："今天是进京的日子，不睡觉也高兴啊。今天是进京'赶考'嘛，进京'赶考'精神不好了怎么行啊！"周恩来说："我们应当能考及格，不要退回来。"毛泽东一脚踩在车上，一脚踏在地上，把手一挥，坚定地说："决不能退回来，退回来就失败了，我们绝不当李自成，我们都希望考个好成绩。"稍一停顿，他又补充一句："我们共产党人绝不能当李自成！"

做夜总会里的处女

2002年12月6日，在党的十六大刚刚当选总书记的胡锦涛率中央书记处的几位同志到西柏坡学习考察。这时新中国已经走过半个世纪。胡锦涛说："我和中央书记处的几位同志一起到西柏坡来，主要目的是回顾我们党带领人民进行伟大革命斗争的历史，重温毛泽东同志在党的七届二中全会上的重要讲话，牢记毛泽东同志当年倡导的'两个务必'，首先从自身做起，并号召全党同志特别是领导干部，大力发扬艰苦奋斗的作风，为实现党的十六大确定的目标和任务开拓进取、团结奋斗。"

在七届二中全会旧址前，胡锦涛说："我们一定要牢记毛泽东同志倡导的'两个务必'，首先是从自身做起，从每一位领导干部做起！"

又过了10年，2012年11月16日，习近平当选中共中央总书记，在一中全会的记者见面会上，习近平发表讲话："我们的党是全心全意为人民服务的政党。党领导人民已经取得了举世瞩目的成就，我们完全有理由因此而自豪，但我们自豪而不自满，决不会躺在过去的功劳簿上。新形势下，我们党面临着许多严峻挑战，党内存在着许多亟待解决的问题。尤其是一些党员干部中发生的贪污腐败、脱离群众、形式主义、官僚主义等问题，必须下大气力解决。全党必须警醒起来。打铁还需自身硬。我们的责任，就是同全党同志一道，坚持党要管党、从严治党，切实解决自身存在的突出问题，切实改进工作作风，密切联系群众，使我们的党始终成为中国特色社会主义事业的坚强领导核心。"

当今中国，"物必先腐，而后虫生"，"腐败问题越演越烈，最终必然会亡党亡国"，已是共识。

企业有没有腐败，企业如何反腐败？

现实生活中的权钱交易、官商勾结，都是经济领域的腐败。有人评论中国贪腐："贪腐已不只是在政府机构中存在，也开始渗透各行各业、社会的每一个细胞当中。医疗、交通、电力、电信、房产、金融、教育、司法、税务等等，每个行业都被笼罩在腐败的阴影中。侵占公共资源、损害公众利益，成为很多行业通行的潜规则。腐败不仅让社会秩序处在崩溃的边缘，也在腐蚀着人心与人性，让越来越多的人丧失了道德底线和基本尊严。在一个腐败的环境中生活，每一个人都是痛苦的。剥夺者会因掠夺的贪婪，或变得惶恐无措，或沉浸于动物般的享乐；被剥夺者会因丧失的利益和尊严，每天承受着屈辱与奴役，而变得心灰意冷。整个社会因腐败，处处布满了溃烂的伤口，当腐败成为人人都要学习的生活方式，甚至成为人们公认的行为准则时，人们从生命中获取最多的只是绝望和羞辱。"

在中央高调反腐之下，2013年开年，深圳两家最大型企业富士康和华为都有反腐败举动。

1月9日晚间，富士康发布声明，承认确实有厂商向其检举集团旗下富士康SMT技术委员会高层长期向供应商索贿，并已将此案提交给大陆和"台湾"两岸的警方侦查。在报警之前富士康内部早已展开对高层集体索贿事件的调查，已查出卷入贪腐案的高层大约10人左右。富士康SMT技术委员会的"台干"高层几乎集体卷入。有人称：回扣在富士康与供应商之间早已成为心照不宣的潜规则。索贿也就是所谓的拿回扣，是台商在大陆做生意的潜规则。富士康等台企对员工拿回扣这种事情，原本也睁一只眼闭一只眼。只要你能买到比外面更便宜、更好的东西，还有本事让厂商给你回扣，那是你个人的能力。同时，只要回扣能以真实凭证合法入账，就可以列为"佣金"，不会涉及大陆"刑法"的商业贿赂罪。

1月14日上午9点，华为公司深圳坂田基地，华为董事会、监事会、市场大会全体会议成员在深圳总部举行董事会自律宣誓大会。面对来自全球的几百名中高级管理者，全体华为董事会成员举手宣誓："我们必须廉洁正气、奋发图强、励精图治，带领公司冲过未来征程上的暗礁险滩。我们绝不允许'上梁不正下梁歪'，绝不允许'堡垒从内部攻破'。我们将坚决履行承诺，并接受公司监事会和全体员工的监督。"集体宣誓后，各位董事会成员依次进行个人宣誓。

任正非说："公司最大的风险来自内部，必须保持干部队伍的廉洁自律。要努力营造一种氛围，有利于大家团结合作。""当我们的高层选拔管理者中有人利用职权谋取私利时，就说明我们公司的干部制度和管理出现了严重问题，如果只是就事论事，而不从制度上寻找根源，那我们距离死亡就已经不远了。"

房地产是官商腐败的重地，在这个领域保持廉洁够难。万科王石说他坚持不行贿，难能可贵。写了《野蛮生长》的万通地产总裁冯仑说："做夜总会里的处女。"

主要资料来源

本书关于毛泽东的内容主要来自以下著述:

1.《毛泽东选集》一至四卷。

2.《伟人毛泽东(1893~1976)》何明编,中央文献出版社2003年6月版。

3.《险难中的毛泽东》赵大义等编,中央文献出版社2006年10月版。

4.《毛泽东传(1893~1949)》,金冲及主编,中央文献出版社1996年8月版。

5.《若干重大决策与事件的回顾(修订本)》,薄一波著,人民出版社1997年7月版。

6.《胡乔木回忆毛泽东》,人民出版社1994年9月版。

7.《青年毛泽东》,高菊村等著,中共党史资料出版社1990年3月版。

8.《毛泽东与中共早期领导人》,黄允升等著,中共中央党校出版社1997年5月版。

9.《世纪伟人毛泽东》,蒋建农主编,红旗出版社2011年9月版。

10.《毛泽东与中共党史重大事件》,张素华主编,中央文献出版社2001年9月版。

关于企业案例部分,则主要是作者多年的研究成果,并参考了《华为真相》等作品和相关企业的报道。